社会福祉政策

第4版

原理と展開

坂田周一［著］

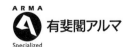

有斐閣アルマ

第4版へのはしがき

　この第4版では，第3版刊行後に起こった社会福祉政策の変化をフォローし，かつ，統計データを更新するばかりでなく，はじめて学ぶ人にもわかりやすい本になるように，大幅な改訂を行った。すなわち，全14章のうち8つの章を新規書き下ろしの原稿と入れ替え，残り6章についても記述を見直した。全体の配列は，学びやすい順番になるように，原理，概念，歴史，社会問題，政策分野各論，計画，財政，政策分析各論へと流れる形に変更した。そして，第3版にはなかった新しい内容として，社会福祉政策の国際的展望を最終章として書き加えた。

　このような大きな改訂を行った理由は，2つある。1つは，本書の成り立ちとかかわりがある。本書の初版は20年前，私が立教大学と東京大学で3年次生以上対象の専門課程で行った授業の記録をもとに作成され，授業内容の変化とともに改訂版が2007年，第3版が2014年に刊行された。その後，1年次生を対象とする入門授業を担当することになり，はじめて学ぶ人にもわかりやすいように授業を組み換える機会が訪れた。そしてまた，2021年度から始まる社会福祉士及び精神保健福祉士養成課程の新科目である「社会福祉の原理と政策」のシラバス内容を踏まえる必要もあって，それらを反映させた本にすることにしたのである。

　2つ目の理由は，日本の社会福祉政策の変化において，政策を構成する諸部門，諸要素間の結びつきの度合いがいっそう増してきていることがあげられる。保健医療福祉の連携ばかりでなく所得保障や雇用就業等を含めた社会福祉諸制度全体の関連性が緊密

i

になりつつある中で，狭義の社会福祉にかかわる論議のみに留まることなく，広義の社会福祉に通底する原理の確立が求められているのであり，そうした観点から本書を再編する必要があると考えたのである。

　編集業務はかなり面倒なものになったが，有斐閣書籍編集第2部の堀奈美子さんが第3版に続いて今回も担当してくださり，大変親切にてきぱきとまとめ上げていただいた。また，初版刊行時からお世話になっている同部の松井智恵子さんには，今回もバックアップしていただいた。著者のわがままな申し出を快諾してくださった代表取締役社長江草貞治様をはじめとする株式会社有斐閣の関係者の皆様に厚くお礼を申し上げる次第である。

　　　2020年1月

坂 田 周 一

初版へのはしがき

　本書を準備する過程で介護保険法が施行され，「社会福祉基礎構造改革」法が成立した。まさしく戦後体制から脱却して21世紀の新時代を目指す動きである。ここにいたるまでには，とりわけ1980年代以降，社会福祉は度重なる制度改革を経てきた。教科書も出したとたんに内容が古くなるといえるほどにめまぐるしい変化が続く，政策優位の展開であった。本書ではそうした変化をフォローしたが，それをどのように理解し，いかにして全体像をつかむかは，われわれの等しく課題とするところであり，本書の目指したものもそれに尽きる。しかし，そうした目的がどれほど達成されているかは，読者のご批評に委ねざるをえない。

　本書は「社会福祉政策」と銘打ってはいるが，実際は社会福祉原論の教科書として執筆されたものである。類書であまり触れられることのない福祉の経済理論の章を設けているとはいうものの，特別に理論的挑戦に新規性を求めたものではなく，原論の教科書であれば通常含まれるはずのソーシャルワーク関連の部分を取り除いて，政策現象の部分に解説を集中して書いた標準的な教科書である。大学の教科のなかにはソーシャルワークに関するものが多数あるし，私自身が付け焼刃で発言することでもないので割愛したのである。

　若干の特徴としては，第一に，社会保障さらには政治経済の問題を「つけたり」に扱うのではなく，そうしたものとの関連のなかで社会福祉を位置づける観点を大切にした。これまで別々のものとして発展してきた制度であっても，老人保健制度や介護保険

制度の例にみるように，両者の関連を問うことが政策面の要になりつつあると考えたからである。

　第二に，著者としてのメッセージも控えめながら織り込んではいるが，私自身の演説はなるべく避け，基礎的な知識の記述に重きをおいた。大学教員として私自身も受け入れ側の当事者としてそれに荷担しているので余所事ではないが，政治経済の基礎知識などは大学入試では役に立たないとか，日本史には力を入れたけれども世界史はちょっと，といった入学試験制度のもつ矛盾から，講義では思った以上にていねいにそうしたことを解説する必要がある。こんなことは高校で勉強してきただろうというのは思い違いであることが多く，本書では既知と思われることでもなるべく記述するようにした。もとより小さな本であるから不十分のそしりは免れないが，教育上の配慮としてはていねいすぎるのも問題があり，主要なタームについては頻繁に宿題を出して理解を深めてもらうほかはない。

　そうした細かい点もさることながら，変化する社会のなかに身をおいて自分と周りを冷静にみつめ，自分がどういう地点にいてどこを目指すのか，何が守るべき大切なことなのかを判断する材料の一つに小著を加えてもらえれば，著者としてはありがたい。しかし，そうした私の希望とは裏腹に，本書の内容は人に思想を与えることができるほどの豊かさには達していない。リチャード・ティトマスのような偉大な思想家の諸著作をひもといて，本書の足らざる部分を補ってもらえればと願うしだいである。

　本書の3分の2程度は，東京大学文学部（1998年度冬学期）と立教大学社会学部（1999年度前期）での講義を活用したものである。講義では用意した内容以外のアドリブが多く，学生が質問にきたとき自分がどういう話をしたかを確認するために録音してき

た。それが，今回このようなかたちで役に立ったのは思いがけないことであった。自由に何を話してもよい，という両学部の寛大なお申し出とともに，学生諸君が静聴に努め，質問を投げかけてくれたおかげである。1999年度の夏休みをテープ起こしに費やしてくれた立教大学コミュニティ福祉学部の田村充子，清宮泰司，山田悟郎の諸君にお礼を申し上げる。

とはいえ，実際の作業は話し言葉を書き言葉に変えるだけですむというわけにはいかなかった。付け加える部分などがあり脱稿にはやや手間取ったが，ともかくもこうして形をなすことができたのは，有斐閣書籍編集第2部の松井智恵子さんのやさしい励ましのおかげと感謝している。数十通に及ぶ往復E-mailを通じて，編集者として読者として助言をしてくれた彼女の支援がなかったなら，本書はもっと読みにくいものになっていた。また，お声をかけてくださった有斐閣アカデミアの千葉美代子さんにお礼を申し上げる。ワープロ三昧の無愛想な家庭生活で迷惑をかけた家族にはお詫びをしておきたい。

2000年9月

坂 田 周 一

著者紹介

坂 田 周 一（さかた　しゅういち）

1950年，熊本県生まれ

現在，西九州大学特任教授，立教大学名誉教授。博士（社会福祉学）

主要著作

『社会福祉の政策』講座社会福祉 3（共著）有斐閣，1982年。

『社会福祉改革論 I』（共著）東京大学出版会，1984年。

『社会政策と社会行政』（共著）法律文化社，1992年。

『日本政府と高齢化社会』J. C. キャンベル著（共同監訳）中央法規出版，1995年。

『社会福祉計画』これからの社会福祉 8（共編）有斐閣，1996年。

『ソーシャルワーク実践とシステム』（共編）有斐閣，2002年。

『ソーシャルワーク演習（下）』（共編）有斐閣，2002年。

『社会福祉における資源配分の研究』立教大学出版会，2003年。

『社会福祉リサーチ』有斐閣，2003年。

『対論 社会福祉学 I 社会福祉原理・歴史』（分担執筆）中央法規出版，2012年。

『新・コミュニティ福祉学入門』（監修）有斐閣，2013年。

『コミュニティ政策学入門』（監修）誠信書房，2014年。

『はじめて学ぶ人のための社会福祉』（共編）誠信書房，2016年。

第 4 章 日本の社会福祉政策の歴史　　　67

第6章　所　得　保　障　　　　111

第12章　福祉ニードと供給システム　　　241

第13章　福祉政策と市場経済 　　　263

第14章　社会福祉政策の国際的展望 　　　285

INFORMATION

●**本書のねらい**　度重なる制度改革を経てきた社会福祉。この展開をいかに理解し，全体像をつかむべきか。本書はこの問いに，社会保障や政治経済との関連の中に社会福祉を位置づけながら答えます。「社会福祉の原理と政策」の講義に対応したテキストです。

●**本書の構成**　本書は全14章で構成されています。第1章から第14章まで順序立てて配列されていますが，自分の関心のあるところから読み始めてもいいでしょう。

●**各章の構成**　各章は，イントロダクション，本文，***Think Yourself***（設問），ティトマス社会政策学（コラム）から成り立っています。

●**イントロダクション**　各章の冒頭に，その章のねらいや問題意識，要約を示す案内文があります。まずここを読んでその章のイメージをつかみましょう。

●**キーワード**　各章の本文中に出てくるキーワードはゴシック表示になっています。

●**文献表示**　参考文献は巻末に著者名アルファベット順にまとめました。本文中には（著者〔発行年〕）で表してあります。

●***Think Yourself***　各章で学んだことをもう1度自分の頭で整理することができるよう，章末に設問を置きました。

●**ティトマス社会政策学**　「社会福祉の原理と政策」科目の理論基盤となった，イギリスの「社会政策学」の成立に多大な貢献をなしたR.M.ティトマス。その生涯と研究成果に迫るコラムです。

●**索　引**　事項索引，人名索引を巻末につけました。索引を使って同一の用語や人名の現れ方を調べてみてください。理解の幅が広がるはずです。

第**1**章　社会福祉の原理

　本章は社会福祉の原理にかかわる基礎的諸概念を解説している。最初に人類普遍の理念である基本的人権と人間の尊厳に関する内外の規範が紹介される。ついで，尊厳ある生活に必要となるヒューマンニードの概念について，それが物質的なものばかりでなく人と人との社会関係的側面に広がるものであることについて，関連学説が紹介される。次いで，これらのニード充足のために人類が古来より発展させてきた社会制度が簡略に解説された後に，そうした制度の発展とともに基本的人権，とりわけ社会権が20世紀において確立したことが説明される。これらの社会権を保障するための社会福祉制度の充実，向上には，政府における政策化が必要であるが，そうした政策は社会思想やイデオロギーを異にする諸政治勢力との競い合いによって決定されるものであり，本章の最後の部分では，そうした社会思想の根本をなす自由・平等・公平および社会正義について説明する。

1 社会福祉の基本理念

普段の暮らしから
考える

　私たちの日々の暮らしは，住宅で起居し，衣食を整え，職場や学校に行く，または家事・育児・介護など家の用事や家族の世話に取り組み，課業を終えたら買い物や余暇，家族・友人・仲間との時間を過ごす，といったことを繰り返して生活を回し，自己実現を図る営みが続いていく。もし，お金がなかったら，家がなかったら，病気になったら，仕事がなかったら，学校に通えない事情ができたら，労働時間が長すぎて余暇時間がもてなかったら，そして一人ぼっちだったら，などと考えてみると，それらがいかに大切なものであるかがわかる。それらはどれも，**ヒューマンニード**を充足するためのもので，生活の大切な要素であり，1つが欠けると生活全体に影響が出て，自分や家族だけでは解決が難しい困りごとをもたらしてしまう。そして，ニードが障害など当事者がもつバルネラビリティ（脆弱性）によってもたらされたものであるならば，解決困難な状態が継続し，人間としての尊厳が棄損されてしまうであろう。

人間の尊厳

　国際的規範である国際連合憲章前文では，基本的人権と人間の尊厳と価値および男女の同権が謳われ，後述する世界人権宣言第22条では，すべての人が自己の尊厳と自己の人格の自由な発展とに欠くことのできない経済的，社会的および文化的権利を実現する権利を有することが宣言されている。そして，日本の社会福祉法第3条では，福祉サービスの基本理念として，「福祉サービスは，個人の尊厳の

保持を旨とし，その内容は，福祉サービスの利用者が心身ともに健やかに育成され，又はその有する能力に応じ自立した日常生活を営むことができるように支援するものとして，良質かつ適切なものでなければならない。」と定められている。まさに，基本的人権と人間の尊厳は社会福祉の基本理念であり，ヒューマンニードは人間が尊厳をもって充実して生きるために必要なものとして，それが欠如した場合には基本的人権に基づいて提供されなければならない。

| ヒューマンニード |

ヒューマンニードは福祉ニードと呼ばれることも，そうした形容詞をつけずに単にニードと呼ばれることも多い。日本語では欲求または必要と翻訳されるが，社会福祉の文脈で考える場合は，「必要」のほうがしっくりくる。というのは，病気治療が必要であるのに受診しない人がいる例のように，必要であるにもかかわらずそれを欲しないことがあり，個人の欲求だけに焦点を合わせると必要が見落とされてしまうことがあるからである。病気治療の必要性は本人ではなく医師が判定するように，福祉ニードは本人がそれを感じる場合（フェルト・ニード）だけでなく，専門的知見に基づいて他者が判定する場合（ノーマティブ・ニード）もある（第12章参照）。

| 5つの巨悪 |

さて，人間が生きていくためには何が必要だろうか。有名な考え方に，ベヴァリッジ・レポートで述べられた「5つの巨悪」がある。ベヴァリッジ・レポートとは，イギリス政府が第二次世界大戦中の1941年に，経済学者のW.ベヴァリッジを委員長として設置した「社会保険および関連サービスに関する関係各省委員会」の報告書のことであり，1942年に発表された。すべての国民にナショナル・ミニマム（国民的最低限）を保障する社会保障制度の創設を提言した

ものであり，戦後の福祉国家建設の基礎となった。この報告書の中で，社会政策が取り組むべき課題について「5つの巨悪」と題して述べられている部分は，ヒューマンニードの内容を考えるうえで参考になる。

　　われわれの社会保障計画は，社会政策の一般的計画の一部として提起されるのである。それは5つの巨大な悪への攻撃の一部にすぎない。5つの悪というのは，この報告に直接関係ある物質的「窮乏」，しばしばその窮乏の原因となるとともに別の困難を引き起こす「疾病」，民主主義として国民の間に存在することを許すことのできない「無知」，主として産業と人口の無計画な配分によって生ずる「陋隘（ろうあい）」，および階層の上下にかかわらず働かないでいることによって富を破壊し人間を腐敗させる「無為」の5つがそれである（Beveridge〔1942〕=〔1969〕）。

ここで指摘された5つの巨悪のうち陋隘は意味がわかりにくい。英語では「squalor」であり，辞書には「汚らしい，むさくるしい」などの語義が記されているが，報告書の文脈ではスラムでの不潔な集住の問題，すなわち，住宅の困窮を指していた。したがって，5つの巨悪への対処をわかりやすい標準的な言葉で表すならば，①所得，②保健医療，③教育，④住宅，⑤雇用ということになる。

ところで，「5つの巨悪」の中には，保育や介護，相談援助のような対人サービスのニードが含まれていない。当時は，それらのことへの気づきがなかったわけだが，イギリスでそうしたサービスの提供体制を検討したシーボーム委員会からの勧告がなされた1968年前後になって，6番目のニードとして認知されるようになった。その呼び名は，対人社会サービスまたは社会的ケアな

どさまざまであるが，日本では**福祉サービス**と呼ばれている。

2 ヒューマンニードの社会関係的側面

岡村重夫の社会生活の基本的要求

ヒューマンニードの内容をどのように分類するかは諸説がある。たとえば，日本の社会福祉学者である岡村重夫は，「社会生活の基本的要求」の表題のもとで，「経済的安定」「職業的安定」「家族的安定」「保健・医療の保障」「教育の保障」「社会参加ないし社会的協同の機会」「文化・娯楽の機会」という7分野を指摘している（岡村〔1983〕）。ベヴァリッジの5つの巨悪と重なる部分と重ならない部分があるが，岡村においては「個人や集団の社会生活上の困難」に焦点を置いて考案されたものであるために，家族的安定，社会参加，社会的協同，文化・娯楽といった要素が取り上げられたのである。

ジョンソン＝シュワルツの5分類

人間は個人として成長発達するばかりではなく，社会の中で他者と交流し，相手の人権を尊重して生きることで尊厳ある生を全うできる。このような観点がヒューマンニードにおいては重要であり，次に紹介するジョンソンとシュワルツのニード分類もそうした考えに連なるものである。

ジョンソンらは，「ヒューマンニードとは人間が個人として生存し，かつ所属する社会の中で適切に機能していくために必要となる資源である」と定義し，その内容として次の5項目のリストを掲げている（Johnson and Schwartz〔1991〕）。

(1) 身体の生存のための十分な食物，衣服，住居。

(2)　病気や事故を防ぐ安全な環境と治療のための適切な保健医療。

(3)　ケアされ愛され所属しているという実感が得られる他者との関係。

(4)　情緒的・知的・精神的（スピリチュアル）な成長・発達の機会と才能や興味を伸ばす機会。

(5)　所属社会での共同生活に関する意思決定に参加する機会と共生の維持のために適切な貢献ができる能力。

このリストは，A. マズローの基本的欲求論によく似ている（マズロー〔1970〕）。すなわち，(1)は「生理的欲求」，(2)は「安全の欲求」，(3)は「所属と愛の欲求」，(4)は「承認の欲求」と「自己実現の欲求」に対応しており，その点ではオーソドックスである。しかし，ジョンソンらのリストはマズローのように，前の段階の欲求が満たされて初めて次の段階の欲求充足への動機が生まれるという段階説をとっているわけではない。またマズロー説には含まれない，「所属社会への参画・貢献」が含まれている点で異なっており，社会に参加をして生きる人間の特性を反映した内容になっている。

また，リストの文面からニードとは単に生存水準が維持されていればよいというものではなく，①「十分」「安全」「適切」などの言葉で表現される最適性，②人と人，人と社会がつながることによってニードが充足されるという社会関係性と参加性，③主体的で自由な意思による意見表明という自律性（オートノミー）の観点からその充足が評価されるものであることが示唆される。

3 ウェルビーイング

漢字は象形文字であり，中国古代（殷・周）の甲骨文や青銅器に鋳込まれた金文を研究した書物（白川〔2004〕）の説明によれば，「福」の左側の「示（しめすへん）」は祭卓の形，右側の「畐」が器腹のゆたかな酒樽などの器の形であることから，「神前に酒樽を供えて祭り，幸いを求めることを福」というそうである。そして，「祉」は神から与えられるものとしての「さいわい」を表す。このようなもともとの意味を受けて，多くの漢和辞典では「福」も「祉」もどちらも，〈しあわせ〉という意味をもつことが記されている。

英語も似た意味をもっており，Oxford English Dictionary で福祉の英訳である welfare を調べると第一義として，「The state or condition of doing or being well; good fortune, happiness, or well-being（of a person, community, or thing）」と記されている。つまり，「（人やコミュニティや物が）良い状態にあること，ないし良くなるための条件」を意味し，ほかの言葉では「富」「しあわせ」「ウェルビーイング」が当てはまるということである。

しかし，現代では，福祉という言葉は多義的になっていて，公的年金，保健医療，生活保護，保育，介護，障害者支援などの社会福祉の諸制度を指すこともあるし，NPO，ボランティア団体，住民組織などの市民社会が行う活動を指すこともある。また，アメリカで特にそうであるが，福祉といえばもっぱら貧困者支援のことを指すといったこともある。多義的であるために，「福祉」がどのような意味で使われているかは，前後の文脈から判断しな

ければならない。そうしたこともあって，本来の意味を表す場合は，福祉ではなく**ウェルビーイング**が使われることが多くなってきた。

　国際連合で1948年に採択された世界人権宣言において，生存権や社会福祉への権利を定めた第25条では，ウェルビーイングの言葉が用いられている。

　　1．すべて人は，衣食住，医療及び必要な社会的施設等により，自己及び家族の健康及び福祉（well-being）に十分な生活水準を保持する権利並びに失業，疾病，心身障害，配偶者の死亡，老齢その他不可抗力による生活不能の場合は，保障を受ける権利を有する。

　　2．母と子とは，特別の保護及び援助を受ける権利を有する。すべての児童は，嫡出であると否とを問わず，同じ社会的保護を受ける。（外務省訳，カッコ内は筆者）

　次に，世界保健機関（WHO）による健康の定義をみると，「健康とは，病気でないとか，弱っていないということではなく，肉体的にも，精神的にも，そして社会的にも，すべてが満たされた状態（well-being）にあることをいいます」（日本WHO協会訳，カッコ内は筆者）とされており，「満たされた状態」と翻訳された部分の原語はウェルビーイングである。

　また，国際ソーシャルワーカー連盟（IFSW）と国際ソーシャルワーク学校連盟（IASSW）が2014年に共同で発表したソーシャルワーク専門職のグローバル定義では，下記のように「ウェルビーイングを高める」ことがソーシャルワークの課題とされている。

　　　ソーシャルワークは，社会変革と社会開発，社会的結束，および人々のエンパワメントと解放を促進する，実践に基づ

いた専門職であり学問である。社会正義，人権，集団的責任，および多様性尊重の諸原理は，ソーシャルワークの中核をなす。ソーシャルワークの理論，社会科学，人文学，および地域・民族固有の知を基盤として，ソーシャルワークは，生活課題に取り組みウェルビーイングを高めるよう，人々やさまざまな構造に働きかける。(社会福祉専門職団体協議会定訳)

　これらの基本的文書類においては，ウェルフェアよりもウェルビーイングが用いられることが多い。福祉は，むしろ，ニードを充足するための方法・手段である福祉活動や社会福祉制度を指すために用いられることが多くなっている。

4　社会福祉制度の発達

　ヒューマンニードを充足するための慣行やしきたり，法制度等の社会福祉制度として，相互扶助，慈善・博愛，公的扶助，社会保険，社会手当，福祉サービスなどがある。これらは一定の順序をもって歴史の舞台に登場し，現在も引き続き存在しているものである。

　相互扶助　　個人とその家族が保有する資源だけではヒューマンニードを充足できないときは，古来より，相互扶助が行われてきた。親族のネットワーク，地縁や民族など共同体のつながりの中での支援の授受である。ムラの共同作業に従事するとか，物品のやりとり，病人の世話や子どもの預かり保育などの役務のやりとりのほか，お金を出し合って基金をつくり相互に予定外の出費に備える仕組みも生み出されてきた。

中世ヨーロッパの「ギルド」は同業者の共同体であり，相互扶助機能として諸種の援助を行った。日本で鎌倉時代に生まれた「頼母子講」は会員が金銭の都合をつけあうものであり，この種のものは無尽といわれている。18世紀イギリスにおける友愛組合なども相互扶助の一組織形態である。

　相互扶助は今日でも，困難を抱える人びとの自助グループや災害時の助け合いのように，人間の暮らしの中でさまざまな形で引き続き行われているし，今日では地域コミュニティにおける地域住民の福祉活動参加など互助的活動への着目がなされ，**地域共生社会**に向けてその意義が見直されている支援形態である。しかし，こうした相互扶助は同質的集団内で行われる傾向があるから，支援のネットワークから排除されてニードが充足されないままになることがある。

慈　恵

　社会が階層に分化すると上位層から下位層への支援が行われるようになる。それらは慈恵と呼ばれている。中世の封建制度の下では領主が領民の暮らしに責任をもっていたし，キリスト教会は「十分の一税」と呼ばれる寄付金を集めて，医療や救貧などの事業を行った。これらは，権力や権威をもつ者がもたざる者に対して行う支援であり，支援を受ける者を自己の権力や権威に従わせる**社会統制的機能**を同時にもつため，単純に上位層から下位層への福祉的支援と言い切ることが難しい，支配機構としての側面をもっていた。

慈善・博愛

　封建制が崩れ資本主義が発達する近代社会になると，新たに出現した富裕層からの寄付によって学校や病院や福祉施設を運営する**慈善（博愛）事業**が展開されるようになった。19世紀半ばのイギリスではそうした慈善事業が盛んに行われるようになり，それらの連絡・調整

を行う**慈善組織協会**（1869年）という民間の組織が結成され，ほどなくアメリカに伝播した。その組織を通じて，典型的には上層階級に属する女性が困窮世帯を訪問して家事・育児・節制など暮らし全般について助言をする「友愛訪問」が行われ，今日の専門的ソーシャルワークの源流の1つとなった。

　日本では，明治中期（1890年前後）になって，親のいない子どもや知的障害のある子ども，非行をした子どものための慈善施設が先駆者によってつくられた。

　┃国家による福祉制度　　産業革命を経て産業資本主義が盛んになると自己の労働力以外には頼るすべのない労働者が多数生み出され，劣悪な労働条件の中で労働者の窮乏化が進んだ。極貧者の救済を行う**救貧法**という制度はあるにはあったが，それでは間に合わないほどの大きな社会問題となり，**労働運動**が盛んになった。19世紀の末になると新たな法制度による公的対応を行う国が現れた。ドイツでは帝政時代の1883年に，労働者を対象に診療費を支払う世界初の**疾病保険法**が制定されたし，第一次世界大戦終了後の1919年に帝政が崩壊し共和政が誕生すると，新しくつくられた共和国憲法（ワイマール憲法）で**社会権**が定められ，人権の歴史に画期的な発展をもたらした。

　イギリスでは20世紀になるとすぐ，自由党政権のもとで，70歳以上の低所得者を対象とする**無拠出老齢年金制度**（1908年）や健康保険と失業保険を内容とする**国民保険制度**（1911年）が成立するなど一連の社会立法が行われた。

　日本の慈善事業は大正時代には**社会事業**という名称に変わり，昭和になると**救護法**（1929年）や**社会事業法**（1938年）が制定され，政府が民間施設に保護を委託し資金の補助をするようになった。

そして，第二次世界大戦後になると，イギリスでは短期間のうちに多くの社会立法がなされ**福祉国家**が誕生した。他の先進諸国も福祉国家目標を掲げて，社会福祉の諸制度を法制化していった。これ以降の歴史については第3章と第4章でより詳しく取り扱うことにして，国家による福祉制度の発達の中から次第に確立されてきた**社会的権利**へと話題を転換したい。

5　シティズンシップと社会的権利

　　恩恵から人権へ　　福祉は古来，宗教と結びついたものであった。日本での福祉史は聖徳太子時代の四天王寺における四箇院にまで遡るが，宗教的実践としての人間福祉への取り組みは古代から現代にいたるまで世界の各地で続けられている。しかし，市民革命，産業革命，そして資本主義といったキーワードで特徴づけられる近代以降の社会では，人民の福祉に関して国家による法制度の萌芽がみられ，それが次第に整えられる歴史が展開した。とりわけ第二次世界大戦終了後の現代社会においては，そうした制度が人民に対して国家が施す恩恵としてではなく，**人民がもつ権利を保障**するための方策であることが明らかにされてきた。今日においては，福祉の政策と制度は基本的人権，とりわけ社会的権利を保障するためのものとして理解されている。また，社会福祉の援助実践においても同様であり，先に紹介したIFSWとIASSWによるソーシャルワーク専門職のグローバル定義の中で，社会正義等の諸原理とともに人権はソーシャルワークの中核をなすものとされている。

　人権について木原〔2014〕は，「人間が生まれながらにもっているその人の存在自体に与えられた権利のことである」と説明している。また，篠原〔2017〕は，社会福祉学における人権が多義的であり，福祉の理念を表す場合と，実定法に定める権利までの幅広さがあると指摘している。そのように，人権のもつ意味は幅広いが，それが裁判を通じて明確化されるとか，法に規定されることによって具体的な効力がより確実になるといえるだろう。そうした権利は，当初は王権を制限して貴族に権利を移す（マグナカルタ）というように限定されたものであったが，数度の市民革命を経て，次第に当該社会（コミュニティ）の構成員全員に認められるようになると，メンバーとしての資格と義務を表すものになる。その資格は階級や階層の違いにかかわりなくすべての成員に平等に付与されるシティズンシップ（市民資格）となる。この観点から福祉制度の発達を分析したのが，イギリスの社会学者 T. H. マーシャルである（Marshall and Bottomore〔1992〕）。

　彼は，近代の社会史をシティズンシップの実現に向けた緩やかな進歩とみていた。それをまとめると，18世紀は人身の自由，言論・思想・信条の自由，財産を所有し正当な契約を結ぶ権利，裁判に訴える権利といった**市民的権利**（civil rights）が実現された時代であった。19世紀は議会制度の発達とともに政治参加の平等を保障する，秘密選挙や普通選挙，結社の自由などの**政治的権利**（political rights）を獲得した時代であった。そして，20世紀には，「教育制度や社会サービス制度の発達を背景に，経済的福祉と安全の最小限を請求する権利から始まって，社会的財産を完全に分かち合う権利や，社会の標準的な水準に照らして文明市民としての生活を送る権利」である**社会的権利**（social rights）が確立

されたと分析した。

日本国憲法 シティズンシップの諸権利のうち市民的権利と政治的権利はまとめて自由権，社会的権利は社会権と呼ばれることもある。1946年に公布された日本国憲法においては「基本的人権は，侵すことのできない永久の権利」（第11条）と位置づけられ，すべての国民が個人として尊重され，生命，自由及び幸福追求に対する権利をもつ（第13条）ことを明らかにし，すべて国民は法の下に平等である（第14条）とされた。続いて身体の自由，思想・信条・学問・信教・表現の自由に関する諸規定，政治的権利にかかわる男女平等の普通選挙権，秘密選挙，請願権，住民投票権等の規定がなされ，そして社会的権利である生存権（第25条），教育権（第26条），勤労権（第27条），団結権（第28条）が定められた。

生存権と幸福追求権 このうち，生存権を定めた第25条の条文は下記のとおりである。

　第25条　すべて国民は，健康で文化的な最低限度の生活を営む権利を有する。

　2　国は，すべての生活部面について，社会福祉，社会保障及び公衆衛生の向上及び増進に努めなければならない。

　1項は国民の生存権を規定し，2項はその生存権を保障する国の義務を定めている。なお2項の「国」とは，地方公共団体を含むものと解されている。

　日本では，この第25条が第二次世界大戦後における社会保障や社会福祉制度の根拠とされてきた。しかし，近年では第13条の「幸福追求権」をも根拠とすべきであるとの見解が多く聞かれるようになった。その例として，障害者自立支援法の違憲訴訟における和解を受けて，2010年に原告団と国（厚生労働省）の間で

交わされた基本合意書をみると，「国（厚生労働省）は，憲法第13条，第14条，第25条，ノーマライゼーションの理念等に基づき，違憲訴訟を提訴した原告らの思いに共感し，これを真摯に受け止める」とされている。このような公文書に記されるほどに，法の下の平等とともに幸福追求権を福祉政策の根拠として承認する考え方が固まりつつあるといえるだろう。

朝日訴訟 生存権の法的性格については，朝日訴訟（提訴1957年，最高裁判決1967年）などを通じて争われてきた。朝日訴訟とは，生活保護法による長期入院患者として国立岡山療養所に入院していた朝日茂氏が国を相手に提起した訴訟である。当時の長期入院患者に対する生活保護基準としての日用品費月額600円が憲法第25条の健康で文化的な最低限度の生活として違法か否かが争われたものである。第1審は原告勝訴であったが，最終的には1967年の最高裁判決において国側の勝訴となった。

　最高裁判決では，憲法第25条は国民が国に対して生活保障を直接求めることのできる具体的な権利を与えたものではない，とされた。社会福祉や社会保障に関する法律が実際に制定されて初めて，その施策を通じて生存権が保障されるという考え方である。これを，**プログラム規定説**という。したがって，憲法に定める生存権が保障されるためには，そのための法制度が設けられていなければならない。

世界人権宣言 日本国憲法の制定と同時期に，国際連合ではその憲章で謳った人権の確立に関する作業が進められ，世界人権宣言（Universal Declaration of Human Rights）が1948年の総会において採択された。その第22条では，下記のように，すべての人が，社会保障を受ける権利を有

することが宣言されている。

> 世界人権宣言第22条　　すべて人は，社会の一員として，社会保障を受ける権利を有し，かつ，国家的努力及び国際的協力により，また，各国の組織及び資源に応じて，自己の尊厳と自己の人格の自由な発展とに欠くことのできない経済的，社会的及び文化的権利を実現する権利を有する。(外務省訳)

そして，第23条では労働，第24条では休息・余暇，第25条では医療・福祉・母子保護，第26条では教育，第27条では文化に関する権利の定めが続いている。

国際人権規約

世界人権宣言は法的拘束力をもたず，加盟国が参照すべき基準とされるにとどまった。このため，条約化への作業が進められ，1966年の総会で採択されたのが国際人権規約（International Covenants on Human Rights）である。

国際人権規約は，「経済的，社会的及び文化的権利に関する国際規約」（A規約）と「市民的及び政治的権利に関する国際規約」（B規約）に分かれており，いずれも1976年に発効した。前者は「社会権規約」，後者は「自由権規約」と呼ばれることもある。

社会権規約（A規約）では，労働基本権（第6条〜第8条），社会保障（第9条），児童及び母性の保護（第10条），相当な成果水準及び健康の保持（第11条，第12条），教育（第13条，第14条），文化活動（第15条）に関する権利が規定されている。

日本は，両規約を1979年に批准した。なお，2019年8月現在の締約国数はA規約が170か国，B規約が173か国である。

国内法の整備

国の最高規範である憲法と国内法との間に位置するのが国際条約としての人権規約である。条約を批准するためには規約に盛り込まれた事項に関

する制度がすでに国内法として設けられているか，それを創設する意向があることが前提となるので，条約の批准に向けて国内の法制度が整備されるという効果がある。

たとえば，教育に関する権利だが，日本国憲法第26条は国民の教育を受ける権利と教育を受けさせる義務，そして義務教育は無償であることを定めている。しかし，国際人権規約第13条では義務教育だけでなく，中・高等教育における無償教育の漸進的導入が定められている。日本は中学校までは無償であるが，高校，大学は無償でなかったため，条約のこの部分を批准することができず，長い間，この条項に拘束されない権利を留保していた。高校授業料実質無償化の制度がつくられたことにより，この留保の撤回を通告したのは2012年のことである。

国連は，包括的な人権規約のほかに，児童の権利に関する条約（通称，子どもの権利条約）を1989年に採択している。18歳未満を「児童」と定義し，国際人権規約において定められている権利を児童についても適用し，児童の人権の尊重および確保の観点から必要となる詳細かつ具体的な事項を規定している。この条約は，1990年に発効し，日本は94年に批准した。また，2006年には障害者の権利に関する条約が採択され，日本は翌07年に署名し，14年1月に批准書を寄託した。

6 福祉と社会思想

シティズンシップの概念を提唱したマーシャルは「20世紀においてはシティズンシップと資本主義的な階級システムは交戦状態にあった」（Marshall and Bottomore〔1992〕）と述べており，社

会的権利が歴史の過程で自然に生まれたのではなく，戦いの成果として獲得されたものであることを示唆している。福祉制度の必要性をめぐって啓発活動や社会運動が展開され，政策が競われ，政治の舞台での論戦があり，ついには認められるという過程を通じて人権が確立するのである。

　すなわち，福祉政策は，ヒューマンニードへの社会的対応として，しかも社会的権利を保障する国家の義務であるという理念の下であっても，現実には対立する社会思想を背景に各社会における政治選択に委ねられている。

　政治と福祉　日本では自民党が長期間政権についている間は，政党の方針に合致するように担当官庁が制度の創設や改善の法案を作成してきたのであるが，2009年に民主党を中心とする政権への交代，また2012年に自民党を中心とする政権に替わるという状況の中で，福祉政策が政治のテーマとされることが多くなった。とりわけ，少子高齢社会における社会福祉財源の確保や労働力確保のための方策は，各政党の重要政策となっている。

　政党政治の下での選挙では，政党の公約である諸政策をまとめたパッケージ（マニフェスト）に対して選択が行われる。ある政党が掲げる政策パッケージの一部に反対であったとしても，1票を投じれば政策パッケージ全体を支持したことになる。そうしたパッケージは，政党が拠って立つ社会思想やイデオロギーをもとに全体的な方向性が決まるから，国政の一分野である社会福祉施策もその影響を受けることになる。政党が拠って立つ特定の政治思想が個々の政策に影響を及ぼすのである。

　自由と平等の対立　政治の場では右派・左派という言い方や，保守・革新といった方向性の違いで勢力

を分けているが，現代において両者を分ける根本となる要素は自由と平等に関する思想の対立である。格差をなくし平等な社会秩序を目指す立場は**エガリタリアニズム**といわれる。他方，誰からも拘束を受けることのない完全な自由を主張する思想を**リバタリアニズム**という。この中間の**リベラリズム**は，個人の自由や権利を重視しつつも，保育，教育，医療，福祉等の分野では国家による積極的な関与を認め，課税に基づく**富の再分配**や平等な機会の保障を唱えて，過度な不平等に反対し福祉国家を擁護している。福間〔2014〕は，これらの立場の違いは，「それぞれの立場が擁護しているコミュニティ観，国家の適切な役割についての信念，そして国家がその市民に対して干渉する程度や方法における立場の違いに基づいている」と説明している。

　リバタリアニズムには完全な自由を主張する右派，公正を重視する左派があり，右派の思想が**新自由主義**（ネオリベラリズム）に結びついた。この立場は，国家が行う福祉施策には消極的である。福祉国家を進めるためには課税がなされるが，それは「私有財産の自由」の侵害であり，自分たちの生活の中に官僚制による強制が入り込むと主張している。この両者を左右の端として，左に振れると革新派，右に振れると保守派としての政治勢力が形成される。1980年代に政権に就いた，イギリスのサッチャー政権，アメリカのレーガン政権，日本の中曽根政権は新自由主義を指導理念として，企業や富裕層への減税と福祉の削減を推進した。

消極的自由と
積極的自由

リバタリアンが主張するような自由論は**消極的自由**と呼ばれている（Lister〔2010〕）。それは，他者や政府から強制や束縛を受けない自由，私有財産の自由，選択の自由から構成される自由論である。この自由論の立場からみると福祉国家は，財

産処分権を侵害して重い税金を課したうえにお仕着せのサービスを強制するものとして自由を侵害する国家とみなされ，否定される。

これに対して，たとえば，児童養護施設退所後に進学するか就職するかは本人の自由だといわれても，学費が支払えなければ，最初から選択肢がないのと同じであるように，選択の可能性がなければ「選択の自由」という理念は無意味である。奨学金を増やすとか学費を無料にしたうえで，つまり**機会の平等**を図ったうえでの自由選択であるべきだという自由論は，**積極的自由**と呼ばれている。

┌──────────┐
│ 第三の道 │ このような左右対立を乗り越えるため，
└──────────┘ **コミュニタリアニズム**の思想が生まれている。M. サンデル（Sandel〔2005〕）などが主導する，参加，連帯，相互扶助，友愛などのコミュニティの価値を重視し，共通善を目指してその価値を実現しようとする思想である。その中でも，A. エツィオーニ（Etzioni〔1996〕）が提唱するレスポンシブ・コミュニタリアニズムは，コミュニティは成員のニード充足に責任があるという立場で，市民社会の役割を重視している。この思想は，1997 年にイギリスで保守党からの政権奪取を果たした労働党のブレア首相が唱えた**第三の道**の思想基盤になった。新自由主義的な自由市場中心の福祉国家と北欧諸国を典型とする社会民主主義的な福祉国家との中間を目指す路線であった。

┌────────────────┐
│ 社会正義とは何か │ 両極端の思想がある中で，社会正義とは
└────────────────┘ 何かが問われることになる。社会主義諸国が 20 世紀末に市場経済に移行した現実を前にすると，かつてマルクスが『ゴータ綱領批判』（1875 年）で主張したような「ニードに応じて平等に」という共産主義的な**結果の平等**は競争への

誘因を欠いてしまうとの批判がある。

　アメリカの哲学者J.ロールズは，分配の正義を論じ，諸個人間の公平性を「正義」の問題として取り上げた。彼が提起した正義の原理は，厳密緻密な哲学的論証過程を経て，最終的に次の2原理で示されている（Rawls〔1999〕=〔2010〕）。

第1原理
各人は，平等な基本的諸自由の最も広範な全システムに対する対等な権利を保持すべきである。ただし最も広範な全システムといっても〔無制限なものではなく〕すべての人の自由と同様〔に広範〕な体系と両立可能なものでなければならない。

第2原理
社会的・経済的不平等は，次の2条件を充たすように編成されなければならない。
　（a）そうした不平等が，正義にかなった貯蓄原理と首尾一貫しつつ，最も不遇な人びとの最大の便益に資するように。
　（b）公正な機会均等の諸条件のもとで，全員に開かれている職務と地位に付随する〔ものだけに不平等がとどまる〕ように。

　ここに引用した内容は表現も堅苦しく，理解が難しいが，解説書（川本〔1997〕）の助けを借りると，第1原理は，社会生活の基本をなす「自由」は，平等に分配すべきであること（**平等の自由の原理**）。第2原理は，地位や所得の分布は2つの条件——①最も不遇な人びとの暮らし向きを最大限改善する（**格差〔是正〕原理**），②機会均等のもと，地位や職務を求めて公正に競い合う（**公正な機会均等の原理**）——を充たすように，編成されるべきことを表

している。この原理は功利主義への対抗として考えられたものである。J. ベンサム（Bentham〔1789〕）による「最大多数の最大幸福」を是とする功利主義では，内部の格差は是正されることがなく，多数派の福祉を口実にして少数派の権利が踏みにじられかねない。これにアンチテーゼを唱えたロールズの正義の原理，とりわけ，第2原理における格差（是正）原理は，少数者の福祉を最大にするという点で社会福祉にとっても重要な原理と考えることができるであろう。

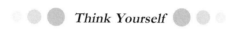 ***Think Yourself***

1　ヒューマンニードとは何か。また，ウェルビーイングとヒューマンニードの関連性について説明しなさい。

2　基本的人権について，国際的，国内的にどのような規範が定められているか，調べてその内容をまとめなさい。

3　社会福祉と社会思想との関連性について，現代の代表的な政治哲学に基づく立場の違いを説明しなさい。

イギリスにおける社会政策学（So-cial Policy）の成立と発展に多大な貢献をなしたR. M. ティトマス（Richard Morris Titmuss, 写真）は、1973年4月6日にがんのため65歳で他界した。ロンドン大学LSE校（London School of Economics and Political Science）では、没後40周年記念講演会が2013年10月23日に開催され、H. グレンナースター名誉教

授の講演の後、質疑応答が行われた。講演では、エピソードを交えながらティトマスの経歴・業績・思想が紹介され、最後にマルサスの『人口論』（1798年）の一節が引用され、「これこそがティトマスが生涯をかけて闘いを挑んだものであり、それは我々にとっての引き続く闘いでもある」という言葉で締めくくられた。

　読み上げられたのはマルサスが救貧法批判を行ったくだりの、De-pendent poverty ought to be held disgraceful. Such a stimulus seems to be absolutely necessary to promote the happiness of the great mass of mankind. （依存的貧困は恥辱とされなければならない。人類全体の幸福を高めるためには、この恥辱の観念を積極的に広めることが絶対に必要になるだろう）という文章であった。

　貧困に対するこのような偏見と闘うことが、ティトマスの生涯の課題であったというグレンナースターのまとめは、確かに正当なものである。そして、困難に直面している現代社会における福祉への視座を探る上で、このテーマが再び重要になってきている。今この時に、ティトマスの学説と思想を振り返ることは意義あることであろう。

第2章

社会福祉の概念

　この章では，社会福祉の概念と制度について考えておきたい。社会福祉の内容は時代とともに変化するものであり，社会福祉とは何かという概念定義もそれとともに変化する。また，国によっても異なるとらえ方がなされている。本章ではそれらを理解しやすく整理することに努めた。最初に，主に外国での考え方として広義の社会福祉を紹介する。次に，日本では主に，社会福祉が限定的意味で狭義に理解されていることを紹介し，社会保険や公的扶助などの他の制度との違いを解説する。そして，学問研究として社会福祉がどのように論じられてきたか，政策論，運動論，技術論，固有論，経営論などの学説を解説する。社会福祉の歴史を振り返ると，一般制度の代わりをしたりそれを補ったりする補完的機能を果たす面が多かったが，福祉サービスの成立とともに固有性を確立したことが説明される。

1 広義の社会福祉

　この章では主に，日本における社会福祉制度とその概念をめぐる学説について考察することにしているが，その前に，比較のために，外国ではどのように考えられているのか調べておきたい。

社会福祉と社会政策

　最初に，国際社会福祉協議会（ICSW）の基本規約（Constitution）をみておきたい。世界70か国以上の機関が加盟するこの協議会の基本規約は，社会福祉についての国際的な理解を反映するものとして2007年に採択され，2014年に改訂された。その第2条では次のように，ICSWの目的が定められている。

　　ICSWの目的は，(a)不利な立場にある人びとの貧困，苦難そしてバルネラビリティを削減するために社会開発と経済開発を推し進め，(b)雇用，所得，食糧，住居，教育，保健医療，安全に対する基本的権利を認識し実現させるように努め，(c)機会の平等，表現の自由，結社の自由，ヒューマンサービスへの参加とアクセスを促進するとともに，差別に反対し，(d)文化の多様性を尊重し，社会的目標と経済的目標との間で適切にバランスのとれた政策や施策を推進させることであり，これらの目的を達成するために，(e)世界中の市民社会を強化し，(f)加盟組織のネットワークと協力して，政府，国際機関およびNGOがこれらの目的を達成することを求めるものである。（Constitution of ICSWより。筆者訳）

　この条項には多くの要素が含まれていて，それぞれに詳しい議論を要するものであるが，ここでは，社会福祉の守備範囲として，

(b)項にあるように「雇用，所得，食糧，住居，教育，保健医療，安全」が列挙されていることに着目してみたい。これらはまさに，第1章で検討したヒューマンニードの諸分野を包含するものである。

　しかし，他方で，それらはベヴァリッジの5つの巨悪（第1章参照）で話題になった社会政策の守備範囲とも重なっている。とすると，社会福祉と社会政策は同じものか違うものかが問題になる。日本では，かつて，**資本主義**の仕組みに由来して必然化する失業等の労働問題への国家ないし支配側による対応が**社会政策**であり，社会福祉は労働問題から派生的に生ずる道徳的退廃等の諸問題に向けた方策であるとする理論が唱えられたことがある（後述）。この考え方からすると，社会政策と社会福祉は別物となる。

目的概念としての社会福祉

　この疑問を解くために，イギリスの社会政策教科書の1つを紐解いてみると，おおむね次のようなことが記されている。社会福祉は，個人のウェルビーイングだけではなく，その名称からも示唆されるように，社会全体とか国全体の集合的なウェルビーイングをも意味しており，その目的達成のためには，政府だけでなく，家庭や地域社会，そして企業も一定の役割を果たしている（Baldock et al.〔2012〕）。つまり，社会福祉は政府が行う社会政策を含む多様な方策によって達成が目指される目的を表す言葉である，との意味づけである。実は，日本でも，かつて，竹中勝男の『社会福祉研究』（1950年）という著作で類似の内容が述べられていた。下記に引用する文章は，**目的概念としての社会福祉**と称されるようになった論述である。

　　ここでの研究で意図している社会福祉は，社会保障や公衆衛生と同列に置かれた狭義の社会福祉ではなくして，この二

つを包含し総合する広義の社会福祉一般として，或いは社会政策や社会事業や保健衛生政策や社会保障制度の根底に共通する政策目標として，或いは又これらの政策や制度が実現しようと目指している目的の概念としてのそれである。(竹中〔1950〕)

　ちなみに，日本の現行法である社会福祉法を調べてみると，第1条の冒頭に，「この法律は，**社会福祉を目的とする事業**の全分野における共通的基本事項を定め」という文言がある。この例からわかるように，現代でも，社会福祉は目的を表す言葉として使われることがある。

> 諸制度を包含するものとして

次に，アメリカの学者であるジョンソンとシュワルツが著した社会福祉教科書の見解を紹介しておきたい (Johnson and Schwartz〔1991〕)。彼らは，社会福祉とはヒューマンニードへの社会的対応のことであると定義し，相互扶助，慈善・博愛，公的扶助，社会保険，社会サービス，普遍的給付 (universal provision) 等が含まれると述べている。普遍的給付というのは聞きなれない人がいるかもしれないが，所得制限なしに提供される給付ということであろう。

　ICSWの目的やジョンソンらの定義においてはヒューマンニードを充足するあらゆる分野と方法が社会福祉とされており，このような考え方は**広義の社会福祉**と呼ばれている。

2 狭義の社会福祉

　しかし，日本では，日本国憲法第25条2項にある「社会福祉，

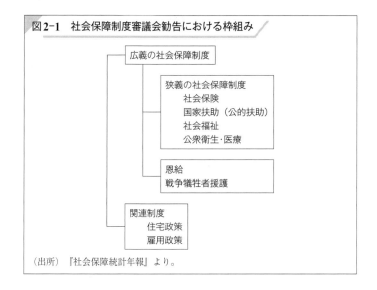

図2-1　社会保障制度審議会勧告における枠組み

```
┌─ 広義の社会保障制度
│     ┌─ 狭義の社会保障制度
│     │     社会保険
│     │     国家扶助（公的扶助）
│     │     社会福祉
│     │     公衆衛生・医療
│     ├─ 恩給
│     │  戦争犠牲者援護
│
└─ 関連制度
      住宅政策
      雇用政策
```

（出所）　『社会保障統計年報』より。

社会保障及び公衆衛生の向上及び増進」という文言を解釈するにあたって，目的概念としての社会福祉や広義の社会福祉というとらえ方は，あまりにも漠然としていてつかみどころがない，という意見が多かった。社会福祉が社会保障や公衆衛生と並べられている点からみても，社会福祉は目的を表す抽象的概念ではなく，より限定的で具体的実体をもった社会制度として狭い意味（狭義）に理解すべきであるとの意見である（仲村〔1991〕）。

社会保障制度審議会の定義　　狭義の社会福祉理解に大きな影響を及ぼしたのは，内閣総理大臣の諮問機関として1948年に設置された社会保障制度審議会が，内閣総理大臣に対して1950年に提出した「社会保障制度に関する勧告」（以下，「50年勧告」）である。この勧告の提案内容に基づいて作成したのが，図2-1である。

大分類として「広義の社会保障制度」と「関連制度」に区分されている。広義の社会保障制度は「狭義の社会保障制度」と「恩給」「戦争犠牲者援護」から成っている。恩給や戦争犠牲者援護は国家による補償であり社会保障制度とは言い難い面があるが，生存権保障の機能を果たしていることから広義の社会保障制度に位置づけられた。狭義の社会保障制度は「社会保険」「国家扶助（公的扶助）」「社会福祉」「公衆衛生・医療」の４つの下位制度に分けられている（なお，社会保障制度審議会は，2001年の中央省庁再編に伴い廃止され，その機能の総論的な部分は内閣府の経済財政諮問会議に，また具体的な部分は厚生労働省の社会保障審議会に引き継がれた）。

狭義の社会福祉　　図2-1にあるように，社会福祉は社会保障制度の中の一部分とされた。このことは，数十年を経た現代の厚生労働行政にも当てはまる。厚生労働省設置法第6条により設置されている社会保障審議会では，その下に各種部会が設けられているが，福祉部会はその1つである。日本では制度・政策・行政的に，社会保障が上にあり，社会福祉がその下にあるという関係性の構造が確立している。

　さて，「50年勧告」では，社会福祉について，つぎの説明がなされている。

　　　（社会福祉とは）国家扶助の適用をうけている者，身体障害者，児童，その他援護育成を要する者が，自立してその能力を発揮できるよう，必要な生活指導，更生指導，その他の援護育成を行うことをいう。（総理府社会保障制度審議会事務局〔1950〕）

　この引用文にある「国家扶助」は，一般的には「公的扶助」と呼ばれており，日本では生活保護制度がこれに相当する。この文からわかることは，社会福祉と公的扶助は制度としては別のもの

であるが，生活保護の被保護者に生活指導等を行うことは社会福祉であるとされており，入り組んだ関係というか，対象者を共通にする部分で重なっている。この関係を生活保護法（第1条）で確認すると，下記のように，最低生活保障と自立助長の2つの目的があり，最低生活保障については公的扶助制度によって現金給付がなされ，自立助長については社会福祉制度によって専門職である社会福祉主事が生活指導を行うとされたのである。

　　生活保護法第1条

　　　この法律は，日本国憲法第25条に規定する理念に基き，国が生活に困窮するすべての国民に対し，その困窮の程度に応じ，必要な保護を行い，その**最低限度の生活を保障する**とともに，その**自立を助長する**ことを目的とする。

「50年勧告」で定義された社会福祉は，対象範囲が生活保護の被保護者，児童および障害者その他の援護育成を要する者に限定されるとともに，援助方法が生活指導，更生指導，援護育成等に限定されていることから，**狭義の社会福祉**と呼ばれるようになった。そして，それらは，「50年勧告」の翌年である1951年に制定された社会福祉事業法において，**社会福祉事業**の名称で法令上に位置づけられた。

　この法律は，その後，数度の改正を経て，今日では社会福祉法という名前に変わっているが，制定当初の第1条は，「この法律は，社会福祉事業の全分野における共通的基本事項を定め，生活保護法，児童福祉法，身体障害者福祉法その他の社会福祉を目的とする法律と相まつて，社会福祉事業が公明且つ適正に行われることを確保し，もつて社会福祉の増進に資することを目的とする」となっていた。ここにいう社会福祉事業とは，同法第2条において第一種と第二種に分けて列記された諸事業のことであり，

第一種は主に，生活保護施設，児童福祉施設及び身体障害者福祉施設等入所施設の経営，第二種は保育所等の通所施設の経営を中心にしたものであった（第8章参照）。

　一方，同法第3条では「社会福祉事業は，援護，育成又は更生の措置を要する者に対し，その独立心をそこなうことなく，正常な社会人として生活することができるように援助することを趣旨として経営されなければならない」と規定された。この条文は，「50年勧告」における社会福祉の定義と重なる文言であることからして，同勧告を踏まえたものとして，社会福祉の対象者を援護・育成・更生の措置を要する者に限定することが法令上も確立したことがうかがわれる（なお，今日では，この条文は，**個人の尊厳の保持**を旨とする内容に全面的に改正されている）。

　1953年に実施された「厚生行政基礎調査」（現・国民生活基礎調査）によれば，当時の被保護者数は200万人，また，保護基準を少し上回る程度のボーダーライン層（支出月額1人世帯2000円以下，4人世帯6600円以下）が700万人，被保護者と併せて貧困層は900万人，人口の1割に達する状態であった。しかも，高齢者世帯と母子世帯ではいずれもその40%が貧困層に属すると推計されていた（厚生統計協会〔1953〕）。この時代にはまだ，皆保険・皆年金体制にはなっていないから，このような社会経済状態の中で，社会福祉の対象者が生活保護の被保護者ないしそれに準ずる貧困・低所得層に限定されたのは，政策上の優先順位として当然のことであったといえる。

3 社会保障制度を構成する各制度の概要

　図 2-1 のうち，狭義の社会保障制度を構成する各制度の特徴を簡単に解説しておきたい。

社会保険　　**強制加入**　　社会保険は，国民が病気，けが，出産，死亡，老齢，障害，失業など，生活上のいろいろな困難をもたらす事故（**保険事故**という）に遭遇したとき一定の給付を行うものである。その財源は，月々，あるいは年に何回かに分けて加入者が支払う**保険料**（拠出金という）がその大部分を占める。社会保険に「社会」という名前がつく理由は，加入を拒否することができない強制保険であることと，公費負担があることである。民間の保険は加入したい人だけが加入する任意保険だが，社会保険でそのような自由を許すと，保険料負担をいやがる人は加入しなくなり，社会保障としての目的が果たせない。低所得者や無職者には保険料の免除や減額を行うために，その分を公費で負担する仕組みがとられているものもある。ただし，国によっては公費負担のない社会保険制度を運営しているところがあるため，公費負担は社会保険の必要条件ではないとする意見がある（椋野・田中〔2019〕）。

　社会保険の種類　　社会保険はさらに細かく，①医療保険，②年金保険，③介護保険，④雇用保険，⑤労働者災害補償保険，の 5 つの種類に分かれている。

　医療保険は，病気やけがをした場合の医療費の保障と，そのために仕事を休んで所得が減少したり中断した場合の傷病手当金の給付を行う。介護保険は，介護が必要と認定された者が介護サー

ビスを利用したときにその費用を保障する。医療保険も介護保険も保険料負担以外に，利用時には費用の一定割合を負担する。

年金保険は，老齢になった時，身体障害等の障害の認定を受けた時，および生計中心者の遺族となった時に金銭が給付される。20歳以上の全員が国民年金制度の加入者となるが，会社員等の被用者はそれに加えて厚生年金保険にも加入する。

雇用保険は，1947年制定の失業保険が前身である。求職中の手当支給だけでなく雇用安定事業や能力開発事業など雇用・就業の安定や職業訓練の事業も行うので74年の改正により雇用保険法に変わった。

労働者災害補償保険のホショウは，英語でいうと compensation に当たる「補償」である。労働者が，業務上または通勤途上の事故に遭った時，それによる医療費負担や所得減少分を補償する。業務中に生じた事故であるから，雇い主が従業員に償いをするという意味である。労働基準法（1947年公布）第75条に「労働者が業務上負傷し，又は疾病にかかった場合においては，使用者は，その費用で必要な療養を行い，又は必要な療養の費用を負担しなければならない」と規定されたのを受けて，使用者が加入する保険として政府が運営する労働者災害補償保険ができた。したがって，この制度で保険料を負担するのは事業主であり，従業員は負担しない。

定型的事故　　社会保険に限らず民間保険も同じであるが，その保障対象は，統計的な大数の法則によって生起確率が計算できる定型化された事故である。どれくらいの割合で事故が発生するかを予測して費用を見積もらなければ保険料を決めることができないからである。そうした計算を**保険数理**という。生活の困窮に陥る理由は病気や退職などに限られるわけではなく，確率予想の

できない多様な非定型的理由があることを考えると，社会保険で
あらゆる場合に備えることはできない。そうした場合の備えが次
に述べる公的扶助である。

公的扶助　　セーフティネットとしての社会保険の網の目があっても，その網の目から抜け落ちて貧困になってしまうことがある。そこで，資産や所得，活用できる他法・他施策，扶養義務者による扶養の可否などを調べる資力調査（ミーンズ・テスト）を行い，最低生活費を下回ることが証明されたとき，足りない分を税金を財源として支給し，最低生活保障をするのが公的扶助である。

　公的扶助はそのような特徴をもった制度の総称として用いられる言葉であり，わが国の制度では生活保護法がこれに相当する。諸外国でも公的扶助制度は広く行われているが，制度の名前はいろいろ存在している。アメリカでは「TANF（貧困家庭一時扶助）」とか「SSI（補足所得保障制度）」という名前の制度があり，イギリスでは「所得補助」ほか数種類のものがあったが，「2012年福祉改革法」によって13年10月からは稼働年齢層を対象とする「ユニバーサル・クレジット」にまとめられた。ドイツでは「社会扶助」と「求職者基礎給付」という制度，フランスでは「活動的連帯所得手当」という制度がある（国立国会図書館〔2013〕）。

　防貧と救貧　　貧困になるのを未然に防ぐのが社会保険の機能であり，そのため社会保険は防貧機能をもつといわれる。これに対して，公的扶助は，貧困になった場合にそれを救うものだから救貧機能を果たす。社会保険が一般国民を対象にして定型的な事故に備える制度であるのに対して，公的扶助は非定型的な理由による困窮，そしてまた社会保険の適用から外れる者，あるいは社会保険の給付額が最低生活費より少ないために困窮となる場合に

備えたものである。

社会福祉（狭義）

　児童，障害者，高齢者等に対して人的なサービス，すなわち保育士，社会福祉士，精神保健福祉士などの専門職者によるサービスを提供したり，地域社会での共生のための協力体制をつくりだす組織活動を推進したりするのが社会福祉制度である。たとえば，障害者は，障害年金を受給していて，月々何万円かの給付があったとしても，障害のない人に比べると生活上の不便が多く，自立支援のための介護や援護等の具体的な支援が必要になる。家庭で暮らすことができないくらい重い障害の人には，生活場所となる施設を準備する。保護された環境の中で自立に向けた支援を行うサービスが必要である。これを行うのが社会福祉である。そうした支援は，物の提供や専門職者等による人的役務サービスによって行われるが，そうした有形無形の支援は現物給付と呼ばれている。

　この分野には，児童福祉法，身体障害者福祉法，知的障害者福祉法，老人福祉法，母子及び父子並びに寡婦福祉法，障害者の日常生活及び社会生活を総合的に支援するための法律（障害者総合支援法）など多くの法律がある。その他には，社会保険制度でカバーされない部分を補充する現金給付も社会福祉に位置づけられている。たとえば，20歳未満の障害者は障害年金の受給資格がない。これを補うための特別児童扶養手当は，現金給付の制度として社会福祉に位置づけられている。

　現物給付・現金給付どちらの場合も財源が必要になるが，それらは社会保険の財源ではなく，国や地方自治体の公費が支出され，さらには共同募金も活用されるなど，公私の財源が用いられる。また，行政機関だけでなく社会福祉法人やNPO法人などの民間機関のほか，地域住民によるボランティアなど多様な主体によっ

て進められる特徴をもっている。

社会保障制度審議会の50年勧告では，公衆衛生・医療について，「公衆衛生とは，あまねく国民に対して体位の向上や疾病の予防を計るために行う保健衛生活動のことである。……医療とは診療や薬剤の支給など一般的医療行為及び施設のことであるが，いずれも社会保障の立場からなされるものである」と指摘していた。

公衆衛生については，戦前の1937年に制定された保健所法に基づいて全国に保健所が設置されていたが，戦後の47年に全面的に改正された。保健所が健康相談，保健指導のほか，医事，薬事，食品衛生，環境衛生などに関する行政機能をあわせもつ公衆衛生の第一線機関として強化され，国，都道府県を通じて衛生行政組織と制度の強化が図られた。感染症対策から生活習慣病対策へと課題の変化を受けて，市町村を中心とする地域保健体制を構築するため，94年に地域保健法に改正された。

医療については，無医村問題に象徴されるように，保険あって医療なしという事態を解消するためには，地域において医療施設や従事者などの医療提供体制を確保する方策が不可欠である。医療法において，診療所・助産所の開設・管理・整備の方法などが定められ，医師等の各資格の責務や職能などは，医師法等の各医療資格を規定する法律において定められた。これらの法律はその後，時代の課題に応じてたびたび改正されている。

4 社会福祉の概念に関する諸学説

社会福祉学の研究においても社会福祉を限定的に定義する方向

性が主流であった。内容面では，社会福祉の制度・政策的側面と
実践活動的側面に焦点が分かれた展開がなされた。

社会福祉の制度・政策
的側面に関する諸理論

孝橋理論　1960年前後には，孝橋正
一が代表的論客であった。社会が階級に
分裂している現実を踏まえて，社会福祉
の対象を貧困・低所得階級に絞りこむべきであり，「いわば狭義
の"社会福祉"に関する政策なり事業なりとして，このような社
会的方策施設にあたえられた名称がほかならぬ，"社会事業"な
のである」としたうえで，「社会事業とは，資本主義制度の構造
的必然の所産である社会的問題に向けられた合目的，補充的な
公・私の社会的方策施設の総称である」（孝橋〔1962〕）との論を
展開した。

　彼は，資本と労働の関係から必然的に生ずる失業等の労働問題
に象徴される**社会問題**と，そこから派生する「無知，怠惰，貪欲，
飲酒，遊蕩，疾病，自殺，暴力，賭博，麻薬，売春，浮浪，窃盗，
犯罪」等の**社会的問題**を区別して，前者への対応が**社会政策**，後
者への対応が**社会事業**であるとしたのである。そのねらいは，こ
れらの対策が，慈善，博愛事業としてではなく，社会体制に原因
をもつ歴史的必然として，**国家の政策**として行われるべきもので
あることを論証することにあった。彼が提案する社会事業という
言葉そのものは一般には使われなくなっていたが，社会福祉を資
本主義体制によって必然化される国家の政策として，社会科学的
に認識すべきだとする孝橋の**政策論**の主張には一定の支持が寄せ
られた。

　運動論　このように，**マルクス主義の理論**を背景として，社
会福祉を資本主義制度と関連づけ，原始的蓄積期，産業資本主義
期，金融資本主義期，国家独占資本主義期といった発展段階と結

びつける説明は，一番ケ瀬〔1964〕などによってもなされてきた。また，国民大衆による社会運動によって生活上の諸問題と社会福祉の制度・政策とをつなぐ理論は運動論と呼ばれ，一番ケ瀬康子や真田是などの人々によって展開された。これらは，学術的研究としてばかりでなく，国家の支配階級勢力に対して社会福祉の充実を求めるプロテストとしての役割を果たすものでもあった。

<h3>代替・補充性の理論</h3>

1960年代になると，国民年金制度の成立と国民健康保険制度の改正によって，被用者に加えて自営業者や無業者が社会保険制度に全員加入となる皆保険・皆年金体制が整った。しかし，皆保険体制となっても医療費の自己負担分の支払いができない者については社会福祉や公的扶助による公費負担医療が用意された。また，国民年金発足に際して経過措置として無拠出の老齢福祉年金制度が設けられた。さらに，遺族年金の適用とならない離婚母子世帯には児童扶養手当制度（1961年）が設けられ，これらが社会福祉制度として運用された。つまり，社会保険によってカバーされないリスク部分が社会福祉，そして公的扶助によって最終的にカバーされる体制がとられたのである。

このような一般対策と社会福祉との関係についても検討されるようになり，たとえば，仲村優一は，「社会福祉の3つの補充性」として，①両者が独自の領域をもって相互に独立し並立している場合，②一般対策の働きをより効果的なものとするための補足的役割を果たしている場合，③本来一般対策が当然とりあげるべき事柄を，その不備のために代替して取り上げる場合の3つがあると説明している（仲村ほか〔1977〕）。

当時，このことについて，一般制度に対する**社会福祉の代替・補充性**ということが理論化された。国民年金制度がない時代に生

活保護が代わりをしたという場合が代替性であり，年金制度ができた時，すでに高齢で加入できない人には無拠出老齢福祉年金がこれを補充するといったような場合を指して補充性とする。

> 社会福祉の実践活動的
> 側面に関する諸理論

社会福祉の理論面では，政策論や代替・補充性論ばかりでなく，比較的早期から実践活動の側面に着目した理論が提唱されていた。竹内愛二は，1940年代末から専門社会事業論（竹内〔1949〕）として社会福祉を定義したが，それは社会福祉を個人や家族に対する個別化された（人的）サービスを中心とする相談援助や支援の技術としてとらえる理論であり，技術論と呼ばれた。

　援助や支援にはそれを受ける人びとがおかれた個別の状況をアセスメントした上で展開される専門性があり，岡村重夫は，こうした援助実践こそが「社会福祉機能の本質」であり，「すべての個人が社会生活上の基本的要求を充足しうるように，個人と社会制度とを効果的に結び付けるような主体的社会関係を確保する」（岡村〔1956〕）ものであるとして，岡村理論とも呼ばれる社会福祉の固有性の理論を提示した。

　杉野昭博によれば「ソーシャルワークとは，『生きづらさ』を抱える個人やその家族を対象にして，その『生きづらさ』の原因となっている『個人と社会との不調和』あるいは『社会関係の困難』を調整することによって援助を行う活動と定義できる」（杉野〔2011〕）とされている。これは，マズロー的にいえば所属と愛や承認のニードへの対応といえるだろう。また，岩間伸之はさらに，「ソーシャルワークとは自己実現に向けた本人の歩みを社会関係というつながりの中で支えていく専門的な営み」（岩間〔2012〕）と述べているから，マズローのいう発達機会や自己実現のニードに対応するといえるだろう。

こうした実践活動に関する諸理論は，そうした援助を行うための行動科学的な研究として深く掘り下げられているが，それらの援助を必要な人に提供するための制度的仕組みについては研究の対象外とされることが多い。

社会福祉経営論への展開

コミュニティケア　　時代が進んで，ソーシャルワークや介護，保育，養護等を含めたパーソナルな社会サービスへのニードが高まると，イギリスではそうした家族サービスをコミュニティの中で総合的に提供する仕組みの構築が課題となり，それを検討するためにF. シーボームを委員長とする委員会で検討した結果が1968年に発表された（シーボーム委員会報告）。それまで対象別にバラバラの部局で行っていたものを，地方自治体に新たに社会サービス部を設置して統一すべきと提案され，実際に地方自治体社会サービス法が1970年に制定された。

　日本でも1970年代半ばから，地域在住の一人暮らしや介護の必要な高齢者などニードをもつ人びとに地域の中で福祉サービスを利用してもらう**在宅福祉サービス**の提供体制や地域福祉システムづくりに焦点を置いた**コミュニティケア論**が，阿部志郎や三浦文夫などによって展開された。また，福祉施設内での処遇をめぐって「**収容の場から生活の場へ**」という改革スローガンも唱えられた。

　これらは，貧困，低所得階層を対象とした生活指導や更生援護から，より高次のニードへと社会福祉の課題が移り始めたことを示すものであった。すなわち，生理的ニードや安全のニードのみならず所属と愛，承認，発達保障，自己実現，コミュニティへの参加貢献などに対応するソーシャルワークやソーシャルケアが社会福祉の固有のテーマになってきたのである。

経営論　　地域社会の中で貧困・低所得階層に限らず中所得層を含めた社会福祉へと発展するにつれ，対象者数は急増し，それまでの社会福祉行財政の仕組みでこれに対応するのは難しくなってきた。しかし，ただ単に不足や福祉の遅れを指摘するだけの研究は，問題解決につながらない。普遍的な対人福祉サービスの提供が求められる時代を迎えると，資本主義体制との関連で社会福祉を論ずるそれまでの政策論は背景に退き，福祉サービス供給システムを構築し効果的に運営することをテーマにした研究が求められるようになった。そうした方向性での研究を進めたのが三浦文夫（コラム：ティトマス社会政策学③参照）であり，彼は次のような主張を行った。

> 社会福祉サービスが，社会福祉ニードに即していないとすると，そのサービスは効果性・効率性を失うだけでなく，そのレーゾンデートルそのものも疑われることになろう。その半面でその社会福祉サービスが効果的・効率的かつ安定的に遂行していくためには，そのサービスにふさわしい資源の調達と配分が行われていなければならない。（三浦〔1987〕）

ニード，サービスそして資源の三者の関係から効果的な社会福祉のあり方を検討する研究は，イギリスのR. ティトマス（各章末コラム参照）が発展させた学問領域であるソーシャル・アドミニストレーションを参考にしたものであり，三浦自身は自分の学説を**社会福祉経営論**と命名した。

福祉サービスの成立　　1990年に社会福祉事業法（現在の社会福祉法）が改正された際に，**福祉サービス**という言葉が初めて法律の条文で用いられた。それまでは社会福祉援護と呼ばれていたものである。今日では，福祉サービス実践は専門職業としての道を歩み，日本では社会福祉士や精神保健福

祉士の国家資格制度が生まれている。介護や保育も福祉サービスといえるが，これらも専門化が進み国家資格制度として成立している。

　福祉サービスは，発展の過程で，利用者の所得にかかわりなく，福祉サービスへのニードの有無を基準に提供される方向へと進んだ。すなわち，貧困階層対策として始まった社会福祉が低所得階層対策へと変化し，さらには所得階層にかかわりなく利用できる**普遍的福祉サービス**分野として成立した（ただし，利用料の減免を伴う所得階層対策としての側面ももっている）。

社会福祉の再定義

　社会保障制度審議会は「50年勧告」以後の数十年の変化を踏まえて社会保障や社会福祉を再定義するに至っている。同審議会が1995年に発表した「社会保障体制の再構築に関する勧告」（以下，「95年勧告」）では，「（50年勧告）当時は第二次大戦後の国民経済の混乱と国民生活の疲弊の中で，いかにして最低限度の生活を保障するかが，現実的な理念であり，課題であった」のに対して，「現在の社会保障制度は，すべての国民の生活に不可欠なものとして組み込まれ，それなくして国民の生活が円滑に営まれ得ない体制となっている」との認識を踏まえて，「社会保障制度の新しい理念は広く国民に健やかで安心できる生活を保障することである」と表明されている（総理府社会保障制度審議会事務局〔1995〕）。

　そして，社会福祉については，かつての定義にあった「自立してその能力を発揮できるよう，必要な生活指導，更生指導，その他の援護育成を行うこと」という部分が削除されるとともに対象者を特定の所得階層に限定するような文言も消えて，「生活困窮者，身体障害者，児童，老人などの援護育成を要する者に対し，これらの者が**安定した社会生活を営むのに必要な一定の財やサービ**

スを供給すること」という文章に変更された。

古川〔2019〕は，これまでの解説で登場
した学説やそれ以外の学説を含めて多く
を渉猟したうえで，彼自身の長年の考察
を踏まえた結論として，次のように社会福祉を規定した。筆者も
異論があるわけでないので，参考までに引用しておきたい。

古川による社会福祉の規定

> 社会福祉とは，現代の社会において社会的にバルネラブル
> な状態にある人びとにたいして，社会的，公共的な施策とし
> て提供される多様な生活支援施策の一つであり，各種の生活
> 支援施策に先立ち，またそれと並んで，あるいはそれを補い，
> 人びとの自立生活を支援し，その自己実現，社会参加，社会
> への統合を促進するとともに，社会の公共性と公益性を確保
> し，包摂力と求心力を強め，その維持発展に資することを目
> 的として，国，自治体，民間の組織，住民などによって展開
> される施策（政策・制度・援助）の体系及びそれらに関わる諸
> 活動，またそれらを支え，方向づける専門的な知識や施術の
> 総体である。

なお，この引用文の中で「先立ち，またそれと並んで，あるい
はそれを補い，」となっている部分は，古くから論じられてきた
代替・補充性のことを指しているが，筆者である私自身の考えと
しては，前述のように固有の領域として福祉サービスが形成され
たと考えていることを付言して，本章を閉じることにしたい。

● ● ● ***Think Yourself*** ● ● ●

1 狭義の社会保障制度の構成要素である社会保険，公的扶助，
社会福祉の違いと三者の関連性を説明しなさい。

② 社会福祉における代替・補充性の理論について学説を紹介するとともに，代替・補充のタイプ別に具体例を挙げて説明しなさい。

③ 社会福祉の固有性に関する学説を調べて要点を整理し，その機能を具体例を挙げて説明しなさい。

ティトマスは1907年10月16日に小農の子として生まれた。第一次世界大戦が終わると，時の首相ロイド・ジョージは帰還兵士に土地を分け与える政策を実施した。その影響で一家は土地を離れてロンドンに移住した。貧しい家庭で育ち14歳で学校を終えた彼は，スタンダード電信電話会社でのオフィスボーイの仕事に就いていたが，1926年に父が死亡した後は，家族を支えるためカウンティ火災保険会社に転職した。

保険業務を通して接する人口動態統計やさまざまな人生事例から垣間見える社会の現実が彼を研究に駆り立てた。夫人のキャスリーン（ケイ）は失業者救済関連の仕事に携わっており，ティトマスの社会問題への関心の窓を拡げた人であった。29歳で最初の論文，"The Birth Rate and Insurance"（1936年）を発表した。以来，市井の学者として著書や論文を発表し続ける間に，イギリス政府の企画「第二次世界大戦史」シリーズの中の社会サービス関連の巻の執筆を任され，大著 Problems of Social Policy が1950年に刊行された。この業績が評価され，同年，ロンドン大学 LSE 校の社会行政学講座（Social Administration）の主任教授に任じられた。以来，73年春に死亡するまでの23年間の研究と教育を通じて，社会政策学の世界的権威となったのである。ティトマスの伝記として，娘で社会学者でもあるアンによる2冊の著書がある。① Oakley, A.〔1996〕*Man and Wife Richard and Key Titmuss: My Parents' Early Year*（写真），② Oakley, A.〔2014〕*Father and Daughter: Patriarchy, Gender and Social Science*, Policy Press.

第3章　欧米の社会福祉政策の歴史

　この章では，国家が関与する福祉制度の歴史をたどってみたい。歴史を踏まえて現代の課題を考えるための素材にしてもらえればと思うからである。中世から近代に移り変わる時期，つまり，封建社会から資本主義社会への転換期における人民の窮乏化への対応として，法制度に基づく福祉制度が生み出された。当初は，貧しい人びとの生活安定よりも，浮浪の取り締まり，暴動の防止，そして労働力確保に国家の意図は置かれていた。その典型がイギリスであり，16世紀から17世紀にかけてのことである。そうして始まった社会福祉制度が，今日までの400年以上の歴史の中でどのように変化したか，ドイツ，アメリカなど他国の事情を交えながら，その概略を解説してみたい。

1 イギリスの救貧法と慈善事業

1601年の救貧法　16世紀後半のイギリスは封建制から商品生産に基礎をおく経済への転換期にあった。農業から毛織物生産への転換は，中産階級である商人をうるおしたが，地方の村々で自分の生活を守ることができず，仕事を求めて国中を旅し始めた，貧しいけれども壮健な人びとの増加をもたらした。こうした放浪者の集団は社会的にも政治的にも不安定をもたらすと恐れられ，浮浪者を取り締まる法令はそれ以前からあったが，エリザベス1世治世の1601年に，それらの集大成として**救貧法**（Poor Law）が制定された。

　労働可能な人びとには働く手段を提供し，子どもには年季奉公を用意する責任が**教区**に課せられ，高齢，病気，障害等のため労働不能な人びとは救貧院に収容して**院内救助**が行われた。英語で「in door relief」と呼ばれているが，救貧院のドアの内側での保護という意味である。制度運用に要する費用は教区ごとに**救貧税**が徴収され，治安判事が貧民監督官に命じて運営させた。救貧法は約350年後の1948年，国民扶助法の制定によって最終的に廃止されたが，その間にはさまざまな変化があった。

　18世紀になると**ワークハウス・テスト法**（1722年）が制定された。ワークハウスは救貧院と訳されることも労役場と訳されることもあるが，その施設への収容を救済の条件とし，施設内で労働を強い，劣悪な環境で生活させ，嫌悪感あるいは恐怖を与えて救援の申請を抑制しようとした。しかし，数十年が過ぎると，経費節減と人道主義の声が上がり，**ギルバート法**（1782年）が制定さ

れ，高齢者・病人・孤児など労働能力のない人は施設で，労働の意思と能力のある人は，原則として居宅で救済を行うことになった。その後，パンの価格と家族数をもとに算定される最低生活費に賃金が足りない場合，その差額を支給する**スピーナムランド制度**（1795年）が始まった。しかし，この制度は雇い主が賃金を低いままにして引き上げない弊害を生み出し，救貧税負担の急増をもたらした。救貧税総額は1803年には534万8000ポンドであったものが，30年には811万1000ポンドへと増え，国税総額に占める割合は15.3％になっていた（林〔1992〕）。

レッセ・フェール

当時の社会経済思想は，経済活動は自由に行わせるべきで国家がこれにみだりに介入すべきでない，という**自由放任主義**（レッセ・フェール）であった。国家の役割は国防や法と秩序の維持に限定されるべきだ，という**夜警国家**（ドイツ人のラッサールの言葉）の考え方が支配的であったから，救貧制度は貧困者の救済よりも取り締まりに重点がおかれる，治安維持対策とみなされていた。

レッセ・フェールの語源はフランス語で，自由に行動させるという意味がある。重商主義的な国家による干渉を批判して18世紀後半のフランスに現れた社会経済思想である重農主義が，自然のままにあるべきだと主張したことに由来している。A. スミスの『諸国民の富』（1776年）における，経済は自由な競争にまかせることで「神の見えざる手」に導かれて調和するという思想は，この重農主義の影響を受けて体系化されたものである。とはいいつつも，1770年のイギリスの財政は，中央・地方の財政支出総額1197万ポンドのうち救貧費は153万ポンド（12.7％）であり，軍事費386万ポンド（32.2％）に次ぐ大きさであった（林〔1992〕）。こうした中，**マルサス**という経済学者は，『人口論』（1798年）と

いう著作で，食糧の増加速度（算術級数的）に比べて人口の増加速度（幾何級数的）がはるかに速く，食糧が不足するので人口は抑制されるべきであり，貧困者の保護はそれに反することだ，と主張して大きな影響力をもっていた（コラム：ティトマス社会政策学①参照）。こうした意見の高まりの中で救貧法は1834年に改正された。

1834年の新救貧法

この改正により，中央政府に救貧法委員会という役所を設けて全国統一基準による運営を行うこと，教区連合が実務に当たることなどの運営面が改革され，同時に救済内容が厳格化された。まず，在宅のまま現金を給付する院外救助は禁止され，ワークハウスに入所しなければ保護しないという**院内救助原則**が立てられた。また，保護の水準は最低の賃金で働いている人の生活水準より低くするという**劣等処遇の原則**（レス・エリジビリティ）がとられた。救済を受けることはつらく惨めなものでなければならないという考えによるものである。過酷な処遇に甘んじないかぎり保護は受けられないという，貧困への罰と受け取れる改正であった。この改正による財政削減効果として，改正前の1830年の救貧費支出682万9000ポンドに対して，改正後の40年には457万7000ポンドに減少した（林〔1992〕）。チャールズ・ディケンズの連載小説『オリバーツイスト』（1837-39年）では，ワークハウスで生まれた主人公オリバーが過酷な処遇を受け，世間から蔑まれつつ成長して，徒弟に出される様子が批判的に描かれている。

慈善事業の発展

救貧法の改正によって，公的救済が引き締められる中で，博愛主義による民間のさまざまな慈善事業が活発に，しかし，無秩序に行われるようになり，こうした慈善事業の組織化を目指して1869年にロンドン

慈善組織協会（COS）が設立された。この協会は，**援助を受けるにふさわしい貧民**（deserving poor）を分別して援助を行い，救貧法と一線を画す活動を行った。この運動はすみやかな発展をとげ，ロンドンの公立・民間団体，個人のすべての慈善事業を1つの管理のもとに統一し，やがてイギリス全体を通じた組織体制を整えた。この組織は，アメリカにも導入され，ニューヨーク州バッファロー市に1877年に設立されたのを皮切りに急速に普及している。

COSが展開した**友愛訪問活動**から**ソーシャル・ケースワーク**が生まれた。また慈善のための寄付がさまざまな団体から同じ人に対して何度も繰り返し求められることのないように，そしてまた，別々の慈善団体や個人が同じ人を何度も救済するかと思えば，救済からまったくはずれてしまう者もいるようなことが起こらないように，慈善諸団体の連絡・調整を進める間接的サービス活動が発展し，後に**コミュニティ・オーガニゼーション**となった。また，同じ頃始まった**セツルメント**運動では，セツルメントハウスにおける諸事業を通して労働者や貧困者とともに居住し，ともに経験することを重視し，慈善よりもむしろ社会改良あるいは社会立法を目指した活動を展開した。1884年にバーネットによってロンドンのイーストエンドに建てられた**トインビー・ホール**は，世界最初のセツルメントである。このホールで研修したアメリカのジェーン・アダムスは本国に帰ると1889年に，シカゴで**ハルハウス**という名の大規模なセツルメント事業を起こしている。これらは，今日のソーシャルワークの源流となった。

2 社会保険制度から社会保障制度へ

労働運動の高まり

今日の社会保障制度の根幹部分に位置する社会保険の前身は共済組合であり，イギリスでは**友愛組合**がこれにあたる。友愛組合法（1796年）の制定により数多くの組合が組織された。その後，19世紀半ばには，熟練労働者を主体とした職業別労働組合が発展し，組合員の拠出金から，疾病，障害，死亡，出産，火災などの際に組合員や家族に対して給付を行った。これらはのちに，社会保険へと発展した。

産業革命後の労働者の生活は悲惨であり，労働者の待遇改善，工場法制定の運動と合わせて，新しい社会秩序を樹立しようとする思想が生まれた。マルクスとエンゲルスの『共産党宣言』（1848年）に要約される**マルクス主義**はその1つであり，資本主義体制の没落は歴史の必然であるとする経済学説のもと，労働者階級の政権獲得，国際的団結による社会主義社会の実現が唱えられた。

他方では，**社会改良主義**，すなわち，革命ではなく議会を通じた漸進的な改良によって社会主義社会を目指すべきとする，非マルクス主義的な社会主義団体である**フェビアン協会**（1884年）が誕生した。この協会の中心メンバーであったウェッブ夫妻（シドニーとベアトリス）は『産業民主制論』（1897年）や『大英社会主義社会の構成』（1920年）を著し，当初は労働条件の全国統一，後には最低賃金，生存と余暇，住宅，公衆衛生，教育水準など幅広い領域でのナショナル・ミニマムの思想を打ち出した。

　19世紀末にはC.ブースによるロンドンでの貧困調査とB. S.ラウントリーによるヨークでの貧困調査が行われ，その衝撃的な結果が社会に大きな影響を与えた。人口の3割に及ぶ貧困層の存在が明らかにされるとともに，**貧困の原因がおもに雇用や疾病**にあり，個人の怠惰によるものはわずかであることが分析されたからである。

　ブースはロンドンで1886年から88年にかけて，数名の仲間とともに実施した調査の結果を，全17巻からなる著書『ロンドン民衆の生活と労働』（1902-03年）として刊行した。420万のロンドン住民の経済階層を，A（最底辺）0.9％，B（非常に貧困）7.5％，CとD（貧困）17.8％，EとF（労働者階級，余裕あり）51.5％，GとH（中産階級以上）17.8％と分類し，このうちAからD（賃金週21シリング以下）までを貧困とした。貧困率は30.7％であった。

　一方，ラウントリーはイングランド北部の都市，ヨークにおいて1899年に，数名の助手とともに労働者世帯の訪問調査を実施し，その結果を『貧困――都市生活の研究』（1901年）として刊行した。彼は，**絶対的貧困**の基準として，栄養学に基づくエネルギー摂取量等から算定した食費，家庭雑貨，光熱費，家賃の合計により最低生活費を算定し貧困率を計算した。こうした方法はのちに，マーケット・バスケット方式と呼ばれるようになるが，その結果，第1次貧困が9.91％，第2次貧困が17.93％，合計の貧困率が27.84％であることがわかった。第1次貧困と第2次貧困の違いは，どちらも貧困ではあるが，総収入が単に肉体的能率を維持しうる水準にも足りない場合を第1次とした。

　表3-1は，ブースの報告書における貧困原因の数字をまとめたものであるが，ロンドンの各家庭が貧困になった理由のうち，個人の責任に帰すると思われる飲酒癖や浪費といった原因による貧

表3-1　ブースのロンドン調査における貧困原因の分類

貧困の原因（小分類）	大分類	極貧者 A・B階層(%)	貧困者 C・D階層(%)
1　浮浪		4	―
2　臨時就業 3　不安定就業，低賃金 4　少額収益	雇用の問題	55	68
5　飲酒（夫，または夫婦） 6　妻の飲酒ないし浪費	習慣の問題	14	13
7　疾病ないし病弱 8　大家族 9　疾病・大家族・不安定就業の複合	環境の問題	27	19

（出所）　Booth〔1902-03〕Vol.1, p.147 より筆者作成。

困は13％程度と少なく，大半は，雇用の問題（臨時就業・不安定就業・低賃金・少額収益）と環境の問題（疾病・病弱・大家族）であることが明らかになった。

　ラウントリーのヨーク調査では，第1次貧困の貧困原因は，主たる賃金所得者の①死亡15.63％，②病気または老齢5.11％，③失業2.31％，④不安定就業2.83％，⑤低賃金51.96％，そして⑥大家族22.16％であり，個人的責任とは言い難いものばかりであった。このように，厳密な手法で行われた社会調査によって，貧困原因の大半が雇用や疾病であることが明らかにされたことは，社会改良や社会変革への思想につながった。

ドイツの社会保険制度

　社会主義運動はドイツでも盛んであり，1871年に帝政が成立すると宰相に就任したビスマルクは，社会主義者鎮圧法（1878年）を制定して社会主義運動を弾圧した。半面で，**世界で最初の社会保険制度として**

疾病保険（1883年），災害保険（1884年），廃疾・老齢保険（1889年）を成立させ，労働者の懐柔を試みた。労働者に対する「アメとムチ」の政策といわれるが，労働運動の成果としての社会保険とみることもできる。

　このときつくられた疾病保険は，一定所得以下の労働者を強制加入させ，労働者3分の2，事業主3分の1の割合で分担される賃金の最高6％までの拠出金（保険料）によってまかなわれるもので，無料の医療のほか，最高13週間まで最低賃金の50％の傷病手当金，分娩後最低4週間の出産手当金が支給され，家族への医療の給付は疾病金庫（疾病保険の保険者）の任意給付とされた。廃疾・老齢保険は70歳に達した労働者に対する老齢年金と労働能力を喪失した労働者に対する廃疾年金を支給するものであった。

社会権の誕生　ドイツでは，第一次世界大戦末の11月革命（1918年）により帝政が崩壊し，共和制が成立した。新しい共和国憲法（ワイマール憲法）は当時世界で最も民主的といわれ，「すべての者に人間たるに値する生活を保障する」（第151条1項）という文言で社会権が規定され，基本的人権の歴史に新局面を開くことになった。この改革はドイツの財政支出にも反映され，全政府経費に占める社会費の割合が，第一次世界大戦前の1913年に36.7％であったものが，25年には56.9％，30年には62.8％へと高まった（林〔1992〕）。

イギリスのリベラル・リフォーム　イギリスでは20世紀に入ると，新しい時代への転換が進み始めた。リベラル・リフォームと呼ばれる一連の社会立法がそれである。

　1905年にイギリスで救貧法に関するロイヤル・コミッション，すなわち「救貧法および貧困救済に関する王立委員会」が設けら

れ，救貧法を改良しつつ存続させることを主張する多数派と，救貧法を解体し国民に最低生活を保障する社会政策を主張する少数派とに分かれて，激しく議論されていた。同年，自由党が政権に就くと，学校給食法（1906年），学校保健法（1907年），無拠出老齢年金（1908年），職業紹介法（1909年），**国民保険法**（1911年）などの一連の社会立法がなされた。国民保険法は健康保険と失業保険を内容とするもので，後者は**世界最初の失業保険制度**であった。

アメリカ社会保障法の成立

アメリカはイギリスの植民地として出発した関係から，本国の救貧法と同じ制度を長らく続けていた。しかし，1929年にニューヨーク証券取引所での株価暴落を引き金に**世界大恐慌**が発生すると，ルーズベルト大統領の下で**ニューディール政策**を行って，大恐慌後の混乱を安定に導いた。積極的な財政資金投下によって大規模公共事業を起こして投資機会や雇用を広げる一方，社会保障制度によって失業者には手当を給付して，国全体の投資や消費の需要を増加させることで景気回復を達成した。

この時期に制定されたのが**社会保障法**（1935年）である。①連邦直営の老齢年金保険，②州営の失業保険への連邦補助金，③州営の公的扶助（高齢者，視覚障害者，要扶養児童）および社会福祉サービス（母子保健，肢体不自由児，児童福祉）への補助金を内容とするものであり，これらを一体のものとして制度化し社会保障の名前を付けた法律は**世界最初**のものであった。続く1938年にはニュージーランドでも社会保障法が成立した。

ケインズ革命

不況が定期的に繰り返す資本主義経済の現実を前にすると，自由放任主義は正しい理論であるのか疑問がもたれるようになった。イギリスの経済

学者ケインズが著した『雇用・利子および貨幣の一般理論』
（1936年）は，自由放任主義を唱える古典派経済学の市場万能主
義に挑戦し，国家による総需要管理の必要性を説き，アメリカの
経験が理論的に裏付けられた。不況を回避するためには需要を拡
大し，それによって供給が増え，操業度が上がって企業の経営は
好転し，失業も解消され完全雇用に向かう，という**有効需要の原
理**を唱えたのである。この原理により政府は国全体の総需要の管
理に乗り出し，それが不足するときには公共事業の拡大，金融緩
和などの財政・金融政策が求められる。こうして，資本主義は，
管理された経済ないし政府と市場が共同で運営する混合経済体制
の時代に突入した。

3 第二次世界大戦終了後の福祉国家の建設

戦争と福祉

第二次世界大戦が終わると，それまでの
国際連盟に代わって国際連合が組織され，
第3回総会（1948年）で，戦争のもたらした惨禍に対する厳しい
批判と反省の上に立って，人間の尊厳と人権保障，そして平和を
希求することを宣言した**世界人権宣言**が採択され，すべての人が
社会保障を受ける権利や生存権をもつことが規定された（第1章
参照）。こうして，戦争の惨禍を受けた国々の新たな再出発・再
建目標として**福祉国家**が目指された。

　福祉国家という言葉が生まれたのは戦時中のことであり，カン
タベリー大主教テンプルが『市民と聖職者』（1941年）という書
物で取り上げたことから一般に使われるようになったといわれて
いる。そして，イギリスのチャーチル首相とアメリカのルーズベ

ルト大統領が1941年8月，大西洋上（ニューファンドランド島沖）で会見し，この戦争に対する基本方針として宣言した**大西洋憲章**には，労働条件・経済生活の改善，社会保障のための国際協力があげられていた。**国際労働機関**（ILO）も積極的に活動した。第25回総会では，「大西洋憲章の支持に関する決議」を採択し，事務局は「現在戦いつつある諸国民の偉大な目的の1つに関係をもつ」ものとして，「戦後の再建のための準備として，完全な社会保障計画の立案への道を用意する」意図で「**社会保障への途**」（1942年）を発表している。第26回総会（1944年）では社会保障の充実は厳粛な義務であるとする**フィラデルフィア宣言**を採択した。また，45年7月にアメリカ，イギリス，中国の3国代表が対日戦争終結条件を発表したポツダム宣言の中では，民主主義の復活・強化，言論・思想・宗教の自由，基本的人権の確立が列記されていた。

ベヴァリッジ・レポート

イギリスでは，戦後の社会再建のデザインを描くため，ベヴァリッジを委員長とする「社会保険および関連サービスに関する関係各省委員会」を1941年に設置し，その報告書が42年に発表されている（第1章参照）。通称，ベヴァリッジ・レポートと呼ばれるこの報告書は，いわゆる「ゆりかごから墓場まで」の社会保障計画による**ナショナル・ミニマムの保障**を打ち出した。①リハビリテーションを含む包括的国営医療サービス，②多子家族の所得保障として第2子以降への児童手当，③失業率を一定限度以下とする完全雇用政策を前提とし，強制加入の社会保険と公的扶助そして任意保険の組み合わせによる所得保障が提案された。このうち，強制加入の社会保険は，「失業，疾病もしくは災害によって収入が中断された場合にこれに代わるための，また老齢に

よる退職や本人以外の者の死亡による扶養の喪失に備えるための，さらにまた出生，死亡および結婚などに関連する特別の出費を賄うための，所得の保障」（Beveridge〔1942〕=〔1969〕）をしようとするものであり，失業，疾病，老齢，遺族，出産等を包含する総合的社会保険制度として構想された。

　ナショナル・ミニマムという概念は19世紀末にウェッブ夫妻が表明していたが，労働者を対象とした最低基準という範囲を超えて国民全員を対象とする**普遍的な概念**として示した点で，時代を画するものである。

福祉国家の成立　戦争終結後，イギリスは労働党政権となり，ベヴァリッジ・レポートに基づく改革が相次いでなされた。1945年には**家族手当法**，46年には**国民保険法，国民保健サービス法（NHS）**，48年には**国民扶助法，児童法**などの立法がなされ，世界の模範となる福祉国家が誕生した。NHSは48年から施行された，国の予算を使って無料で提供される国営医療制度（眼科，歯科等で一部有料）であり，医療保険制度ではない，世界でも珍しい制度である。国民保険制度は，被用者，事業主，自営業者からの保険料を財源として，年金，疾病，出産，失業，労災等を包括した給付制度である。そして，公的扶助制度である国民扶助法が成立したことで，救貧法は廃止された。

　他国の状況を若干，紹介すると，スウェーデンは戦前から社会民主党の政権が続いており，福祉政策に積極的であったが，大戦中は中立政策をとってきたことから戦後経済は良好であった。1946年に「新国民年金法」，47年に「児童手当制度」，48年に「家賃補助制度」を導入するなど福祉国家への滑り出しは順調であった。フランスでは第二次世界大戦前の30年に社会保険法が制定されていた。雇用者強制加入の全国的制度で，疾病，出産，

傷害，老齢，死亡を保険事故とするものであった。また，32年には家族手当制度もつくられていた。戦後になって，45年に社会保障制度の統一を図るための計画が当時の社会保障局長官であったラロックによって策定された（ラロック・プランともいう）。戦前の社会保険の適用範囲や保障水準の格差を解消して，全国民を対象とした統一的制度とすることが目指されたが，結果としては職域別制度となった。

アメリカ
——貧困との戦い

アメリカでは，戦後間もなくではなく，公民権運動が激しくなった1960年代，5000万人もの貧困者の存在を指摘したM.ハリントンの著作『もう一つのアメリカ——合衆国の貧困』（Harington〔1962〕）が火付け役となって**貧困問題**への関心が高まった。ケネディ暗殺のあと大統領に就任したジョンソンは「**偉大なる社会 great society**」教書を発表し，同政権において「**経済機会法**」（1964年）の制定や，社会保障法の改正などが行われた。64年には低所得世帯への食糧援助として農務省所管の**フードスタンプ**制度も設けられている。経済機会法では，機会の均等を図る方策として1965年から低所得世帯の幼児（3，4歳）への早期教育制度である**ヘッドスタート**制度が始まった。社会保障法の改正として，65年に高齢者を対象とする医療保険制度である**メディケア**が創設された。これは，アメリカにおける唯一の公的医療保険である。同年の社会保障法の改正ではこのほかに，貧困者を対象とする医療扶助制度である**メディケイド**も創設された。これら一連の政策は，「**貧困との戦い war on poverty**」と総称されている。

アメリカではこれ以外には公的医療保障制度がなく，一般の国民は民間医療保険に加入することになるが，保険料支払いが困難

で無保険となる人が出てしまう問題があった。そこで，後年の1997年，クリントン大統領時代に，メディケイドを拡張した児童医療保険プログラム「CHIP（Children's Health Insurance Program）」が創設された。親に一定程度収入があるためメディケイドの対象にはならないが，民間保険を購入するには足りない世帯の児童について，医療保険の給付を行うものである。さらに，時代が進み，オバマ政権時代の2010年に，医療制度改革法（**オバマケア**）が成立し，メディケイドの所得制限の引き上げ，個人に対する医療保険加入の義務付けと保険料の補助（税額控除），そして事業主に対して従業員への医療保険提供を義務付けるなどの改革がなされた。

4 福祉国家の再編

新自由主義

石油危機（1973年）の影響もあり，1970年代後半になると先進諸国の経済成長に陰りが見えはじめた。81年にはOECDが「福祉国家の危機」と題する国際会議の報告書を刊行し，経済政策と社会政策との調和が課題とされた。そのころ，イギリスでは**サッチャー政権**（1979年），アメリカでは**レーガン政権**（1980年）そして日本では**中曽根政権**（1982年）が成立し，これらの政権では，新自由主義（第1章参照）に基づき，富裕層や企業の減税と公共部門の縮小（小さな政府）が目指された。この思想の背景には，自由な市場が資源の合理的配分をもたらすという考え方を武器に，新古典派の経済学の流れをくむ諸経済学説の出現がある。アメリカの経済学者フリードマンらが主張したマネタリズムや，第1期レーガン政権の

経済諮問委員長であったフェルドシュタインを中心とするサプライサイド経済学などである。

　また，1989年に東西ベルリンを隔てていた壁が壊され東西冷戦が終結，続く1991年末には，ソビエト社会主義共和国連邦が崩壊し，11の独立国家共同体へ移行すると，ロシアをはじめ各国は社会主義からの離脱，**市場経済**への移行を積極化した。また，アジアの社会主義国中国も1970年代末から市場経済を導入し改革・開放政策による社会主義市場経済に移行した。ベトナムも社会主義を維持しながらではあるが，ドイモイ（刷新）政策によって市場経済化を進めていた。こうして，世界が全面的に市場経済化に向かう中，先進資本主義諸国において福祉政策の見直しが開始された。

人間観の変化
──騎士から悪漢へ

経済理論ばかりでなく，人間観の変化もみられるようになった。イギリスの保健医療政策学者ル・グランは，福祉政策における人間観の変容を「騎士から悪漢へ」という図式を用いて解説した（Le Grand〔1997〕）。彼によれば，かつての福祉国家では福祉供給に携わる人びとは**利他主義**（altruism）を動機として行動する騎士のような存在と考えられていた。しかし，人は**自己利益動機**で行動する悪漢としての面ももっており，騎士でない人々を騎士とみなしてしまうと，不正を働く公務員の例のように，裏切られたときの被害が大きい。はじめから悪漢とみておいて，良い行いをすれば自己が有利になるような誘因を与えるほうが無難であるという考え方への転換である。これが，**福祉の領域で市場志向の競争的アプローチ**をとる政策となって現れたと指摘している。

　たとえば，イギリスでは1990年の「NHSおよびコミュニティ

ケア法」によって，役所が福祉サービスを自ら生産し提供するというこれまでのやり方を変えて，役所は業者を競わせてサービスを調達し運営を調整する役割に特化することになった。これは，市場競争を模した制度であることから，**準市場**とか**疑似市場**（quasi-market）と呼ばれている。

福祉多元主義（福祉ミックス）

福祉政策の見直しを受けて，福祉分野における民営化，準市場化が多様な分野で行われた。そうした考え方は，福祉多元主義や福祉ミックスという言葉で呼ばれることもあるが，イギリスで1978年に発表された**ウルフェンデン委員会報告書**「ボランタリー組織の未来」（Wolfenden〔1978〕）が1つのきっかけになっている。そこでは，福祉供給システムは，法的システムだけでなく，インフォーマル・システム，ボランタリー組織，商業システムによって多元的に担われていることが指摘されたのである。**福祉の混合経済**という言い方がなされることもあるが，各国において社会福祉システム改革の基調となっていった。

福祉から就労へ（ワークフェア）

福祉への市場的要素の導入は，貧困者対策においても，個人責任を強調する方向で，労働市場とのタイアップを進める改革が行われた。

　その最も典型的な例は，アメリカ合衆国の福祉改革である。クリントン政権時代の1996年に「個人責任・就業機会調整法」が成立し，貧困母子世帯への扶助制度であるAFDCがTANF（**貧困家庭一時扶助**）に改正された。AFDCでは子どもが成人するまで手当てを受給できたが，TANFでは生涯で5年限りとされ，受給開始2年後からは就業が義務づけられた。半面，そのような切り捨てだけでは政治にならないので，EITC（**勤労所得給付つき税額控**

除）が拡充された。EITCは，働いていて収入があるけれども社会保障税を支払うことはできない程度の低所得世帯を補助するために，一定の上限内で所得税を減税する，または，所得税を負担するだけの所得がない世帯には逆に給付を行うものである。この制度は1975年から導入されて細々と運営されていたが，クリントン政権時代に控除額（クレジット）の上限が大幅に引き上げられ，予算規模および適用人員双方において公的扶助制度であるTANFをはるかに上回る低所得者支援制度になった（Caputo〔2011〕）。

イギリスでも類似の制度であるWFTC（労働・家族給付つき税額控除）が1999年から始まっていたが，2012年福祉改革法によって従来型の公的扶助制度と合体した「ユニバーサル・クレジット制度」にまとめられた。こうした政策はWelfare to WorkとかWorkfare（ワークフェア）といわれるもので，働いて稼ぐ人は優遇するが，そうでない貧困者には厳しくするものであり，カナダ（子ども給付つき税額控除，1992年），フランス（活動手当，2016年）など，各国において多様な形で実施されるようになっている。

| 租税支出と財政福祉 |

上記のように租税の優遇措置によって納税者に利益を与える制度は一般に，**租税支出**という。産業振興などの目的にも用いられるが，扶養控除，医療費控除，個人年金控除などのように福祉目的でなされる減税のことを，R.ティトマスは**財政福祉**と名づけて，社会福祉，企業福祉に並ぶ第3のシステムとして「**福祉の社会的分業論**」を提起した（コラム⑦参照）。OECDでは，各国政府が行う租税支出のうち，財政福祉に相当する部分を「社会目的租税優遇措置（TBSP）」の名称で社会支出の一部として計上しており，社会福祉の新しい方向性を示すものとなっている。日本でも，2007年

の政府税制調査会答申，2008年の「経済財政改革の基本方針」，そして「平成22年度税制改正大綱」等において，所得控除から税額控除や給付つき税額控除への転換が改革の方向性の1つとして指摘されたが，実現はしなかった（坂田〔2015〕）。

●　●　●　**Think Yourself**　●　●　●

1　イギリスの救貧法は1834年に改正されたが，改正に至る社会的背景と改正の内容について説明しなさい。

2　法制度として社会保険制度は19世紀末に成立したが，成立への社会的背景と社会保険制度の内容を説明しなさい。

3　アメリカの社会保障法の内容とその後の変化について，第二次世界大戦の前後を含めて，説明しなさい。

　ティトマスの著作は，小さな記事から大部の著書に至るまで全部で189点。そのうち著書9点の復刻版（7分冊）が，Palgrave Macmillan社から "Writings on Social Policy and Welfare"〔2002〕として刊行されている。それらの著書のうち日本語に翻訳されたのは，"Essays on the Welfare State"〔1958〕（谷昌恒訳〔1967〕『福祉国家の理想と現実』東京大学出版会)," Commitment to Welfare"〔1968〕（三浦文夫監訳〔1971〕『社会福祉と社会保障——新しい福祉をめざして』東京大学出版会)，そして "Social Policy: An Introduction"〔1974〕（三友雅夫監訳〔1981〕『社会福祉政策』恒星社厚生閣）の3点である。

　訳者の一人である三浦文夫（写真，遺族提供）は，ティトマスのSocial Administration論をベースに，自らの学説を主著『社会福祉政策研究——社会福祉経営論ノート』（三浦〔1985〕）において体系化し，日本の社会福祉学の発展に一石を投じた人である。その意味で，日本におけるティトマス理論の伝道者であり，かつ，継承者であった。

　三浦は翻訳書刊行の報告を兼ねて1972年春，ロンドン大学の研究室にティトマスを訪ね，シーボーム報告などを話題に時を忘れて歓談した。ティトマスが病死するちょうど1年前のことである。その後の石油危機を境に，高度成長から低成長へと暗転する厳しい時代に，ティトマス亡き後の社会福祉学に活路を切り開いたその三浦も，2015年8月6日に86歳で他界した。

第4章 日本の社会福祉政策の歴史

　日本の社会福祉の歴史は，遡れば聖徳太子の時代まで行くが，この章で
は，日本が近代国家となった明治時代から始めて，基本的には2000年の
社会福祉基礎構造改革の直前までを解説する。そのあとの出来事は，第5
章以降の関連する場所で説明する。明治政府がつくった救貧制度である恤
救規則が約60年続く間，明治中期には慈善事業，大正時代には社会事業
が行われた。昭和初期には救護法が制定されたが，やがて戦争となり，戦
時厚生事業が取り組まれた。第二次世界大戦終了後は，被占領期の福祉三
法体制，高度成長期の国民皆保険皆年金・福祉六法体制へと発展した。し
かし，1980年代には財政赤字の累積による行財政改革時代を迎え，医療，
公的年金，福祉サービスが改革された。

1 明治・大正期の社会福祉政策

恤救規則と人民の情誼　明治政府は1868年に五箇条の御誓文が発せられて成立した。その翌年，戊辰戦争が終了し，71年には廃藩置県が行われ，国家の体制が次第に整い始めた頃，明治になって7年目の1874年に**恤救規則**ができた。内閣制度発足（1885年）前の管制である太政官〔だじょうかん〕が制定した規則である。これはジュッキュウ規則と読むが，広辞苑には前後をひっくり返した救恤という言葉が載っていて，「困窮者・罹災者などを救い恵むこと」と書いてある。明治維新から日清戦争（1894〜95年）にかけての時期は，資本主義の成立と発展の時期である。しかし，まだ封建時代の慣行や思想が残っており，貧困の救済は家族，親族，近隣による相互扶助によるものとされていた。この規則の前文にもそのことがはっきりと明記されている。

　恤救規則の前文は，「済貧恤窮ハ人民相互ノ情誼ニ因テ其方法ヲ設ベキ筈ニ候得共」云々という書き出しで始まっている。翻訳すると，貧しい人びとがいる場合にそれの救済をするのは，まずは家族，親族そして隣近所の地域社会が，血縁・地縁に基づいて行うべきものである。しかし，「目下難差置無告ノ窮民〔モッカサシオキガタキムコクキュウミン〕」，すなわち，誰も手を差し伸べる者がなく非常に貧窮にあえいでいる者については次のような取り扱いをする，という内容のものである。

　救済の対象者は，①廃疾（重度の身体障害者のことをいう古い言葉），②70歳以上の高齢者，③重病人，④13歳以下の児童となっている。これらはいずれも，独身・労働不能・極貧の者という条件がついていた。「独身」の意味は一人で暮らしているという

ことだけではなく，もしどこかに親族がいるならその者によって
扶助が行われるべきだ，という大変きびしい内容のものである。
また，独身でなく同居家族がいる場合には，その同居者も高齢者
ないし児童でありかつ重病あるいは重度障害であることとなって
いた。これらの人びとへの救済手段は各地の相場で米代換算の現
金を支払うこととされ，1年分で米1石8斗（児童は7斗），重病人
の場合は1日に米男3合，女2合の割で計算せよ，というもので
ある。

　この制度はずいぶん長く続いた。改正の声は何度かあったもの
の20世紀になっても改正されず，1929年に救護法ができるまで
の約60年間を生きた制度であった。ただし，それだけでは不都
合であり，備荒儲蓄法（1880年），罹災救助基金法（1899年），行
旅病人及行旅死亡人取扱法（1899年）などの個別法ができた。ま
た，民間の事業所では互助的組織をつくるところも出て，1888
年に設立された阿仁鉱山共済組合が，日本の社会保険の先駆形態
とされている

| 社会不安と社会事業 |

第一次世界大戦まで　　日本が20世紀に
入った最初の年に，産業革命を象徴する
八幡製鉄所が操業を開始した。続く1904年からの日露戦争に勝
利して，資本主義はますます発展していた。しかし，その少し前
に『**日本之下層社会**』（横山〔1899〕）が刊行され，「特に日清戦争
以来，機械工業の勃興によりて，労働問題を引き起こし，物価騰
貴は貧民問題を喚起し，漸次，欧米の社会問題に接近せんとす」
との問題提起がなされる状況であった。同書の中に「**社会事業**」
という言葉が記された箇所があり，日本でもこのころからそうし
た関心が生まれていたことが推察される。

　その少し前から，宗教家や篤志家による**慈善事業**が始められて

いる。1887年には石井十次が岡山孤児院を，91年には石井亮一が知的障害児施設である滝乃川学園を，97年には片山潜が東京神田にセツルメントハウスのキングスレー館を，99年には留岡幸助が感化教育施設である巣鴨家庭学校を，1900年には野口幽香が貧困家庭の児童のための二葉幼稚園をそれぞれ設立した。これらは，それぞれの分野での福祉事業の草分けとなった。

1900年には**感化法**が制定された。現在の児童自立支援施設の源流となる「感化院」の設置を都道府県に義務づけたもので，非行を犯した少年を懲罰の対象とするのではなく感化教育によって社会復帰させようとするものであった。これは感化救済事業といわれている。さらに，日本赤十字社条例（1901年），慈善事業の組織化を目的とする中央慈善協会の結成（1908年），恩賜財団済生会の設立（1911年）などの出来事があった。

1914年から第一次世界大戦が開始され，18年に終了した。日英同盟を結んでいた日本は，戦時中は貿易が伸び機械工業が急激に膨張した。しかし，戦後はその反動として深刻な経済恐慌に陥った。貧困者が激増する中で，**米騒動**（1918年）などの社会不安が起こりやすく，17年のロシア革命で社会主義国家が誕生していたこともあって，労働運動・社会主義運動も盛んになった。

方面委員制度　今日の民生委員制度の前身である方面委員制度ができたのもこのころで，岡山県に「済世顧問制度」（1917年），大阪府に「方面委員制度」（1918年）がつくられた。大阪のものはドイツのエルバーフェルト制度を参考にしたもので，学校通学区を担当として，区域内の住民の生活状態を調査し，その情報をもとに，要援護者に対する救済を行う制度であった。やがて全国に波及し，**方面委員令**として国の制度になったのは1936年である。この制度は，第二次世界大戦後の48年に民生委員制度に改

められた。

社会事業の成立　　第一次世界大戦中に，傷病兵や戦死者の家族・遺族を救護する制度である**軍事救護法**（1917年）の制定に伴い内務省地方局救護課が設置された。内務大臣の諮問機関として救済事業調査会（1918年，のちに**社会事業調査会**）が設置され，20年には救護課が内局の社会局となった。所管事項は，賑恤（貧困者などに金品を与える），軍事救護，失業救済，児童保護，その他社会事業に関する件とされており，**社会事業**の語が初めて公式に用いられた。この段階で，国の政策として社会事業が位置づけられた。ちなみに，中央慈善協会の全国大会は，第5回（1920年）からは**全国社会事業大会**という名称に変わっている。22年には他省に分属していた事務を集めて社会局を外局とし，同年に公布された**日本初の社会保険である健康保険法**が所掌事務の1つとなった。この法律は幾多の改正を経つつ今日まで生きている。

2　戦時中の社会福祉政策

　救護法の制定　　　昭和になって，迫りくる社会不安を背景として，恤救規則がついに，救護法（1929年制定，32年施行）に改められた。救護法提案説明書には，「国民生活ノ不安ト思想ノ動揺ヲ防止スル」という趣旨が示されていた（右田ほか編〔2001〕）。

　その第1条で，「左ニ掲グル者貧困ノ為生活スルコト能ハザルトキハ本法ニ依リ之ヲ救護ス」として，①65歳以上の老衰者，②13歳以下の幼者，③妊産婦，④不具廃疾，疾病，傷痍その他精神または身体の障碍により労務を行う故障ある者，が救護の対

象とされた。恤救規則と比較すると範囲が拡大した。また，救護の種類は，①生活扶助，②医療，③助産，④生業扶助，の4種類とされた。居宅救護を原則としたが，それが難しい場合には養老院，孤児院，病院等での救護も行うことになった。救護の実施者は市町村長とされ，救護費用の2分の1以内を国庫が，4分の1を道府県が補助すると定められて，行財政面の責任関係も明確になった。また，救護事務の補助機関として方面委員が位置づけられた。救護は義務として行政により進められたが，人民の権利を認めたものでもなく，国の責任や人権について曖昧さが残っていた。

当時の財政難により，この法律が実際に施行されたのは3年後の1932年のことである。競馬法を改正して競馬の益金を充てることでスタートできたというエピソードがある。救護を受ける人員は恤救規則では1万8118人（1931年）であったのに比べ，15万7564人（1932年）へと10倍程度に増加し，5年後の37年には23万6565人とピークに達した。

戦時厚生事業　救護法の成立と同じ年に世界大恐慌が起こり，各国に経済的打撃を与えた。アメリカではニューディール政策の一環として社会保障法を制定するなどの方策をとったが（第3章参照），日本は軍備拡張，軍需生産に向かった。第一次世界大戦の戦勝国として中国に権益を得ていた日本は，大陸に軍隊を送り込んで1931年には満州事変を起こし，引き続く日中戦争，さらに41年からは太平洋戦争へと続く長い戦争状態に入っていった。

1938年には，内務省社会局が**厚生省**に昇格。徴兵検査から国民の体力低下や結核患者の増加が問題となったことが，厚生省昇格の背景といわれている（冨江〔2009〕）。**健兵健民**という言葉が

あるが，戦争を進めるため国民の健康を増進させる政策ということであり，38年には**国民健康保険法**とともに**社会事業法**が制定され，民間社会事業経営者への保護収容委託，監督助成などが始まった。なお，戦時中は，国家総動員体制のもと，社会事業は「**厚生事業**」と呼ばれるようになった。

　世帯主が兵隊に出ていった後の，あるいは戦死した後の家庭が貧困になるなど，国の戦争に関与させられている人びとの生活保障が問題となり，**軍事扶助法**（1937年），**母子保護法**（1937年），**医療保護法**（1941年），**戦時災害保護法**（1942年）が戦時特別立法として相次いで制定された。この時期には，**労働者年金保険法**（1941年）もつくられ，1944年に適用範囲をホワイトカラーに広げて**厚生年金保険法**に改正された。

　救護法よりも軍事扶助法などの救済を受ける人びとが多くなり，1945年の保護人員統計では，軍事扶助法によるものが298万人，医療保護法が240万人，母子保護法が8.5万人であるのに対して，救護法によるものは9.3万人であり，救護法の地位は低下した。救護法は，ほかの制度があってもどうしても自立できない人のための施策になり，人間的価値が低く見下される立場に甘んじなければ保護は受けられないという性質のものになってしまった。**スティグマ**（**恥辱の烙印**）を押され，恥を忍んで保護を受けることになるならば，貧しくても救護法の世話にだけはなりたくないという風潮が生まれた。戦前においては，保護を受ける人びとの人権が明確に保障されるわけではなく，国家が慈恵的にこの制度を運営している状態だったのである。

3 被占領期の社会福祉政策

占 領 政 策
第二次世界大戦が1945年に終了し，日本は51年まで，アメリカを中心とする連合国の占領下におかれた。連合国軍最高司令官の指揮のもと，**軍国主義解体**と**民主化政策**が進められた。1945年12月，政府は，戦災者，引揚者，離職者など大量の生活困窮者に対応するため，宿泊・給食・救療施設の拡充，衣料・寝具その他生活必需品の給与などを行う**生活困窮者緊急生活援護要綱**を決定し，翌46年4月から実施した。実施当初の救護人員は126万753人（人口の1.7％）と記録されている。しかし，この要綱は臨時応急的に行われたものであるので，今後の計画として「救済福祉ニ関スル件」という文書を1945年末に連合国軍最高司令官総司令部（GHQ）に提出した。これへの返答として，GHQは46年2月27日に，その後わが国の救済福祉に関する最高規範となる，「連合国最高司令部覚書SCAPIN775 主題 社会救済」という指令を発している。内容は，①困窮者に対して平等に食糧，衣料，住宅ならびに医療を提供する単一の全国的政府機関を設立すること，②1946年4月30日までに当計画に対する財政援助ならびに実施責任体制を確立し，私的・準政府機関に委譲・委任してはならないこと，③救済の総額に制限を設けないこと，の3つである。**公的扶助三原則**といわれているが，これを受けた政府は生活保護法案を準備し，1946年9月9日に公布，10月1日に施行され，被保護者数は約270万人に及んだ。

　　生活保護法　　この動きと前後して，日本国憲法が1946年11月3日に公布，47年5月3日に施行され，基本的人権の1つとして**生存権**が規定された。憲法に照らしてみると，少し前にできた生活保護法には最低生活保障の国家責任が明文化されていなかった。また，①能力があるにもかかわらず，勤労の意思のない者，勤労を怠る者そのほか生計の維持に努めない者，②素行不良な者は保護しないとされていたが，憲法ではすべての国民が生存権を有するとされており，そうした人にも保護の請求権を認める必要があり，それらが理由となって，50年に全面改正されたのが現在の生活保護法である。

　児童福祉法　　終戦から2年を経た1947年に**児童福祉法**が成立した。当時，戦争のために親が死亡するなどにより孤児あるいは浮浪児となる児童が数多く現れ，その対策の緊急性が高かったことから制定された。この法律は戦災孤児などの保護・養護を要する児童だけではなく，障害児の対策，保育，母子などの家庭福祉，児童育成の健全な社会環境の形成といったことを含む，児童福祉の幅広い総合的な法律として立法された，画期的なものであった。

　身体障害者福祉法　　1949年には身体障害者福祉法が成立した。傷痍軍人（戦争で負傷し障害を負って復員した軍人）の福祉対策が緊急を要したことがその背景にあった。しかし，軍国主義解体という占領政策と矛盾しないように，身体に障害をもつ人びと全般への医療やリハビリテーション訓練や，家庭での生活が困難な人のための生活場所としての施設の提供などを内容とする法律として設けられた。

　これら50年までに形成された法的枠組みを**福祉三法**と呼んでいる。

1951年には**社会福祉事業法**（現・社会福祉法）が制定された。生活困窮者，児童，障害者，高齢者など，生活全般の支援や援護を要する人びとへの施策は，戦前は**社会事業**と呼ばれていたが，戦後はこの法律によって**社会福祉事業**という名前に変わり，それを運営するための**福祉事務所**，**社会福祉主事**，**公私の責任分離**，**社会福祉協議会**，**共同募金**そして**社会福祉法人**などの諸規則が定められた。

　社会福祉の範疇には，これ以外に高齢者福祉や知的障害者福祉などを含むが，この時代にはそうした人びとにかかわる独自の福祉法はまだなかったので，これらの人びとの福祉施策は，生活保護制度の中の養老施設等を利用して行われていた。生活保護の施設を利用するためには収入が保護基準以下でなければならないから，障害をもちながらも収入が基準をわずかに上回るボーダーラインの人びとには何らの援護も行われないという矛盾の中で，社会福祉は生活保護を前提として成立する，あるいは，その範囲において成立するレジデュアル（補足的）な貧困対策であった。

4 高度成長期の社会福祉政策

　神武景気（1955-57年），岩戸景気（1958-61年）と称される好景気が続き経済成長が軌道に乗ると，政府は福祉国家を目標に掲げるようになった。池田勇人首相の下でつくられた**1960年の所得倍増計画**はわが国の**高度経済成長**を象徴する経済計画であるが，この中で，「社会保障の充実と向上が，近代福祉国家の義務であって，この面に目を開かない限り，福祉国家への道はありえない」との記述がなされている。この頃には，経済偏重の政策の陰

で，物価上昇，経済格差，地域格差などの「ひずみ」が顕在化していたのである。

国民皆年金・
皆保険体制

福祉国家への道は，社会保険制度の整備・拡充から始まった。当時，医療保険の適用を受けていない者は約3000万人といわれていた。この問題の解決のため，新しい国民健康保険法（旧法の全部改正，1958年公布，59年施行）が制定され，順次全国の市区町村で実施されたことにより1961年4月に，**国民皆保険体制**が成立した。すべての市区町村を国民健康保険の保険者とし，そこに住む全住民を被保険者とした上で，既存の医療保険（健康保険，船員保険，共済組合など）に加入している人は国保への加入を免除するという形で，医療保険未加入者をすべて国民健康保険の被保険者とするものである。これにより，国民全員がいずれかの医療保険に加入することになった。

公的年金は，公務員向けの共済年金や会社員向けの厚生年金制度はあったが，零細事業所の従業員には適用されなかったし，農家や自営業者や専業主婦のような勤め人でない人の制度は存在しなかった。それらの人を対象とした国民年金法（1959年公布，61年施行）の成立によって，職業によらず20歳以上の全国民がいずれかの年金制度に加入する**国民皆年金体制**が実現した。強制加入とするために保険料免除制度が組み込まれた。ただし，専業主婦は任意加入とされたため女性の年金権が後年の政策課題になった。また，公的年金を補完するものとして，低所得母子世帯には**児童扶養手当**（1961年），障害児をもつ世帯には**特別児童扶養手当**（1964年）が設けられた。

福祉六法体制

1960年代に入ると一連の福祉立法が行われている。これにより，社会福祉の対

象範囲が拡大したばかりでなく，質的な変化への兆しがみられるようになる。まず1960年には**精神薄弱者福祉法**が成立した。18歳未満の障害のある児童は知的障害でも身体障害でも児童福祉法の範疇に入るが，施設で成長し18歳を超えると児童福祉法の範疇を超えてしまうため，成人した知的障害者のための福祉法として設けられたものである。これにより生活保護基準を上回る低所得の知的障害者を対象にできるようになり，社会福祉が貧困対策から低所得者対策へと性格を変えた。

精神薄弱者福祉法は1998年に題名が改正され**知的障害者福祉法**となったが，これは国際連合第26回総会（1971年）で採択された知的障害者の権利宣言という題名にもあるように国際的に標準的な言葉に改めるため，また，精神薄弱という言葉が障害の内実を超えるネガティブな意味あいを想起させ差別を助長するきらいがあるためであった。

1963年には**老人福祉法**が成立した。生活保護制度の中にあった養老施設を**養護老人ホーム**として受け継ぐとともに，新たに**特別養護老人ホーム**と**軽費老人ホーム**を設けたのが特徴である。養護老人ホームは生活保護施設の性格を引きずり，低所得かつ身体的・精神的な衰弱があることが入所条件とされた。特別養護老人ホームの利用資格は，これとは異なり，寝たきりないし寝たきりに近い身体状態にあり家庭で介護できる環境がない場合で，**経済的条件は不問**とされている。

高齢期になって心身が不自由となり家庭で介護を受けられなくなることは，社会の限られた一部の人びとの問題ではなく，核家族化，女性の社会進出などによる家庭機能の変化を受けて，要介護のニードが一般に広がり始めた時期の社会変動を反映したものといえる。こうした問題は世帯の所得水準とかかわりなく発生す

るという認識がその背後にあったものと解釈される。

1964年には**母子福祉法**が成立した。この法律は，81年に，かつて母子世帯の母親であった人，すなわち寡婦を対象に含めるように改正され，名称も**母子及び寡婦福祉法**と改められている。2014年には，父子世帯も対象に含むことになり，**母子及び父子並びに寡婦福祉法**に改正された。

1964年までに成立した上記6種の法律をまとめて**福祉六法**と呼び，生活保護法以外は福祉五法と呼ばれるようになった。それまでは，生活保護の被保護者でなければ衣食住や身の回りの世話などの援護を受けられなかった高齢者や障害者や母子世帯の人びとが，それぞれの法律による援護を受けることができるようになったのである。

なお，労働関係では，日本国憲法の施行と同年の1947年に**労働者災害補償保険法**と**失業保険法**（**現・雇用保険法**）ができていた。こうして，社会保険（年金保険，医療保険，雇用保険，労働者災害補償保険），公的扶助（生活保護），社会福祉および公衆衛生の4つの柱からなる社会保障制度体系が成立したのは1960年代の半ばであり，「皆保険・皆年金体制」および「福祉六法体制」と呼ばれている。なお，これよりやや遅れて71年に**児童手当法**が成立した。

成長から福祉へ（福祉元年）

「経済社会基本計画」（1973年）では，**「所得分配の公平化」**を含む「国民福祉に結びついた経済社会の発展パターン」の追求を国家目標に掲げている。すなわち，貧困の解消や生活の安定という課題から一歩踏み込んで，所得の公平化という目標が掲げられたのである。所得分配という言葉は，国民の収入を誰かが配っているかのように聞こえるが，income distributionというもとの英語には所得分布という意味があるから，それの公平化

とは，大金持ちがわずかにいて貧しい人がたくさんいるような格差の大きい分布ではなく，なるべく貧しい人の数が少ない分布にするという意味である。そのためには，**累進課税**で徴収した税金を，社会保障制度を通じて所得の低いほうに手厚くなるように**垂直的再分配**を行う政策を積極的に推進しなければならない。

　この計画を受けて同年に作成された厚生省（当時）の「社会保障長期計画」では，「**成長から福祉へ**」というスローガンが掲げられた。それまでは，経済規模の拡大，大きな産業の形成，生産力の向上を目指した経済成長であったものを，充実した福祉を築き上げるための成長の時代を迎えるのだ，という目標の転換がなされている。

　この計画が発表された1973年は**福祉元年**といわれた。具体的には，厚生年金や国民年金の給付額のアップや**物価スライド・賃金スライド制**（物価上昇や賃金上昇に応じて給付を上げる）の導入，健康保険の自己負担割合の引き下げや一定額以上は自己負担を求めない**高額療養費制度**の導入，70歳以上高齢者の**医療費無料化**などさまざまな制度の改善が行われ，この年を境にして福祉を飛躍的に伸ばそうという意味あいの年であった。

5　行財政改革期の社会福祉政策

> 石油危機と財政赤字の拡大

「福祉元年」を表明した1973年の秋，**石油危機**が起こった。産油国が原油価格を4倍に値上げしたのである。経済成長が止まり，税収は減少し，**財政赤字**が拡大した。福祉国家目標に踏み出したその同じ年に，石油危機が起こったことは歴史の皮肉で

ある。

日本型福祉社会　「新経済社会7カ年計画」（1979年）が作成され，日本型福祉社会を提言した。すなわち，「個人の自助努力と家庭や近隣，地域社会等の連帯を基礎としつつ，効率のよい政府が適正な公的福祉を重点的に保障するという自由経済社会のもつ創造的活力を原動力とした我が国独自の道を選択創出する，いわば日本型とも言うべき新しい福祉社会の実現を目指すものでなければならない」とされ，家族や地域での助け合いなどを活用した福祉社会を築くべきだとの提言であった。これに対しては，日本の家族にはそのような力はもはや残っていないという意見が出されることが多かった。

福祉国家の見直し　1981年の『経済白書』では，「今日，おしなべて世界の先進国は第二次大戦後進められてきた『福祉国家』の再検討を迫られている」「顧みれば，『福祉国家の建設』は，自由主義経済社会にとって革新的試みであった。今日でも，この方向自体に根本的疑問をさしはさむ人びとは多くないと考えてよい。しかし，それが経済社会の効率性を低下させ，『福祉国家』の根底たる活力を失わせるようになってきてはいないか」との記述がなされ，国全体の政策基調が福祉国家の見直しへと転回した。

　1981年には政府に，行財政改革を推進するための第二次臨時行政調査会が設置され，「増税なき財政再建」のスローガンを掲げて改革に乗り出した。人口高齢化，核家族化，女性の社会進出等の社会変化が進み，福祉サービスの要求が高まる中での改革という難しい課題に直面した。

医療制度改革

老人保健法　老人福祉法改正により1973年から，老人医療費支給制度（無料化）が全国に導入されたことで，70歳以上高齢者の受診率が急

増し，高齢者の加入者率が高い国民健康保険（国保）の財政が悪化した。これにより国の補助金が増えるだけでなく，市町村財政の大きな負担となっていた。この問題の解決策として成立したのが**老人保健法**（1982年公布，83年施行）である。この制度のかなめは，市町村が給付する医療の費用を公費とすべての医療保険者からの拠出金で賄うことにより，国保の負担を軽減することにあった。同時に，40歳以上への健康診断等の保健サービスの提供，そして一定所得以上の者への一部負担が組み込まれた。この制度は国保の救済として一定の役割を果たしたが，人口高齢化の進行が速く，高齢者医療費は再び増大を続け，それを賄う新しい制度として，2008年に**高齢者の医療の確保に関する法律**に改正された。**後期高齢者医療制度**ともいわれるように，74歳までは被扶養者である人びとも75歳になれば保険料を納付する，後期高齢者専用の医療保険制度である。

このほか，1984年には健康保険法も改正された。被保険者本人への定率自己負担（2割）の導入，退職者医療制度の創設，国保への国庫負担の削減，特定療養費制度の創設などを含む大きな改正であった。

医療計画　　上記は医療費の保障に関する改革であるが，病院や診療所等の医療提供体制については，医療機関の過剰や地域偏在が問題になっていた。このため1985年に医療法が改正され，都道府県は5年ごとに医療計画を策定することとされ，基準病床数などの指標を出すことになった。後年のことになるが，3年ごとに策定される介護保険事業計画との連携が図れるよう，2018年度から医療計画の計画期間が6年に変更された。

> **公的年金制度改革**

国民皆年金は，厚生年金，共済年金の加入資格外の人びとを国民年金に加入させ

ることで達成された。国民が職業によって別々の制度に加入する仕組みであったが，創設から20年以上を経ると，第一次産業従事者，自営業者，家族従業者が減少して国民年金の加入者が減り，保険料収入の先細り，将来の財政不安が増していた。船員保険や国鉄共済等にも同様な問題があった。人口高齢化と制度の成熟化により，公的年金の費用負担は膨張していたが，政府は財政難であり負担しきれるかどうか不安が高まった。

　その解決策として，全国民に共通する**基礎年金**をつくり，被用者年金をその上乗せとする**2階建て年金制度**に再編成する案にまとまり，1985年に国民年金法が改正された。従来の国民年金加入者（第1号）と被用者年金の被保険者（第2号）と被扶養配偶者（第3号）を個人単位で国民年金に加入させることで，分立した年金制度を1階部分で一本化させて，所得比例部分を2階に乗せる方策であった。この改正で年金加入を個人単位とすることで**女性の年金権**が確立した。老齢厚生年金の支給開始年齢を段階的に65歳に引き上げて，給付総額を減らす措置もとられた。なお，後年のことになるが，共済年金は2015年10月1日に厚生年金に統合された。

6 福祉サービス分野の改革

福祉関係補助金の見直し

　1980年代の行財政改革では，医療制度や公的年金ばかりでなく，社会福祉事業などの福祉サービス分野でも改革が求められた。福祉サービスの多くは，国の**機関委任事務**として，都道府県知事や市町村長による**措置**によって福祉施設入所などが決定

され，費用の8割は国が負担していた。この費用負担割合が高すぎるとして，財政当局から見直しが求められた。国の負担を減らせば都道府県や市町村の負担が増えるが，機関委任事務の行政権限は国におかれたままで，地方の財政負担だけが増大することには，地方側から反対があった。議論の末，地方の財政負担を臨時的に大きくする法律と，地方の権限を増大し分権を推進する法律が1986年に成立した。

　すなわち，「国の補助金等の臨時特例等に関する法律」により，施設福祉では国の負担を3年かけて8割から7割そして5割へ引き下げ，在宅福祉では3分の1から2分の1に引き上げる措置がとられた。そして，「地方公共団体の執行機関が国の機関として行う事務の整理及び合理化に関する法律」では，機関委任事務として行われてきた福祉施設入所事務などが**団体事務**に変更され，地方自治体は条例でそれらの事業を地方の実情に合わせたものにする道が開かれた。

> 消費税導入と
> 福祉八法改正

国の財政の立て直しのため，消費税法が1988年12月に成立し，89年4月1日から導入された。わずかな例外品目のほかはほとんどの財やサービスの売り上げに対して3%の消費税が課せられることになり，あわせて砂糖消費税や物品税，入場税，通行税（以上は国税），電気税・ガス税（地方税）などの多くの間接税が廃止された。導入にあたって，税収は高齢者保健福祉への備えのためとの説明がなされ，厚生省と大蔵省と自治省の合意で89年に，「高齢者保健福祉推進10か年戦略」が策定された。ゴールドプランと呼ばれたこの計画は，実際には市町村が実施するものであるから，実施体制づくりが急がれた。そうしたことを背景に1990年に成立したのが，**老人福祉法等の一部を改正する法律**

である。これは多数の法律を同時に改正する法律，すなわちオムニバス法であり，同時に改正された法律が社会福祉事業法，老人福祉法，身体障害者福祉法，児童福祉法，知的障害者福祉法，母子及び寡婦福祉法，老人保健法および社会福祉・医療事業団法の8つであったことから，福祉八法改正と呼ばれている。

改正のねらいは，住民に最も身近な自治体である**市町村に福祉サービスの実施権限を統一する**ことで，施設サービスと在宅サービス両面での地域福祉を総合的・計画的に推進できるように地方分権を進めるとともに，市町村と都道府県に**老人保健福祉計画**の策定を義務づけて，ゴールドプランの実現を担保することにあった。一方で，臨時措置であった社会福祉事業の地方財政負担5割（生活保護は4分の1）への引き上げは恒久化された。

21世紀福祉ビジョン　　1994年3月に，厚生省（当時）に設けられた高齢社会福祉ビジョン懇談会から「21世紀福祉ビジョン──少子・高齢社会に向けて」と題する報告書が発表された。この報告書は，社会保障給付費の内訳が年金5，医療4，福祉等1の比率になっている現状に対して将来は年金5，医療3，福祉等2程度とすることを目指すべきと提言したことで有名になった。つまり，社会保障給付費全体の10％相当額を医療から福祉へ移すべきだとしたのである。実際に，97年に介護保険法ができ2000年から施行されると，介護費用が伸びて，10年には医療が31.9％，介護を含む福祉等費用が18.5％になり，このビジョンはほぼ実現した。

このビジョンでは，**自助・共助・公助の重層的な地域福祉システム**の構築も提案されており，実際に，2000年の社会福祉法改正では**地域福祉計画**が法制化され，05年の介護保険法改正によって**地域包括ケア**が打ち出され，17年の社会福祉法改正により，地域

における**包括的支援体制**の構築が進められることとなり，**地域共生社会**が目指された。このビジョンはかなりの程度将来を占うものであったことになる。

| 地方分権改革 |

1990年代半ばになると，国と地方自治体との関係を「上下・主従の関係から対等・協力の関係」に改革することをテーマとして，地方分権改革が進められ，ついに1999年に地方分権一括法（正式には「地方分権の推進を図るための関係法律の整備等に関する法律」）が成立した。これにより，機関委任事務は全廃となり，地方自治体の事務は**自治事務**とされ，一部，全国的な基準で行われるものに限って**法定受託事務**とされた。

　それまでは中央集権であったために，地域の実情に合わせた福祉サービスの展開がしにくいという批判が長くなされてきたが，自治体の独自性が増す自治事務とされることで，部分的には解決された。部分的というのは，財源面での自治体の自由度は依然，低いままにされたからである。なお，生活保護の決定・実施は生存にかかわるナショナル・ミニマムを確保し，全国一律に公平・平等に実施する必要があるため，法定受託事務として残された。

　これ以降，1997年の**介護保険法**制定（2000年施行），2000年の社会福祉事業法の**社会福祉法**への改正を始めとする**社会福祉基礎構造改革**など，重要な政策が目白押しで展開したが，それらについては以降の関連する章で説明することにしたい。

● ● ● *Think Yourself* ● ● ●

　1　明治時代の恤救規則と昭和になって制定された救護法の違いを説明しなさい。

2　大正時代から第二次世界大戦終了前の社会事業の特徴について説明しなさい。

3　第二次世界大戦後の国民皆保険・国民皆年金の仕組みについて説明しなさい。

4　1980年代の行財政改革時代の改革について，医療，公的年金，福祉サービスに分けて説明しなさい。

　ティトマスの最初の著書は1938年刊行の *Poverty and Population*（写真左）である。内容は，乳幼児，児童，成人，妊産婦の死因や死亡率の違い，失業の地域差や失業と死亡率の関連，人口の地域移動が出生，婚姻，死亡等の人口動態に及ぼす影響等に関する実証的研究である。疾病や死亡の背後にある社会的原因が分析され，イングランド北部とウェールズにおける貧困と衛生状態の悪さが死亡率を高めていることが明らかにされた。「これらは単なる統計数値ではなく男や女や子どもの〈いのち〉を表していることを忘れてはならない」という警句とともに，社会的な悪条件のために毎年5万4000人が不必要な早期死亡を迎えており，「社会的浪費」であると訴えた。

　この問題意識は乳幼児死亡率における社会階層間の格差に関する研究へと受け継がれ，1943年に著書 *Birth, Poverty and Wealth*（写真右）として刊行された。分析のまとめとして，最富裕層と同じ程度に他の階層でも乳幼児死亡率が低かったなら，約9万人の人間がこの世に長らえたはずだと推計している。当時，このようなデータを得るのは非常に難しかったといわれている。ティトマスの業績全体を貫く実証的な態度は，こうした若いころからのデータ分析によって培われたものであり，実証的社会政策研究の草分けとされるゆえんである。

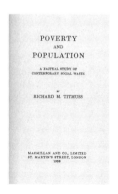

第5章 現代日本の福祉問題

　本章では，福祉ニードをもたらす原因となる社会問題や社会変化について，主に統計データをもとに，少子・高齢化，世帯や家族の変化，雇用形態の変化を調べた。1970年や80年頃と現在の家族を比較すると，40〜50年間で逆転現象といえる変化が観察される。家族は頼りになる福祉資源ではなく，支援されるべき弱い存在となっている。一方，相対的貧困の観点からは，子どもの貧困率の高さが明らかであり，機会の平等が侵されている現実にショックを受けざるをえない。ヨーロッパ発の概念である社会的排除や社会的包摂が日本でも課題になっていることや，社会福祉の一般化への対応として，2000年に行われた社会福祉基礎構造改革にも言及する。

1 少子・高齢化

人口減少社会 日本の人口の動向を調べるために,「人口動態統計」(厚生労働省)と「国勢調査」(総務省)からデータを引用して作成したのが表5-1である。それをみると,年間出生数は1970年には193万人,人口千対出生率は18.8,合計特殊出生率は2.13であった。そのままのスピードで子どもが生まれていけば,人口は減らないし,高齢化のスピードも今日ほどではなかったはずである。しかし,この表には記してないが,出生数は75年から年々,減少し,**少子化**が始まった。それから40年後の2016年には100万人を切り,18年の出生数は92万人となった。同年の人口千対出生率は7.4,合計特殊出生率は1.42へと低下した。人口規模が維持されるためには,合計特殊出生率が2.1以上でなければならないが,1989年にはそれが過去最低の数値になり,「1.57ショック」といわれた。その後も低下が続き,ついに2015年から**人口減少**が始まった。**労働力不足**のため営業や操業ができない事業所も出始めているなど,人口減少によって**国民経済**の規模が小さくなることが懸念され,安倍内閣では2015年以降,「**一億総活躍社会の実現**」のスローガンのもと,労働力確保が最大の政治課題とされ,潜在的な労働力である女性や高齢者にも働きやすい社会をつくるための改革が求められている。

2025年問題 そうした中でも容赦なく,**人口高齢化**は進んでいく。表5-1の右側に人口を示しているが,65歳以上人口は,1970年に733万人,総人口の7.1%

表5-1　各年の出生数・出生率・高齢化率等

年	出生数（人）	出生率人口千対	合計特殊出生率	総人口（万人）	65歳以上人口（万人）	高齢化率
1970	1,934,239	18.8	2.13	10,372	733	7.1
1980	1,576,889	13.6	1.75	11,706	1,065	9.1
1990	1,221,585	10	1.54	12,361	1,493	12.1
2000	1,190,547	9.5	1.36	12,693	2,204	17.4
2010	1,071,304	8.5	1.39	12,806	2,948	23.0
2018	918,397	7.4	1.42	12,642	3,557	28.1

（出所）　人口の1970〜2010は「国勢調査」，2018は「人口推計」（総務省），
　　　　　出生数・出生率・合計特殊出生率は「人口動態統計」（厚生労働省）。

であった。国際連合の人口部が1956年に発表した研究報告書で65歳以上人口が7％になると**高齢化社会**と述べたことから，日本はこの時に高齢化社会に突入したといわれるようになった。2018年には高齢者人口は3557万人へと5倍に増え，高齢化率は28.1％になった。ちなみに，国連の報告書の件は，その後独り歩きし，高齢化率14％以上が**高齢社会**，21％以上が**超高齢社会**と流布されているが，国連でそのような規定をしているわけでない。

　第二次世界大戦後の1947年から49年にかけて毎年200万人以上が生まれた時期があり，第一次ベビーブーム世代といわれるが，その人たちが年齢の階段を上って，現在は70歳以上になった。そして，この集団全員が75歳以上となるのが2025年である。年金などの**社会保障財源の調達**も大きな課題であるが，それだけでなく，75歳以上になると有病率や要介護率が上昇し，**保健・医療・介護・福祉サービスの供給体制**づくりや**従事者確保**が深刻視されている。介護保険の適用を受けている**要支援・要介護者数**は2019年7月現在，約665万人（厚生労働省『介護保険事業状況報告月報』）であるが，この数は高齢人口の内部での高齢化とともに

加速して増加するからである。

2 世帯・家族の変化

小さな世帯の増加

次に，日常生活が行われる家族や世帯の動向を調べるために，「国勢調査」の各回の結果から世帯人員別に一般世帯数を抜き出して作成したのが図5-1である。1970年には一般世帯総数は2707万世帯であったが，2015年には5333万世帯に倍増した。このうち，「5人以上世帯」は減少を続け，「1人世帯」と「2人世帯」の増加が著しく，日本の世帯は年々，小さくなってきた。図5-1から各世帯の割合を計算すると，「1人世帯」は1970年の10.8％から2015年には34.5％へ，「2人世帯」は同期間に15.5％から27.9％へと上昇した。両方を足すと，1970年の26.3％から2015年には62.4％へと劇的に変化した。日本の世帯の6割以上は，「1人」か「2人」であり，この傾向は今後も続くことが予想され，福祉課題は増大していくことになろう。

家族類型でみる

世帯人員ではなく家族類型で分類すると，「単独世帯」「夫婦のみの世帯」「65歳以上の親と配偶者のいない子供よりなる世帯」の増加にまとめられる。結婚した子どもが親と別居することが一般化したことと，未婚率の上昇がその背景にある。「夫婦のみの世帯」「老親と未婚の子供の世帯」はやがて単独世帯に移行する。また，未婚者がそのまま高齢期をむかえた単独世帯は，経済的自立や介護について不安が大きい。人口高齢化の進展とともに，そのような世帯が増加することは間違いないのである。

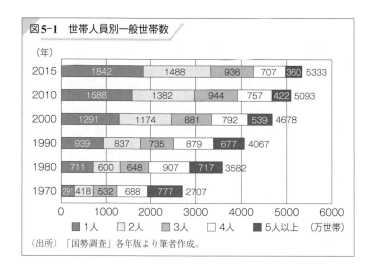

図5-1 世帯人員別一般世帯数

(年)

年	1人	2人	3人	4人	5人以上	合計
2015	1842	1488	936	707	360	5333
2010	1588	1382	944	757	422	5093
2000	1291	1174	881	792	539	4678
1990	939	837	735	879	677	4067
1980	711	600	648	907	717	3582
1970	291	418	532	688	777	2707

0　　1000　　2000　　3000　　4000　　5000　　6000

■ 1人　□ 2人　■ 3人　□ 4人　■ 5人以上　　(万世帯)

(出所) 「国勢調査」各年版より筆者作成。

　家族が一緒に暮らしていても心はバラバラという，**家族の個人化**が家族社会学のテーマになったりしているが，「1人」世帯だと個人化も何も，家族というよりもとから個人なわけで，元気なうちは普通に暮らせていても，病気や事故，種々の困りごとが起こると頼る人がいない，リスクを抱えつつ余力のない暮らしをしている**バルネラブル**な人びとが増え続けている。

共働き世帯の増加　一方，2人以上で暮らしている世帯の就業状況を調べると，1980年からの約40年間で，**女性の社会参加**の進展により，世帯の就業状況は激変した。すなわち，**夫婦共働き世帯**が毎年，増加している。『男女共同参画白書 平成30年版』(内閣府)によれば，「男性雇用者と無業の妻からなる世帯（夫非農林漁業雇用者・妻無業)」つまり片働き世帯は，1980年の1114万世帯から2017年には641万世帯へと半数近くまで減少した。反対に「雇用者の共働き世帯」（夫婦とも

に非農林業雇用者，非正規職員・従業員を含む）は1980年の614万世帯から2017年には1188万世帯へと倍近く増えた。つまり逆転した。ちなみに，図5-1の国勢調査結果から2人以上の世帯数を合計すると，2015年で3491万世帯であるが，そのうち約3分の1は共働き世帯である。

　政府が40年前に作成した「新経済社会7カ年計画」（1979年）では，「日本型福祉社会論」（第4章参照）が提案され，家族の助け合いで福祉国家の危機を乗り切る計画が示されたが，当時と今では事態は逆転し，**家族は支援されるべき存在**に変わっている。

3 雇用形態の変化

非正規雇用の増加

　　雇用就業は生活の糧を得る収入源としてばかりでなく，仕事を通じた社会参加，自己実現への機会として重要である。日本的雇用慣行と称される**終身雇用**，**年功序列**の仕組みの中で，企業が従業員の**セーフティネット**の役割を果たした時代が長く続いていたが，**グローバリゼーション**によって多国籍企業を中心とするビジネスが主流となり，いわば世界との競争の中で企業活動が行われるようになると，そうした日本独特の方式が後退し，雇用形態は多様化し，人びとの働き方も変化した。

　雇用の状況について「労働力調査」（総務省）から雇用形態別の雇用者数と非正規職員・従業員の割合を調べたのが図5-2である。雇用者（役員以外の職員・従業員）の総数は，2005年には5007万人であったが，2018年には5596万人に増えている。その内訳を「正規」と「非正規」に分けると，「正規」の総数は毎年，3400

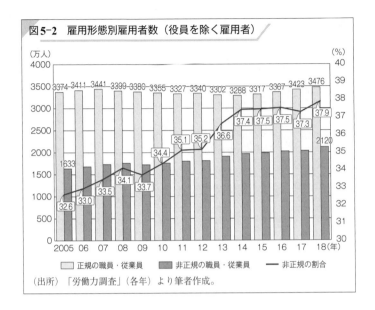

図5-2 雇用形態別雇用者数（役員を除く雇用者）

（出所）「労働力調査」（各年）より筆者作成。

万人程度で，多少の凸凹はあるが変わっていない。ということは「非正規」だけが増えたことになり，05年の1633万人から，2018年には2120万人へと約500万人増加した。それとともに，雇用者合計に占める「非正規」の割合は，05年に32.6％であったものが，18年には37.9％になった。

非正規雇用と社会保障　この図には載っていないが「非正規」の内訳で最も多いのは「パート・アルバイト」であり，2005年には非正規雇用者の68.6％に当たる1120万人であった。それが，18年には1490万人へと増加し，非正規雇用者に占める割合も70.3％へと上昇した。他の雇用形態である「派遣社員」「契約社員」「嘱託」「その他」の数は，18年で合計が630万人となっている。

　「平成30年労働力調査」（総務省）の詳細集計から「非正規の雇

表5-2　現職の雇用形態についた主な理由別非正規の職員・従業員数（2018年）

理　　由	万人	％
自分の都合のよい時間に働きたいから	589	28.3
家計の補助・学費等を得たいから	390	18.7
家事・育児・介護等と両立しやすいから	252	12.1
通勤時間が短いから	89	4.3
専門的な技能等をいかせるから	144	6.9
正規の職員・従業員の仕事がないから	253	12.1
その他	260	12.5
不　明	106	5.1
合　計	2083	100

（出所）「労働力調査」平成30年詳細集計結果より筆者作成。

用形態に就いた理由」の割合をまとめたのが表5-2である。多い
ほうから順に，「自分の都合のよい時間に働きたいから」が28.
3％，「家計の補助・学費等を得たいから」18.7％，「家事・育
児・介護等と両立しやすいから」12.1％と肯定的理由が続く。他
方，「正規の職員・従業員の仕事がないから」と不本意な理由を
あげた人も12.1％おり，人数にして253万人になる。どの理由で
非正規に就いたとしても，約1500万人のパート・アルバイトの
大半の人には，被用者向けの健康保険や厚生年金は適用されない
し，病休や忌引きであったとしても，仕事を休めば賃金は支払わ
れない。社会保障制度は男性正規雇用者が定年まで勤めあげる，
男性稼ぎ手モデルを前提に数十年前につくられたものだが，時代
の変化の中でうまく機能しない問題が現れている。

4 相対的貧困と子どもの貧困

絶対的貧困と
相対的貧困

生活していく上でお金は欠かせない。最低生活ができないくらいに所得が少ない場合を**絶対的貧困**と呼ぶ。人間が生物として生存できる条件は絶対的であり，場所や時代が違うからといって変わるものではないから，それが充足できない状態は絶対的に貧困であると定義するものである。絶対的貧困については古い時代から救貧制度が設けられてきたし，日本でも生活保護制度によって最低生活を保障する仕組みができている。

しかし，さまざまな新しい商品が売り出されて多数が所持するようになると，生活に必需ではないが，それがないと社会参加できないことが起こる。最低生活はできていても，子どもの習い事や学習塾の月謝を払う余裕はなく，ましてや，ゲーム機を買ってあげることなどできないという家庭があり，そのために子どもが仲間外れにされるとか，いじめに遭ってしまうといった問題が起こる。このように，それぞれの社会で標準となっている並みの暮らしができない場合を**相対的貧困**と呼んでいる。この問題が取り上げられるようになったのは，1960年代イギリスのことである。ティトマスやタウンゼントらロンドン大学 LSE 校のグループが研究を始め（コラム⑧），「貧困の再発見」といわれた。タウンゼントは相対的剥奪という言葉を用いて，次のように定義している。

> 「所属する社会で通例になっている，あるいは少なくとも広く奨励されるか承認されている種類の食事をとったり，社会的諸活動に参加したり，あるいは生活上の諸条件や快適さ

を保持するために必要な資源を欠いている個人・家族・集団は貧困であるといえる。彼らの資源は，平均的個人や家族に比べて非常に少ないために通常の生活様式，慣習そして活動から排除されている。」(Townsend〔1979〕)

　タウンゼントは相対的貧困を把握するために実態調査を行い，衣・食・住，生活用品・設備，健康，教育，レクリエーション，交際など60項目の結果をもとに**剥奪指標**という尺度を作成し，その点数を世帯の所得別に比較して，剥奪スコアが急激に高くなる変曲点の所得を相対的貧困のラインに定めた。その結果，当時のイギリスの公的扶助制度である補足給付の受給者数を大きく上回る数の貧困層が発見されたのである。

OECDの相対的貧困率

しかし，タウンゼントらの方法は非常に複雑であるので実際にはあまり使われず，よく用いられるのは，OECDが算定している方法である。加盟国の1人当たり等価可処分所得の分布を求め，その中位所得の半額以下となる人数の人口比を相対的貧困率として国別に発表している。等価可処分所得とは，世帯の所得を世帯人員の平方根で割ったものである。たとえば，3人世帯の所得を3で割った金額では耐久消費材などの共通経費が賄えず一人暮らしはできないように，1人当たりの生活費は単純な人数割にはならないという実証研究から編み出した計算法である。

子どもの貧困

日本は長らくOECDのこの企画に参加しておらず，生活保護の受給者数はきちんと統計がとられていたが，生活保護を受けていない人を含めた貧困者の総数はわかっていなかった。しかし，民主党を中心とする政権となった2009年からOECDに「国民生活基礎調査」(厚生労働省)のデータを提供し始めた。それによれば，同年の日本の

表5-3　日本の貧困率（OECDの計算方法による）

	1985	1991	1997	2003	2009	2015
相対的貧困率（％）	12.0	13.5	14.6	14.9	16.0	15.7
子どもの貧困率（％）	10.9	12.8	13.4	13.7	15.7	13.9
子どもがいる現役世帯（％）	10.3	11.6	12.2	12.5	14.6	12.9
大人が1人（％）	54.5	50.1	63.1	58.7	50.8	50.8
大人が2人（％）	9.6	10.7	10.8	10.5	12.7	10.7
中央値（a）（万円）	216	270	297	260	250	244
貧困線（a/2）（万円）	108	135	149	130	125	122

（注）　2015年の数値は熊本県を除く。大人とは18歳以上の者，子どもとは17歳以下の者。現役世帯とは世帯主が18歳以上65歳未満の世帯をいう。
（出所）　「平成28年国民生活基礎調査」（厚生労働省）より筆者作成。

相対的貧困率は16.0％であり，イスラエル（20.9％），トルコ（19.3％），チリ（18.5％）に次いで4番目に高い率であることが明らかになり，世間に衝撃を与えた。というのはノルウェーやデンマークなどの相対的貧困率は5〜6％程度であるのに，日本の貧困率はその3倍にもなる高い国の一員だったからである（貧困率の国際比較については第14章を参照）。

　しかし，それ以上に衝撃を与えたのは，子どもの貧困率も15.7％と高く，特に「子どもがいる現役世帯（大人が1人）」の場合の相対的貧困率が50.8％と高率であり，世界最悪グループ国の一員として，子どもたちに**機会の平等**を保障できていない国であることが明らかになったからである。2013年に，**子どもの貧困対策の推進に関する法律**がつくられたのは，このことがきっかけであった。

　それ以来，「国民生活基礎調査」（厚生労働省）では，3年ごとに行われる大規模調査において，相対的貧困率が過去の分もまとめて計算されるようになった。直近の大規模調査である2015年の

結果から，日本の相対的貧困率の動向をまとめたのが表5-3である。ここからわかることは，日本では1980年代から貧困率が10％以上であり，しかも年々，上昇しているということである。日本の人口は2015年に1億2500万人であるから，貧困率が15.7％ということは，人数にすると約2000万人になる。数字の桁の大きさに驚かされるが，それが現実なのである。また，「子どもがいる大人が1人の現役世帯」の大半は母子世帯であろう。その世帯貧困率が50％を超えていて，年によっては60％を超えるような事態が続いている。

5 社会的排除と社会的包摂

捕捉率の問題
(take up rate)

日本には相対的貧困状態にある国民が約2000万人（2015年）と推計されるが，同年の生活保護被保護実人員（月平均）は，216万人となっている（厚生労働省「被保護者調査」）。生活保護の最低生活費とOECDの貧困線は計算方法が異なるので単純に比較はできないが，最低生活以下であっても保護を受けない人が多数いることは，推測できる。その背景には，福祉制度の知識がないとか，受給者となることは恥辱であるという**スティグマ**の問題や，官僚制的・役所的手続きが複雑で申請をためらってしまうこともあるだろう。かつて，ティトマスが，1960年代後半にそうした問題を提起していたが，こうした**低捕捉率**の問題は現代にも続いているのである（コラム⑩参照）。

　「貧困者，無教育者，老人，ひとり暮らしをしている人，その他ハンディキャップをもつ人々のあいだに，解決できな

いニードや，表面化されないニードが多い」「彼らのニード
は，無知，無気力，不安，その他いろいろなサービスに接触
することの困難さや，また諸サービスの間に調整と協力が欠
如していたり，その他の理由で表面化されず，また，解決も
されないまま放置されている。」（Titmuss〔1968〕=〔1971〕）

社会的排除
（social exclusion）

しかし，現代社会で起こっていることは，
低捕捉率の問題ばかりではない。福祉制
度の利用から実質的に排除されてしまう，
社会的排除の問題としても表れている。

　貧困は状態を表す概念で，社会的排除は過程を表す概念である
といわれるように，貧困に至るプロセスの中で，社会制度から排
除される人びとの一群が見えてきたのである。受給資格が与えら
れていない，あるいは形式的には有資格であるが，実質的に資格
基準を満たせずに社会制度から排除される人びとが出現している
のである。

　健康保険，雇用保険，年金保険などの被用者対象の社会保険制
度は，正規職員からの保険料で成り立つ仕組みであるから，正規
でない従業者は被用者を対象とした社会保障制度から排除されて
いる。日本では，被用者以外の人を対象とする国民健康保険や国
民年金が強制加入の制度として存在するから，無業者や非正規の
人びとはこちらに加入しているはずである。しかし，保険料を納
付しなければ受給権は発生しないし，彼らの多くには保険料を納
付するだけの経済的余裕がないか，あっても給料天引きでないと
そのまま放置しがちであるため，それらのセーフティネットから
は排除されてしまう。

　また，人の国際間移動が盛んになり，日本人が外国に行くばか
りでなく，外国から労働者として来日し永住する人びとが増加し

ている。しかし，国籍条項や言語，生活習慣，文化の違いから，社会の一員として当然与えられてよいはずの資格であるシティズンシップが不完全にしか与えられない，社会的排除の状態にある人が多くなってきた。

　社会的排除は，1974年にフランスの社会福祉局長であったR. ルノワールが書いた『排除される人々』という本がきっかけとなって用いられるようになった言葉である。その後，1980年代になると社会的排除は，EUの政策課題とされた。欧州委員会が1992年に発表した『連帯する欧州を目指して——社会的排除への闘争の強化』と題する文書において，社会的排除は次のように定義されている。

　　社会的排除は，過程と結果の両方を指すダイナミックな概念である。……社会的排除はまた，もっぱら所得面を指して用いられている貧困の概念とは違って，個人や集団が社会的統合とアイデンティティの構成要素である権利や実践から排除されていくメカニズム，あるいは社会的交流への参加から排除されていくメカニズムがもつ多次元的性格をもつ概念である。社会的排除は不十分な所得という意味ばかりでなく，また労働生活への参加という次元をも超えて，居住，教育，保健，ひいては社会的サービスへのアクセスといった領域においても感じられ，現れるものである。(Commission of the European Community〔1992〕，筆者訳)

社会的包摂
(social inclusion)

人びとが貧困に陥ってしまう前に打つ手はなかったのだろうか。貧困対策として，**積極的労働市場政策**や日常生活の支援を組み合わせた新たなタイプの政策が求められてきた。これにいち早く乗り出したのは，イギリスの**ブレア政権**である。1997年に

内閣府に「社会的排除ユニット」という部署を設けて対策を行わせている。EUは2000年のリスボンでの理事会において社会的包摂を政策方針として採用し，加盟各国に国家計画の策定を求めている。オーストラリアでは，2007年に労働党政権に代わると社会的包摂の原理が確認され，連邦に担当大臣を置き，内閣，州，地方自治体を貫く組織体制が構築された。日本でも厚生省（当時）が「社会的な援護を要する人々に対する社会福祉のあり方に関する検討会」を設け，その報告書が2000年に発表され，その中では「つながり」という言葉で社会的包摂の必要性が提起された。また，内閣官房に社会的包摂推進室という部署が設置され，11年に「社会的包摂政策を進めるための基本的考え方」が発表されている。

生活困窮者自立支援法（2013年公布，15年施行）は，こうした流れを受けたものである。働きたくても仕事がない，家族の介護のために仕事ができない，再就職に失敗して雇用保険が切れた，あるいは，社会に出るのが怖くなったなど，就職，住まい，家計など暮らしに悩みを抱え，さまざまな困難の中で生活に困窮している，しかし生活保護の対象者ではない人に包括的な支援を行うものである。

6 社会福祉基礎構造改革

社会福祉の一般化

これまで見てきた統計データなどに示された現実は，日本社会の変化のほんの一端を語るものにすぎないが，人びとの暮らしの基盤に関するものであるだけに，生活不安定化へのリスクの高まりを示している。

そして，福祉問題を抱える国民の数が，数十万，数百万というレベルを超えて，数千万に及ぶのでないか，とも思わせる。介護保険の給付を受けている人だけでも2019年7月現在で700万人近いのだから，すでに数百万人はいるのであるが，心身に障害のある人びとの数も数百万の単位である。すなわち，16年の厚生労働省調べによれば，身体障害者手帳所持者は430万人，療育手帳所持者は96万人，精神障害者保健福祉手帳所持者は92万人，合計618万人である。また，夫婦共働き世帯が1100万世帯以上となった今日，保育所や認定こども園を利用する子どもは250万人を数えている。

　障害者福祉や児童福祉などは，狭義の社会福祉が主に担当する領域であるが，狭義の社会福祉は第二次世界大戦後，児童，身体障害，知的障害，老人，母子世帯ごとに各福祉法が制定されてうまれたものである。もともと生活困窮または低所得という絞り込みで始まった制度であり，数百万，数千万を数える一般所得者は対象には含まれていなかった。しかし，社会は変化し，福祉ニードをもつ人は社会のいろいろなところに現れ，社会福祉政策もそうした要求に応えるべく変化せざるをえなくなっていた。**社会福祉の一般化**とか**普遍化**と呼ばれる変化であり，老人ホームの利用とか保育所の利用といった方面からそうした変化が始まった。

介護保険制度創設の背景

　介護保険導入前，高齢者の介護を家庭で行う人がいないか，いても介護負担が重い状態になると，**老人福祉法**の施策である特別養護老人ホームへの入所措置，または，市町村が提供するホームヘルパー，デイサービスそしてショートステイなどの在宅福祉サービスが利用されていた。しかし，それらの定員は不足がちで，疾病のため入院すると，退院後の受け皿がないために長期

に入院し，病棟で介護を受け続ける患者，または，特別養護老人ホームの定員に空きがないため，入所を待っている待機中に病院に入院する人も増大し，医療保険や老人保健制度の財政負担になっていた。そんな中，1986年には，病院と家庭と老人福祉施設の中間に位置する**老人保健施設**の制度もつくられた。

保健・医療・福祉の別々の制度で介護サービスが行われている状況は，費用負担や処遇面での違いが見えるようになるなど，不都合であった。システムの統一と保険料による新財源の確保を目的に**介護保険法**（1997年）がつくられたが，この時，特別養護老人ホームが介護保険施設の一種に位置づけ直され，福祉の措置の対象者として入所していた人が，介護保険の被保険者としての権利主体に変化したのである。

**1997年の
児童福祉法改正**

保育所は児童福祉法に根拠をもつ児童福祉施設であり，かつては，どの保育所を利用させるかは，市町村が複数ある保育所の中から定員に余裕があるところを探して提示することになっていた。保護者は通勤途上にあるところがよいとか，共感のもてる保育をしているところがよいと思っても，権限は市町村にあるので，意に沿わない場所が指定されても，役所の措置を受け入れざるをえなかった。児童福祉法は1947年制定であるから，その仕組みが50年間続けられてきたのであるが，ついに1997年に改正されて，自分の希望する保育所を申し出ることができるようになった。

女性の社会参加の進展とともに利用者が増大する時代のうねりの中で，福祉サービス利用希望者が，貧困・低所得者層から一般所得者層に解放されたのである。こうなると，障害者福祉の分野でも古い仕組みを続けていくのはおかしなことであった。

| 改革の理念と方向性 | そうした福祉改革への機運とともに，当時の橋本政権（1996-98）の6大改革（行

政改革・財政改革・社会保障改革・金融システム改革・経済構造改革・
教育改革）を背景として，狭義の社会福祉全体の仕組みが根本的
に改革されることになった。

　当時の厚生省の社会福祉審議会に設けられた社会福祉構造改革
分科会の審議が開始されたのは1997年11月。13回の会議を経
て翌98年10月に「社会福祉基礎構造改革について（中間まと
め）」が発表された。その中で，改革の理念や方向性として，お
おむね次のようなことが述べられている。

　「社会福祉制度は，戦後間もない時期に生活困窮者対策を中心
に出発した。しかし，少子・高齢化，家庭機能の変化，障害者の
社会参加の進展に伴い，限られた者の保護・救済にとどまらず，
国民全体を対象として，その生活の安定を支える役割を果たして
いくことが期待されて」いる。今後は，「必要な福祉サービスを
的確に提供できるよう，社会福祉の新たな枠組みを作り上げてい
く必要がある」。

　そして，「自らの努力だけでは自立した生活を維持できなくな
る場合」，すなわち，福祉ニードが生じた場合「社会連帯の考え
に立った支援を行い，個人が尊厳をもって，家庭や地域の中で，
障害の有無にかかわらず，その人らしい安心のある生活が送れる
よう自立を支援する」という理念のもと，①対等な関係の確立，
②地域での総合的な支援，③多様な主体の参入促進，④質と効率
性の向上，⑤透明性の確保，⑥公平かつ公正な負担，⑦福祉の文
化の創造の7項目が，改革の基本的な方向として提案された。

**措置制度から
利用契約制度へ**

改革の基本的方向の「①対等な関係の確立」は，福祉サービスの利用者と提供者の間の関係のことを指すが，この点について，基礎構造改革のキーワードとなった「**措置制度から利用契約制度へ**」という新しい枠組みが提案された。「中間まとめ」では，その点について，「具体的には，個人が自らサービスを選択し，それを提供者との契約により利用する制度を基本とし，その費用に対しては，提供されたサービスの内容に応じ，利用者に着目した公的助成を行う必要がある」と記された。

この文のキーワードは前段の「契約」，そして後段の「利用者に着目した公的助成」の2つである。福祉サービスの利用を行政の措置ではなく，消費者保護法制の中での**消費者の権利**として明確化したのである。次に，措置制度のもとでは社会福祉事業の経営者に委託費が支払われ，利用者からは費用徴収がなされてきた。利用契約制度では，その反対に，利用者本人に公的助成がなされ，利用者はその助成金を使ってサービスを利用するようにする。180度の転換であり，まさに基礎構造改革の名がふさわしい。法案大綱では図5-3のように改革の概念が説明され，「社会福祉の増進のための社会福祉事業法等の一部を改正する等の法律」が2000年6月に公布された。改革の内容については，第8章で説明

する。

   Think Yourself

1 日本の少子・高齢化と世帯・家族の変動を関連付けて，福祉課題の変化について論じなさい。

2 雇用形態の変化が社会保障制度に及ぼす影響について論じなさい。

3 絶対的貧困と相対的貧困の概念の違いを説明しなさい。

4 社会福祉基礎構造改革がどのような理念のもとに立案されたのか，また改革の方向とされた方策を説明しなさい。

　1939年に第二次世界大戦が開戦し，翌40年からドイツ空軍による
ロンドンを始めとするイギリス諸都市への「ザ・ブリッツ」と呼ばれ
る大規模な空襲が始まった。イギリス政府はこの戦争における市民の
歴史を作成することを決定し，バーミンガム大学のハンコック教授を
長とするチームを結成した。全30巻のシリーズが企画され，ハンコ
ック教授は社会サービスに関する巻の執筆をティトマスに依頼したの
である。ティトマスは調査と執筆に専念するため，保険会社を辞職し
て内閣官房の調査員となった。

　こうして執筆されたのが全596頁の大著 *Problems of Social Policy*
（写真左）であり，政府刊行物として1950年に出版された。戦災によ
る傷病障害者，ホームレス，子ども，戦時下の病院や社会サービスの
諸問題が詳細に記述されている。写真の右の頁に写っているグラフは，
1939年9月から45年9月までの半期ごとの疎開者数で，上の線が総
数，下の線が付添者のない児童数を表している。

　この仕事を通じて彼は，イギリスの社会サービスの歴史や，中央・
地方の行財政に関する知識を摂取し，公務員，保健オフィサー，看護
師，教師，ソーシャルワーカーたちに会い，話し合い，病院や社会福
祉施設等への訪問から多くのことを学んだのである。

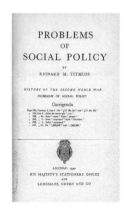

第**6**章　所得保障

　本章では所得保障制度が，社会保険，社会手当および公的扶助からなる重層的仕組みで構成されていることが解説される。社会保険制度は，失業時の手当支給を主な内容とする雇用保険，老齢・遺族・障害となった時の所得喪失を補う年金保険から構成されている。しかし，死別でない母子や父子世帯には遺族年金が適用されないし，成人でない障害者は障害年金の対象にならない。また，雇用保険の受給期間が終了した後も失業状態が続くとか，病気が継続して働くことができない場合も年金の対象にならない。保険でカバーできない事態への対応がなされる必要があり，そうしたものとして社会手当や公的扶助制度が構築されている。

1 所得保障の制度的構成

所得の種類 国民の家計に入る所得（収入）にはどのようなものがあるだろうか。厚生労働省の「国民生活基礎調査」では，①稼働所得，②公的年金・恩給，③財産所得，④年金以外の社会保障給付金，⑤仕送り・企業年金・個人年金・その他の所得の5分類がなされている。

この調査では調査対象となった世帯の年間平均所得に占める分類別所得の割合が計算されている。2018年調査の結果では，全世帯平均の年間所得は551.6万円，内訳は「稼働所得」が73.4%，「公的年金・恩給」が20.3%，「財産所得」が3.1%，「年金以外の社会保障給付金」が1.1%，「その他」が2.0%であった。これを世帯類型別にみてみると，高齢者世帯の平均所得は334.9万円，その61.1%が「公的年金・恩給」であり，16年調査においては母子世帯では平均所得270.1万円のうち79.2%が「稼働所得」，15.7%が「年金以外の社会保障給付金」となっている。母子世帯の苦境が読み取れるデータである。

社会保障給付の種類と制度 上記の所得の分類のうち，「年金以外の社会保障給付金」にはどのようなものが含まれるのだろうか。①雇用保険法による失業給付および船員保険法による失業保険金，②児童手当等（児童手当，児童扶養手当，特別児童扶養手当等），③生活保護法による扶助など（現物給付を除く）とされている。これらの社会保障給付は，受給資格や給付の財源，組織機構の観点から①は「社会保険制度」，②は「社会手当制度」，③は「公的扶助制度」に該当す

る。この章では，これら各制度の沿革や特徴について概観することにしたい。

2　雇用保険制度

沿革と目的　世界最初の失業保険はイギリスで1911年に制定された**国民保険法**によって制度化されたが，日本では第二次世界大戦後の1947年に制定された**失業保険法**が始まりである。その後，74年に**雇用保険法**として改正され翌75年から施行された。当時は石油危機後の経済不況であり，あわせて財政難からの総需要抑制策によって失業が増えていた。労働者が失業した時の給付金だけでなく「雇用調整給付金制度」という，不況時に労働者を雇用し続ける企業に対して政府が助成金を支給する制度が含まれており，改正の機運が高まったものである（この制度は，85年に「雇用調整助成金」に変わっている）。

この法律の第1条に目的が記されているが，その条文を分解すると，次の3点に分けられる。

① 労働者が失業した場合および労働者について雇用の継続が困難となる事由が生じた場合に必要な給付を行うこと。

② 労働者が自ら職業に関する教育訓練を受けた場合に必要な給付を行うことで労働者の生活および雇用の安定を図ること。

③ 求職活動を容易にする等その就職を促進し，あわせて労働者の職業の安定に資するため，失業の予防，雇用状態の是正および雇用機会の増大，労働者の能力の開発および向上その他労働者の福祉の増進を図ること。

雇用保険は政府が保険者として管理（法律では管掌という難しい言葉が使われている）する制度である。労働者が雇用される事業は，業種や規模にかかわりなくすべて適用となる（ただし，農林水産業の個人事業で雇用労働者数が5人未満のものは任意適用となっている）。これらに雇用される労働者を被保険者とし，雇用主と被保険者から徴収する雇用保険料と国庫負担が財源である。国庫負担は求職者給付では給付費の4分の1であるが，給付の種類ごとに別々に定められている。被保険者には一般被保険者，高年齢継続被保険者，短期雇用特例被保険者，日雇労働被保険者の4種類がある。保険料の徴収は国の機関である都道府県労働局が担当し，給付の業務は国の機関である公共職業安定所（ハローワーク）が担当している。

給付全体の名称は「失業等給付」であり，その内訳として①求職者給付，②就職促進給付，③教育訓練給付，④雇用継続給付の4つに分かれている。このうち，失業した時に受ける給付が求職者給付である。さらに中分類小分類と細かく給付の種類が分かれている。ここでは，失業した際の給付である**求職者給付**の中の一般被保険者向けの**基本手当**を紹介しておきたい。雇用保険法では**失業者**とは「被保険者が離職し，労働の意思及び能力を有するにもかかわらず，職業に就くことができない状態にあること」（第4条）とされている。失業したらハローワークを訪問し求職者であることを登録して手当を申請する。求職者給付の基本手当日額は，離職前6カ月の賃金日額の5割から8割となっているが，賃金の高かった人ほど率が低くなる。給付日数は，倒産・解雇による離職者では，被保険者であった期間と年齢の組み合わせで最少90日から最大330日までとなっている。倒産・解雇等以外の事由による離職者の場合は，

就職困難者を除き年齢にかかわりなく被保険者であった期間の長短により最少90日から最大150日となっている。

| 求職者支援制度 | 日本では終身雇用，年功序列賃金といった雇用慣行が次第に崩れ，非正規職員， |

パート・アルバイト，フリーターの人が増加している。これらの人びとは雇用保険の被保険者ではないことが多く，離職しても何らの保障もない。家族の支援を受けつつ預貯金を使い果たし困窮の果てになって初めて生活保護が申請できる以外にはセーフティネットは存在しなかった。しかし，2008年のリーマン・ショックによる企業倒産の多発を受けて，09年度からは緊急人材育成支援事業が進められ，それを恒久化するため，11年に**求職者支援法**（職業訓練の実施等による特定求職者の就職の支援に関する法律）が成立した。雇用保険の適用を受けられない求職者に職業訓練受講給付金を支給するものである。11年10月から，一定の所得・預金残高以下（2019年度本人収入月8万円以下，世帯全体の収入が月25万円以下，世帯の金融資産300万円以下）であることを条件に，月10万円の手当の支給が開始された。事務はハローワークが所管し，給付の財源は雇用保険と国庫補助が折半で負担する。これは被保険者への給付ではないから社会保険制度ではなく，社会保険と公的扶助の中間に位置する社会手当としての性格をもつ**失業扶助制度**である。

3 公的年金保険制度

| 沿　革 | 日本で最初の公的年金制度は，労働者年金保険法というものが第二次世界大戦中 |

の1941年にできている。労働者という名前のごとく工場などで働いている被用者を対象としたものであった。3年後の44年に厚生年金保険法という名前に変わっている。戦争の最中にできた制度であるが，年金は制度ができてもすぐに受給者は出てこない。数十年間掛金を払い続けてやっと受給資格が生ずるのであるから，当面は国にお金が貯まるだけの制度である。後の解釈では，戦争を遂行するのに必要な軍艦や飛行機など軍備を整える資金を集めるためにつくられた制度であった，というのが定説になっている。翌年の45年に終戦を迎えたが，インフレによりこの制度は結局無意味なものになり54年に改正された。

　厚生年金は国が運営する制度であるが，官吏には恩給制度があったので，民間被用者の年金として始まった。なお，官吏の恩給制度は，その後，公務員共済組合の年金事業に受け継がれた後，現在は厚生年金に統合されている。

国民皆年金

民間被用者は厚生年金，公務員ならびに準公務員は共済年金，という区分で公的年金制度が行われる中，自営業者など被用者以外の人びとの年金制度が国民年金法として1959年に成立した。これらはいずれも強制加入（ただし，当時，被用者の妻は任意加入）の制度であったので，国民全員がいずれかの公的年金に加入する体制が成立した。この体制を国民皆年金と呼んでいる。60年代に入ってから，国民全員が医療保険，公的年金でカバーされることになり，それまでの労働政策としての社会政策から一般国民を対象とする社会保障へと，新たな段階に入ったといわれている。

2階建て年金（国民年金法の改正）

公務員対象の共済年金，民間被用者対象の厚生年金，自営業・無業者対象の国民年金という3本立ての体制が続く間に，

保険間の給付水準の格差などが問題になってきた。また，厚生年金は世帯単位の給付として加入者分の給付に配偶者分が付加されるのに対して，国民年金は個人単位であるという違いから生ずる諸問題や，女性の年金権が確立されていないことが問題になった。

　長い論議のすえ，1985年に国民年金法の大きな改正が行われた。これにより，国民年金はそれまでの自営業者対象の制度から20歳以上の全国民が加入する制度に変わった。

　会社員，公務員，自営業者の別なく，全員がこの制度に加入をして65歳から保険料納付期間に応じた額の給付を受ける制度になった。これを**基礎年金**といい，**老齢基礎年金，障害基礎年金，遺族基礎年金**の3種類の給付がある。老齢基礎年金の2019年4月からの年金額は，40年間の全期間保険料を納めた場合（満額）78万100円である。

　国民年金法第7条の規定により被保険者は，第1号，第2号，第3号に分けられている。第1号は，日本国内に住所を有する20歳以上60歳未満の者で第2号，第3号以外の者。第2号は厚生年金保険の被保険者，第3号は第2号被保険者の被扶養配偶者である。第3号該当者は，従来は任意加入であったため無加入者もいた。改正の際に，それらの人びとを強制加入にし，保険料は第2号被保険者の保険料からまとめて支払うことにしたことで，**女性の年金権**の問題も解決された。

　第1号と第3号被保険者は基礎年金のみの受給となるが，第2号被保険者は基礎年金に加えて厚生年金を受給するので**2階建て年金制度**ともいわれている。

　厚生年金の支給額は，加入期間と現役時代の報酬額によって金額が異なる。個々の細かい条件があるので一概にいえないが，2017年度の受給者1人当たり平均は基礎年金と厚生年金合計で

年174万円（月14万5000円）であった（厚生労働省年金局「平成29年度 厚生年金保険・国民年金事業の概況」）。

| 年金の財政方式 |

現役時代に払った掛金を積み立てて，後で引き出すのは**積立方式**といわれている。その中でも，保険料を一定期間ごとに見直し，段階的に引き上げるものを**修正積立方式**という。積立方式では，ピラミッドの底辺が広い人口分布であれば，自分たちの仲間で早く死亡する人の分を自分の給付として受けることができる。これに対して，現役世代が払っているお金をそのまま高齢世代への給付に回すやり方を**賦課方式**という。同世代同士の助け合いではなく，世代間の助け合いを制度化したものである。

　人口高齢化が進むと，受給者の増加と年金を受給する平均期間の延長が重なりあって，給付費用は急激に増大する。自分たちがかつて積み立てたお金を使い果たして，同時代に現役世代が払っている拠出金を使わなければ給付の財源が不足するので，賦課方式に移行しないことには年金制度を維持できなくなる。現役世代の負担がどんどん増えていくが，自分が将来受け取るためではなく，現在の高齢者の給付に回されている事実が知られるようになると，若者と高齢者の対立が生じ，社会的統合を目的とする福祉制度が逆機能を果たすおそれがある。実際，拠出金を支払わない者が増え，年金制度の根本を危うくする問題が出てきた。このため，支給開始年齢を遅らせるなどの方策で給付費の増大速度を抑えようとする年金改革がたびたび政策課題とされるようになった。

| 年金改革 |

年金制度の小さな改正はたびたびなされてきている。しかし，2004年の改正は，通称「年金改革」といわれるもので，幅広い見直しが行われた。少子高齢化によって高まる保険料負担に一定の上限を定めるとと

もに，給付については下限を定めて，負担と給付のバランスがとれた制度にすることが重要な目的であった。

　拠出については，将来の最終的な保険料の水準を法律で定めることにした（たとえば，厚生年金保険料は2017年度以降報酬の18.3%に固定）。また，国民年金の給付費に対する国庫負担をそれまでの3分の1から，2009年度までに徐々に2分の1に引き上げて，保険料の上昇スピードを抑える方策がとられた。一方，給付については，新しく年金を受給し始める時点での標準的な年金額が，現役男子被用者の平均的な手取り賃金の50%を上回る水準となるよう所得代替率の下限が設けられた。また，総体としての給付額が，年金制度を支える現役世代の被保険者の人数の減少と平均余命の延びに合わせたものになるようにする，**マクロ経済スライド**という方式が導入された。これは年金額の物価・賃金スライド率から保険料拠出者が少なくなることによる負担増分と受給者期間が長くなることによる給付増分を差し引く制度である。

　また，2012年には，「社会保障・税一体改革」の関連で，年金受給資格期間の25年から10年への短縮，公務員共済年金や私学共済年金を**厚生年金に統合**するための改正がなされ，15年10月1日から施行された。

　続いて2016年10月1日からは，厚生年金の被保険者数が常時501人以上の企業等に雇用される**短時間労働者に被用者保険が適用**されることになった。さらに，17年4月1日からは，被保険者数が常時500人以下の企業等にも労使の合意に基づいて適用することが可能になった（なお，短時間労働者とは勤務日数・勤務時間が常時雇用者の4分の3未満で，①週の所定労働時間20時間以上，②雇用期間が1年以上見込まれること，③賃金の月額が8.8万円以上，④学生でないこと，という4条件を満たす者のことである）。

4 社会手当制度

　日本の社会手当制度には，一般家庭の児童を対象とする児童手当，ひとり親世帯を対象とする児童扶養手当，そして障害児を対象とする特別児童扶養手当制度などがある。所得制限などの一定の受給資格が定められているが，公的扶助制度と違って保有資産や扶養義務などの厳格なミーンズ・テストはなされないため社会手当と呼ばれている。

児童手当法（1971年）　ベヴァリッジ・レポートでも社会保険給付を補うものとして家族手当の必要性が指摘されていた。子どもの出生は親の意思によるものであるので，偶然の事故を対象とする社会保険制度には適しない出来事だからである。しかし，子どもは多くの場合若い世代の親の家庭に生まれてくるのであり，若い世代の親はまだ収入が多くない反面，子育ての費用がかかるので貧困の原因になりやすい。そのニードへの対応策である。

　日本の児童手当制度は，欧米に比べて遅く制度化され，1971年の制定当初は，義務教育修了前の子どもを対象に3人目から月額3000円を支給する制度としてつくられた。85年には2人目以降の子どもを対象に，90年には3歳未満を対象に1人目からの支給に変わり，さらに2000年からは義務教育就学前までとなった。その後も変転を続けたが，2019年度現在は，中学校修了までの国内に住所を有する児童を支給対象として，手当月額「0〜3歳未満」は一律1万5000円，「3歳〜小学校修了まで」は第1子と第2子は1万円，第3子以降は1万5000円，「中学生」は一律1

万円を支給する制度となっている。所得制限があり，「夫婦と児童2人」の世帯で年収ベースで960万円未満となっている（所得制限以上の場合は一律に5000円）。

　制度の運営管理は国が行い，支給事務は市町村が行っている。財源は3歳未満とそれ以上で異なり，3歳以上の場合はすべて公費であり，国が3分の2，都道府県と市町村が各6分の1を負担する。3歳未満の被用者の子どもについては事業主負担がある。被用者以外では3歳以上と同じ公費負担になっている。

児童扶養手当法
（1961年）

「この法律は，父又は母と生計を同じくしていない児童が育成される家庭の生活の安定と自立の促進に寄与するため，当該児童について児童扶養手当を支給し，もって児童の福祉の増進を図ることを目的とする」（第1条）が，すべてのひとり親世帯を対象にしたものではなく，基本的には低所得の世帯が対象である。離婚によるひとり親世帯の児童については，父母が婚姻を解消した日の属する前年の父または母の所得が一定額以下である場合が対象とされている。父または母が死亡ないし障害などによる場合は，父もしくは母の死亡により支給される公的年金（遺族年金）ないし遺族補償を一定金額以上受けられる場合などは除外される。なお，児童とは18歳に達する日以後の最初の3月31日までの者，または20歳未満で一定の障害の状態にある者である。2010年からは父子世帯も支給対象となった。

　手当月額は2019年4月以降，「児童1人の場合」の全部支給が4万2910円（一部支給4万2900円～1万120円まで）であり，「児童2人以上の加算額」は「2人目」が全部支給で1万140円（一部支給1万130円～5070円），「3人目以降1人につき」全部支給6080円（一部支給6070円～3040円）となっている。所得制限限度額（収入

ベース）は2人世帯で全部支給160万円，一部支給で365万円である。2018年3月末の受給者数は97万3188人（母91万4691人，父5万3814人，養育者4683人）である。

　手当の金額は年平均全国消費者物価指数の変動に応じて改訂される。この制度を実施するのは，都道府県知事，市長および福祉事務所を設置する町村長であるが，費用についてはその3分の1を国が，残りの3分の2を都道府県または市町村が負担する。

特別児童扶養手当法
（1964年）

「この法律は，精神又は身体に障害を有する児童について特別児童扶養手当を支給し，精神又は身体に重度の障害を有する児童に障害児福祉手当を支給するとともに，精神又は身体に著しく重度の障害を有する者に特別障害者手当を支給することにより，これらの者の福祉の増進を図ることを目的とする」ものである（第1条）。障害児とは20歳未満で，政令に定める1級ないし2級に該当する程度の障害をもつ者である。**重度障害児**とは，障害児のうち重度の障害であるため，日常生活で常時の介護を要する者である。**特別障害者**とは，20歳以上で重度の障害であるため，日常生活で常時特別の介護を要する者である（第2条）。

　児童扶養手当の基本的性格が遺族年金を代替するものであったのに対して，**特別児童扶養手当**と**障害児福祉手当**は障害年金を代替する制度といえる。というのは，障害年金を受けることができる場合はこの手当は支給されないからである。また，肢体不自由児施設または類似施設に入所している場合も支給されないので，施設サービスの代替でもある。**特別障害者手当**には，障害年金との調整はないが，障害者総合支援法に規定する障害者支援施設または類似施設に入所している場合，病院・診療所に3カ月以上入院している場合は支給されない。特別児童扶養手当の月額は，1

級（重度）に該当する障害児1人につき5万2200円，2級で3万4770円（2019年度）である。実施主体は，特別児童扶養手当は国，ほかの2つは都道府県知事，市長および福祉事務所を管理する町村長である。費用は特別児童扶養手当は全額国が負担し，後二者については国が4分の3，残り4分の1を実施主体が負担する。

5 生活保護制度

生活保護制度の原理・原則

目的　生活保護法の第1条には「この法律は，日本国憲法第25条に規定する理念に基き，国が生活に困窮するすべての国民に対し，その困窮の程度に応じ，必要な保護を行い，その最低限度の生活を保障するとともに，その自立を助長することを目的とする」と規定された。すなわち，この法律は憲法第25条に基づく国家責任によって定められたものであることが明記され，①最低生活の保障という社会保障の一環であるとともに，②自立を支援するという点で経済保障以外の生活指導を行う社会福祉法規であることが目的として明確にされている。

原理　第2条から第4条までは，この法律の基本原理を定めたものである。

①無差別平等の原理（第2条）

1人ひとりの国民がどういう社会階層の人か，男か女か，年齢はどうか，どういう思想をもっているかにかかわらず，この法律の要件を満たすかぎりは，国民全員が保護の請求権をもつとした。

保護を請求する権利が与えられている以上，請求したのに却下された場合は訴える権利が保障されなければならない。このため，

不服申し立てに関する一連の規定が同法の第9章におかれている。

②最低生活保障の原理（第3条）

それ以前の法律では最低生活水準という考えはなかった。これに対してこの法律は，憲法第25条にいう「健康で文化的な最低限度の生活を営む権利」を保障することを宣言したということである。「健康で文化的」というのは，ただ単に生存に必要な生活資糧というのではなく，国民一般の生活水準との比較において合理的な水準ということである。

③補足性の原理（第4条）

体が丈夫なのに働こうとしない人とか反社会的なことをする人にも保護の請求権が認められている。しかし，それだと，どのようにして個人の努力を促すのかが制度的に不明確である。そこで，請求権はあっても実際に保護を受けるには，その前に本人のもっている資産や能力を活用しなければならないこととされた。能力とは，たとえば病気でなく丈夫で働けるのであれば就業すべきということである。ただし，条文には「その他あらゆるもの」を活用せよという言葉があり，自己の生活を維持するためにさまざまに活用できるものは全部活用すべきという規定になっている。また，生活保護以外の法律制度が適用される場合はそれも活用する。扶養義務者の扶養については，「優先する」こととされており，必須の「要件」とはなっていないが，それを受けてもなお収入が最低生活基準に届かない場合はその不足分を補う程度の保護をするというのが**保護の補足性**の意味である。

　原則　　法律第7条から第10条は，この法律を実施する上での原則を規定したものである。先述の原理が法律の基本思想を明らかにしたものであるのに対し，実施する上での手順を示したものが原則である。原理には例外はないが，原則には例外もある。

①申請保護の原則（第7条）

保護を受ける権利があるといっても，黙っていては権利を行使したことにならず，申請することによって初めて手続きが始まるという原則である。要保護者本人，その扶養義務者またはそのほか同居の親族が申請人の範囲である。なお，そうした人々が急迫した状況にある時は，申請手続きなしに保護を行えるようになっている。

②基準および程度の原則（第8条）

貧困の概念をめぐって理論的にさまざまな立場がある中で，最低生活の基準をどうやって決めるのかは難しい。しかし，これを決めないかぎりこの法律は実施できない。そこで，法律では「健康で文化的な生活水準を維持することができる」（第3条）最低限度の生活と抽象的に規定して，その内容は厚生労働大臣が定めるものとした。これが，第8条の「基準及び程度の原則」である。その場合に，その基準は「要保護者の年齢別，性別，世帯構成別，所在地域別その他保護の種類に応じて必要な事情を考慮した最低限度の生活の需要を満たすに十分なものであつて，且つ，これをこえないものでなければならない」とされている。

③必要即応の原則（第9条）

必要即応というと用事ができたらすぐ対応することと誤解しがちである。そうではなくて，保護は要保護者のニード（必要）の個別性を認識してそれに応じて行うべきだという原則である。条文では「保護は，要保護者の年齢別，性別，健康状態等その個人又は世帯の実際の必要の相違を考慮して，有効且つ適切に行うものとする」と規定されている。たとえば，健康な成人だからといって一律に就業指導をするというのではなく，その家庭で介護や保育を要する人がいないかどうかを考えなければならない，とい

うことである。この点で，この法律が保障する保護の内容は，実施する者の判断に依存している面が非常に大きい。それが専門資格のある従事者が必要とされるゆえんである。

④世帯単位の原則（第10条）

保護は世帯を単位として要否や程度を決めるが，それが難しい時は個人を単位とする，という原則である。世帯とは居住と家計を同一にする人びとの集まりであり血縁関係を要件とする家族の概念とは異なっている。同居している人びとは家計も一緒にしているという通念，また，個人的経費と世帯的経費の総合が現実の生活であるという考えがこの背景にある。しかし，この原則を厳格に適用すると，生活費を渡してくれない世帯主がいると一緒に住んでいる世帯員が貧困になっても保護されない。また，長く入院していて生活の実態は別世帯であっても，同一世帯とみなされ保護されない。このように世帯単位原則の適用が不都合な場合が現実にはいろいろある。このため，一緒に住んでいても書類のうえでは別世帯とみなす世帯分離という手法がとられることがある。

| 生活保護の方法 |

保護の内容　(1)居宅保護原則

保護の方法は居宅保護が原則である。人びとが生活しているその場所で引き続き生活をしてもらう。しかし，心身が衰弱していたり重い障害があるために家庭で暮らすことが難しい人や家のない人がいるので，施設保護も行うことになっている。保護施設として救護施設，更生施設，医療保護施設，授産施設，宿所提供施設がある。

(2)扶助の種類

保護の内容は扶助という言葉が使われ，①生活扶助，②教育扶助，③住宅扶助，④医療扶助，⑤介護扶助，⑥出産扶助，⑦生業扶助，および⑧葬祭扶助の8種類がある。介護扶助は介護保険法

の成立に伴って追加されたものである。この中で医療扶助と介護扶助は現物で給付する。前者は医療費を直接本人に渡すのではなく，医療機関で診療を受けた後で，役所が医療機関に直接支払う方法である。介護扶助は，介護保険法で指定する介護機関で介護を受けた費用のうち自己負担分（1割）を役所が直接業者に支払う。それ以外の6つの扶助は現金を給付する。

　全部で8種類の扶助の中では，生活扶助が基本的な部分を担当している。すなわち，俗に衣食住といわれる基礎的な生活需要のうち，住居を除いた部分をここでまかなう。住宅については，持ち家に住んでいれば家賃は必要ないが，家が老朽化して住むのに困難な状態になった時の修理費を支払う問題がある。借家の場合は家賃が必要だが，賃料の地域差が大きいなどの問題で一律に計算するのが難しいので別立てにして，都道府県ごとに特別基準が定められている。

　教育扶助は子どものいる家庭だけが必要なので別立てになっている。義務教育は国家が無償で行うものであるから，学校の授業料を給付するのではなく，学用品，給食代，制服代など，義務教育を受けさせるにあたって必要になってくるお金を給付する。出産扶助は，医療保険では保障されない助産の費用である。生業扶助は，保護を受けている人が職に就くために必要な費用，職業訓練の費用や就職支度金を援助するものである。葬祭扶助は，保護を受けていた人が死亡した時の埋葬などに必要な費用である。これらの扶助は，世帯の必要に応じて，どれか1つだけ適用になることも，複数適用になることもある。

　最低生活水準　　公的年金や雇用保険などの社会保険による所得保障は，個々人の生活需要を把握することなく，定型の給付を行っている。これに比べると生活保護制度は，個々の世帯ごとの

生活需要を測定して，基準に不足する分を給付する個別性を特徴としている。したがって，極端にいえば，最低生活費は世帯ごとに全部違うことになる。そこで，平均的な世帯ではこの程度であるというモデル（標準世帯）によって最低生活水準をとらえるのが便利である。標準世帯の人員は時代によって異なり，1986年度以降は標準3人世帯（33歳男，29歳女，4歳子）になっている。2019年10月1日現在の標準世帯の生活扶助基準額は児童養育加算を含めて月15万8210円である（金額は東京都区部等水準の最も高い地域：1級地-1）。

生活扶助基準の算定方式　基準の算定方式は，1946年から48年8月までは標準生計費方式，それ以降60年度末まではマーケット・バスケット方式，61年度から64年度末まではエンゲル方式，65年度から83年度末までは格差縮小方式，84年度以降は水準均衡方式と呼ばれている。

　標準生計費方式は，戦前の救貧制度で最も給付水準の高かった軍事扶助法の基準を利用したもので，その合理性の根拠ははっきりしない。**マーケット・バスケット方式**とは，古くはイギリスのラウントリーが1899年に実施したヨーク市の貧困調査（第3章参照）で用いた方法である。あたかも生活に必要な物品を買い物かごに入れていって，その金額を合計するようなイメージのものである。1953年の資料をみると，飲食物は1人1日1535キロカロリー分，歯ブラシは年1人2本，肌着は2年で1人1着などと，物品ごとに数量と価格を出してそれを総計するやり方である。現実に個々の家庭がそのようなものを買うかどうかは別として，モデルとして設定した生計費という意味で，理論生計費方式ともいわれる。国民の生活状況をつねにその消費物品の細部にわたって

把握しなければならず，年々の改訂に反映させることが大変であり，生活水準の上昇に基準を合わせていくことは遅れがちとなる。

保護基準が低劣であるとして争われた朝日訴訟（第1章参照）の第1審判決（1960年）が出た翌年から，算定方法は**エンゲル方式**に改められた。エンゲル係数を利用したもので，まず標準世帯の栄養調査から必要栄養摂取量を求めて価格に換算する。次に低所得世帯の家計調査によってエンゲル係数の平均値を求める方法である。しかし，飲食物以外の消費の多様化と水準向上を的確に反映させることが難しく4年間だけで終了となった。

1965年度から始まった**格差縮小方式**は，政府経済見通しによる個人消費の伸び率にいくらかプラスした伸び率を保護基準に掛け算して次年度の改訂額とするものである。経済成長期の一般勤労者世帯の生活水準と比較すると，生活保護基準はその半分以下であるという大きな格差があったため，それを縮めるための方策とされた。この方式を続けた結果，83年には一般勤労世帯の消費支出平均を100とすると，生活扶助の基準額が66.4まで縮小した。以後は一般勤労者世帯と被保護勤労者世帯との消費水準格差を68程度に均衡させる**水準均衡方式**に移行し今日に至っている。貧困の概念との関連でいえば，絶対的貧困から相対的貧困へと最低生活水準の考え方が変化したといえる。

生活保護の動向と制度改正

被保護者数と保護率　被保護者数は制度発足時には約260万人であったが，短期的には景気変動や産業構造の変化などの影響を受けて循環的に増減を繰り返しながら，長期的には減少を続け1999年末時点では約90万人まで減少した。しかし，被保護者数は2000年になると増加に転じ，05年には148万人，そして17年には212万人（人口の1.68％）になった。増加の背景の1

つは，高齢者医療における自己負担の影響である。老人医療の患者負担は2000年から1割の定率負担とされたが，さらに02年度からは受給資格年齢が70歳から75歳以上に引き上げられた。また，一定額以上の所得がある場合，患者負担が2割に引き上げられている。これらは自己負担の増加を招き，医療費を支払えなくなった高齢者が生活保護に回ってきたのである。一方，09年以降になると稼働収入の減少を理由とする保護開始が激増した。これは，前年秋のリーマン・ショック以降の失業率の高まり，有効求人倍率の低迷，そして雇用保険を受けられない非正規従業員の増加などの雇用・就業状況の悪化が直接生活保護受給者の増加となって現れたのである。

2013年改正　被保護者数の急増，その中での医療扶助の多さ，また不正受給者が問題となり，2013年に生活保護法は制度発足以来の大きな改正が行われた。あわせて，生活困窮者自立支援法が成立した。まず，生活保護法の改正点を列記すると，①就労自立給付金の創設，②健康の保持・増進と収入・支出状況の把握について受給者の責務を定め，③不正・不適正の受給対策として福祉事務所の調査権限の強化，④医療扶助の適正化として指定医療機関への指導体制の強化と後発医薬品（ジェネリック医薬品）の使用促進などとなっている。

生活困窮者自立支援法　一方，生活困窮者自立支援法は，生活保護に至る前の段階で早期に支援を行うとともに，必要に応じて生活保護受給者も活用できるようにすることで，困窮状態からの脱却を図ることを目的としている。福祉事務所を設置している自治体が，①自立相談支援事業，②住居確保給付金の支給，③就労準備支援事業，④一時生活支援事業，⑤家計相談支援事業を実施することとされ，費用は①と②は必須事業であり国が4分の3，

③と④は任意事業であり国が3分の2,そして⑤は国が2分の1を補助することとした。また,都道府県知事,政令市長,中核市長は就労訓練事業の認定を行うこととされた。これは中間的就労ともいわれるもので,事業者が生活困窮者に就労の機会を提供し,就労に必要な知識と能力の向上のために必要な訓練を実施する場合,一定の基準に該当することを認定するものである。

● ● ● *Think Yourself* ● ● ●

1　失業保険法が雇用保険法に改正された背景を述べなさい。また,非正規雇用が増加する時代における失業者救済のあり方について論じなさい。

2　公的年金制度の財政方式における積み立て方式と賦課方式の違いを述べなさい。また,人口高齢化が各々の財政方式に及ぼす影響について論じなさい。

3　生活保護制度の原理と最低生活費の算定方法を説明しなさい。

　ティトマスが生前勤務したロンドン大学LSE校は，今日では経済学部，政治学部，社会学部，社会政策学部はもとより，数学，会計学，法学等の20以上の学部からなる世界有数の社会科学系大学となっている。

　もともとは19世紀末にフェビアン協会の支援者であったH. ハッチンソンの遺産を受けて，シドニーとベアトリスのウェッブ夫妻，バーナード・ショウ，グレアム・ウォーラスの4人（写真上）が夏の別荘に集って話し合った素案をもとに，貧困や不平等の研究を通じて社会改良に貢献することを目的として，1895年に設立された小さな学校であった。発足時は間借りの教室で授業を行った。翌年アデルフィの校舎（写真下）に引っ越した。ロンドン大学機構に加わったのは1900年であり，現在のキャンパスがあるクレアマーケットに移転したのは02年である。

　ティトマスが所属した社会科学・行政学部は，シドニー・ウェッブがインドのラタン・タタ財団と交渉して得た慈善的寄付をもとに1912年に設置され，社会福祉分野の諸施策とその運営に関する授業や社会福祉従事者の養成課程を組み込んで発足した。

＊図出所　Dahrendorf〔1995〕

第7章　保健・医療・介護

　この章ではまず、日本の死亡率が近年、上昇傾向にあることが紹介される。それは、人口高齢化と生活習慣病による死亡の増加が相乗作用をなした結果である。人口の高齢化はいかんともしがたいことであるが、生活習慣病は政策によって低減させることが期待できる問題であることから、健康増進法による法的施策や健康づくりの取り組みがなされてきた。一方、病気の診断・治療・回復にかかわる医療保障は、医師や医療関連従事者そして医療施設の整備にかかわる施策、受診時の医療費の保障に関する施策の2側面から成り立っている。前者については医療法の改正を通じた漸次的改善、また後者については人口高齢化に伴う高齢者医療の負担や医療と介護の分担関係が重要な政策課題となり、新たな社会保険として介護保険や高齢者医療保険が創設されたことが解説される。

1 健康増進の政策

死亡率の上昇 日本人の死亡率（人口千対）は，第2次
世界大戦後，1950年の10.9から1970
年には6.9へと急速に低下し，90年6.7と低い水準を維持してい
た。しかし，その後上昇に転じ，2010年には9.5，そして18年
11.0へと高まっている。年齢別にみると，死亡率は新生児・乳
児では高いが，幼児期，青年期から壮年期にかけて低く，40歳
以降は年齢とともに上昇し，とりわけ75歳以上では急激に高く
なる。死亡率の高い年齢層の人口増加が急速であることが，死亡
率上昇の背景にある。

　死因の統計では，表7-1から悪性新生物（がん），心疾患，脳
血管疾患，肺炎が上位を占めていることがわかる。このうち悪性
新生物と心疾患を原因とする死亡率が年々上昇していることから，
これらが全体の死亡率を押し上げている要因であることがわかる。
これらの疾患は年齢の高い人びとに多く，それが生活習慣の積み
重ねの中から発症することも知られるようになった。本章では，
このような日本人の健康に関する問題と政策や制度について，予
防，治療，介護の観点から考察してみたい。

成人病から
生活習慣病へ 　今日，生活習慣病といわれる疾患はかつ
て成人病と呼ばれていた。すでに1957
年には成人病予防対策協議連絡会の記録
に「成人病とは主として，脳卒中，がんなどの悪性疾患，心臓病
などの40歳前後から急に死亡率が高くなり，しかも全死因のな
かでも高位を占め，40〜60歳くらいの働き盛りに多い疾患を考

表7-1 主要4死因の死亡率（人口10万対）の推移

年	全死因	悪性新生物	心疾患	脳血管疾患	肺炎
1970	691.4	116.3	86.7	175.8	27.1
1980	621.4	139.1	106.2	139.5	28.4
1990	668.4	177.2	134.8	99.4	55.6
2000	765.6	235.2	116.8	105.5	69.2
2010	947.1	279.7	149.8	97.7	94.1
2018	1096.8	300.7	167.6	87.1	76.2

（出所）厚生労働統計協会〔2019〕。

えている」という記述がなされていた。

　やがて，喫煙と肺がんや心臓病，動物性脂肪の過剰摂取と大腸がん，肥満と糖尿病など，食生活や運動などの生活習慣とこれらの疾患の発症との関係が明らかになり生活習慣の改善によってある程度の予防が可能であることがわかってくると，1996年の公衆衛生審議会意見具申において「生活習慣病」という名前のほうがふさわしいとの提案がなされた。生活習慣病は「食習慣，運動習慣，休養，喫煙，飲酒等の生活習慣がその発症・進行に関与する疾患群」と定義されている。国民に生活習慣の重要性を喚起し，健康に対する自発性を促し，生涯を通じた生活習慣改善のための個人の努力を促し，それを社会全体で支援する体制を整備するという提案であった。

　生活習慣への着目は，二次予防である疾病の早期発見・早期治療という従来の予防の概念を変化させ，一次予防として生活習慣病にかからないための健康づくりや環境整備の必要性を訴えるのに有効であった。

地域保健体制と
健康づくり

厚生省（当時）は成人病を予防し老人医療費の高騰を抑制するために，1978年に「国民健康づくり対策」を立案し，保健所に加えて，市町村における健康づくりの基盤整備として市町村保健センターを整備することにした。保健所も市町村保健センターも地域保健法に位置づけられている。また，専門家と地区組織やボランティアなどの人びとが参加する市町村健康づくり推進協議会が設置された。こうした活動の中で長野県の保健補導員というコミュニティ活動が住民の健康保持に果たした役割が注目されている（今村ほか〔2010〕）。

その後，1988年には栄養・運動・休養の中で運動に重点を置いた「アクティブ80ヘルスプラン」が立案されている。国際的には，86年に「ヘルスプロモーションに関するオタワ憲章」が提唱されたばかりのころであった。そこでは，ヘルスプロモーションの行動計画における政府，公的部門の行動計画として，①健康的公共政策の構築，②健康支援環境の形成，③地域行動の強化，④個人の技能の育成，⑤保健医療サービスの再編の5つが挙げられていた。個人が自分の健康増進のために利用・活用できる機会や施設をつくるという段階を超えて，政策的な取り組みが提唱されていたのである。

健康日本21

続く国民健康づくり対策として2000年から，「21世紀における国民健康づくり運動」（健康日本21）が始まった。当初10年計画であったものが12年まで延長された後，第2次（2013-22年）がスタートした。生活習慣病に対する一次予防の具体的な施策として，壮年期死亡の減少，健康寿命の延伸と生活の質の向上を目的として，がん・心臓病・脳卒中・糖尿病などに関する目標値を設定したものであ

る。医療保険者，医療機関，市町村保健センター，教育関係機関，マスメディア，企業，ボランティア団体等の広く健康に関連する関係機関および関係団体等から構成される中核的な推進組織を設置して推進されるもので，保健所が中核機関となるものである。

健康寿命とは，WHOが2000年に提唱したもので，健康上の問題で日常生活が制限されることなく生活できる期間とされている。具体的には平均寿命から介護期間を差し引いた年数など計算方法の工夫がなされている。

| 健康増進法 |

この間の2002年には「栄養改善法」を廃止して「健康増進法」が成立している。

　この法律では国，都道府県，市町村に対して計画策定を義務づけている。国は基本方針を策定し，都道府県はそれを勘案し，さらに市町村は国と都道府県の計画を勘案して**健康増進計画**を策定する。国はこれらの計画をみて，予算の範囲内で都道府県，市町村に補助をすることになっている。

　健康増進計画は，がん検診と各種健診の推進，生活習慣病の発症予防・重症化予防策，栄養改善，運動や飲酒，喫煙などの生活習慣の改善を通じた健康増進対策などが柱となっている。同法はまた，受動喫煙に関して，国，地方公共団体，そして多数の人が利用する施設（敷地を含む）の管理者に対し，**受動喫煙防止**のために必要な措置を講ずるよう求めている。

| 高齢者医療確保法 |

2008年に老人保健法の改正として「高齢者の医療の確保に関する法律（高齢者医療確保法）」が成立した際に，生活習慣病に関する**特定健康診査**と**特定保健指導**が導入された。同法施行令では，高血圧症，脂質異常症，糖尿病その他の生活習慣病であって，内臓脂肪（腹腔内の腸間膜，大網等に存在する脂肪細胞内に貯蔵された脂肪をいう）の蓄

積に起因するものが生活習慣病とされている。40歳以上75歳未満の加入者に対し毎年度，特定健康診査を行い，腹囲が大きく血液検査に異常値をもつ者をメタボリックシンドローム該当者ないしは予備群として選び出すことと，これらの者に特定保健指導を行うことの2点を，健康保険者に義務づけている。

2 医療の確保

医療機関の受診に要する費用は医療保険から給付がなされるが，受診すべき医療機関が自分の身近にないということでは困ってしまう。したがって，医療の保障は医療費の保障ばかりでなく医療提供体制の確保が両輪として備わっていなければならない。その基本となる法律が1948年制定の医療法である。この法律は2019年までに9回の改正が行われている。

第1次改正（1985年）では，医療資源の地域的偏在を是正し，医療施設連携を目指して**都道府県医療計画**の義務化などがなされた。

第2次改正（1992年）では，医療施設機能の体系化として，高度医療を提供する**特定機能病院**と**長期療養患者**のための療養型病床群の制度化などがなされた。

第3次改正（1997年）では，インフォームド・コンセント，療養型病床制度の診療所への適用，**地域医療支援病院**の創設などが行われた。地域医療支援病院はコミュニティホスピタルともいわれるもので，地域におけるかかりつけ医，かかりつけ歯科医などを支援し，紹介患者への医療提供，施設・設備の共同利用や開放

化，救急医療の実施などを行う病院である。

第4次改正（2000年）では，病院の病床を**療養病床**と**一般病床**に区別すること，病院の必置施設（臨床検査，消毒，給食，給水，暖房，洗濯，汚物処理の各施設）の規制緩和などが行われている。

第5次改正（2006年）では，**医師の地域偏在・医師不足への対応**，医療の安全の確保，医療従事者の資質向上，医療法人制度改革，患者等への医療に関する情報提供の推進などが規定された。

その後，**病床機能報告制度**と**地域医療構想**策定等に関して第6次（2014），地域医療連携推進法人創設や医療法人制度改革等に関して第7次（2015），医療法人以外を含め**すべての医療機関の監督**等に関して第8次（2017）と改正が続き，2018年に医療法及び医師法の一部を改正する法律が成立した。この改正の趣旨は，医師の地域間偏在の解消のため，都道府県の医療計画において**医師確保計画**を含めるようにすることであった。

| 医療計画 | 第1次改正の際に法制化された都道府県医療計画は，地域の体系的な医療提供体 |

制の整備を図るためのものである。厚生労働大臣が定める「医療提供体制の確保に関する基本方針」に則して立案するものとされている。当初は医療圏の設定，必要病床数の算定を必須事項とし，へき地医療・救急医療の確保を任意事項とした。その後の医療法改正において，第3次では地域医療支援病院や療養型病床群の整備目標が必須となり，第5次では，4疾病（がん，脳卒中，急性心筋梗塞，糖尿病）・5事業（救急医療，災害時医療，へき地の医療，周産期医療，小児医療）ごとの具体的な医療連携体制が設けられた。2012年に，精神疾患が加わったため，**5疾病・5事業**となった。さらに，在宅医療の達成目標，医療連携体制を記載するように変更された。

> **地域医療構想**

2014年には，都道府県は，医療計画の一部として，地域医療構想を策定することとされた。その趣旨は，戦後ベビーブーム生まれ世代が全員75歳以上となる2025年に対応できる，地域にふさわしい医療提供体制を構築するということであった。

> **医師不足問題**

医療法の第5次改正で課題となった医師不足問題とはどのようなものであったのだろうか。それはまず，医療の高度化・専門化が進み，1人の医師がさまざまな分野や領域を担当するのが難しくなったこと，女性医師が増加し家庭生活との両立可能な働き方への変化など働き方の多様化があること，休日夜間診療を希望するなど患者の意識変化，医師が記載すべき書類の増加や医事紛争などのため勤務医の負担が増えていることなどが指摘されている（厚生労働統計協会〔2013〕）。

こうした課題については，医師を支援できる体制として，小児科・産科での拠点施設づくりや医療機関のネットワークづくり，医師不足が深刻な県にある大学医学部の定員増などを内容とする「新医師確保総合対策」が2006年に策定されている。また，厚生労働省は08年に「安心と希望の医師確保ビジョン」において医師養成数を増やす方針を示している。12年には文部科学省と連携して「地域の医師確保対策2012」において医学部入学定員の上限引き上げを決めている。

その後，先述した2018年の医療法及び医師法の一部を改正する法律により，①医師少数区域等で勤務した医師を評価する制度，②都道府県における医師確保対策の実施体制の強化，PDCAサイクルに基づく実効的な「医師確保計画」の策定等，③医師確保計画との整合性のとれた医師養成過程の見直し等の対策が進めら

れることとなった。

3 労働者災害補償保険

沿革　日本国憲法が施行された1947年に労働基準法が制定され，その第75条で「労働者が業務上負傷し，又は疾病にかかつた場合においては，使用者は，その費用で必要な療養を行い，又は必要な療養の費用を負担しなければならない」と規定されている。この補償に備えて使用者が加入する保険として，同時に制定されたのが「労働者災害補償保険法」である。

運営体制　政府が保険者として保険料を徴収し給付を行う制度である。労働者を雇用する事業所はすべて加入の義務があり，災害補償のリスクに事業主が連帯して備える保険であるので，保険料はすべて事業主の負担である。実際の事務は厚生労働省の組織である労働基準監督署や都道府県労働局が行っている。

傷病の補償と社会復帰　この法律では目的として，①業務上の事由または通勤による労働者の負傷，疾病，障害，死亡等への補償と，②事故に遭遇した労働者の社会復帰の促進，当該労働者およびその遺族の援護，労働者の安全および衛生の確保など，労働者の福祉の増進策の2つが掲げられている（第1条）。後者の社会復帰に関しては独立行政法人労働者健康福祉機構（旧・労働福祉事業団）が労災病院や医療リハビリテーションセンターなどの設置運営や各種特別支給金の支給などを行っている。

給付　療養補償給付では，傷病が業務上のものである場合は健康保険の適用にはならない。また，健康保険と異なり患者負担はない。通勤災害では少額の負担がある。このほか，医療の提供

ばかりでなく，休業に伴う賃金の補償，傷病の治癒が長引き1年6カ月以上となった場合の傷病補償年金，また身体に障害が残った場合の障害補償給付，死亡した場合の遺族補償給付などの現金給付も行っている。

4 医 療 保 険

国民皆保険の仕組み 日本では，国民健康保険法（1958年公布，61年施行）の成立によって，それ以前からある健康保険法や船員保険法および公務員等を対象とする共済組合法と相まって，国民全員が医療保険の適用を受ける皆保険体制が完成した。

被保険者の年齢や職業によって適用される医療保険は異なる。まず，年齢であるが，高齢者の医療の確保に関する法律（2008年）によって，75歳以上の人は全員，職業にかかわらず，**後期高齢者医療制度**の被保険者である。また，障害の認定を受けた65歳以上75歳未満の人もこの後期高齢者医療の被保険者である。次に，後期高齢者医療の被保険者でない人で，健康保険法，船員保険法，国家公務員・地方公務員・私立学校教職員の各共済組合法の各法による被保険者とその被扶養者は**被用者保険**に該当する。これら以外の人びと，つまり，75歳未満の自営業ないし無業の人が国民健康保険の被保険者およびその被扶養者となる。

皆保険といっても，勤務先が変わるとか退職して無職になるなどの職業上の変化，また75歳になれば，それまでは被扶養者であった人も後期高齢者医療の適用になるなどの変化がある。

健康保険法 民間の事業所に雇用されている人は，この法律の適用になる。第1条には「この法律は，労働者又はその被扶養者の業務災害以外の疾病，負傷若しくは死亡又は出産に関して保険給付を行い，もって国民の生活の安定と福祉の向上に寄与することを目的とする」と記されている。「労働者とその被扶養者」となっているが，公務員等は他の制度に加入するので，結果として民間事業所の被用者を対象とする制度になっている。**適用事業所**は常時5人以上の従業員を使用するところである。このため，適用事業所以外の従業員は国民健康保険に加入することになる。

健康保険の保険者は，**健康保険組合**と**全国健康保険協会**の2種類がある。健康保険組合とは政府に代わって健康保険事業を行うもので，企業ごとに単一で設立されるものでは被保険者700人以上，複数企業が共同で設立するものは被保険者3000人以上の基準がある。2018年4月現在で全国に1389組合が存在している。なお，06年の改正で，同一都道府県内の健保組合が合併した**地域型健康保険組合**の仕組みが設けられた。健康保険組合がない事業所に勤務する人は，全国健康保険協会が保険者となる健康保険に加入する。かつては政府が保険者であり，政府管掌健康保険と呼ばれていたが，08年10月以降は移管されて「**協会けんぽ**」と略称されている。

医療保険の給付 上記のように，職業によって加入する制度が異なってはいるが，後期高齢者医療を除く他の健康保険の給付はほぼ同一であり，診察，処置・手術，薬剤・治療材料，食事療養，入院・看護，在宅療養・看護，訪問看護について，一部負担金3割で給付されている。ただし，未就学児は2割，70歳以上の一般の人は2割，現役並み所得者は3割

となっている。入院の場合は，入院時食事療養費のうち，標準負担額を負担することになっている。一方，療養費が高額になった場合，自己負担の上限を定めた**高額療養費制度**が設けられている。

5 高齢者医療制度

老人保健制度から
高齢者医療制度へ

高齢になると所得が少なくなる半面で病気になりやすい。それも短期で治癒・回復する病気ではなく，長期に患う慢性の病気が多く医療費の負担が重い。これを解決するため，1972年度の老人福祉法の改正によって，医療保険で負担した残りの自己負担分を公費で支払う制度が始まった。その後，82年に老人保健法が成立したことで，老人福祉としての医療費公費負担は廃止された。医療のほかに健康診査などの保健事業も行うものなので，ホケンの字が社会保険のホケンでなく「健康を保つこと」になっているのに注意しなければならない。さらに年月が経過し，高齢者医療への保険者や政府による負担が巨額になり，財源問題が深刻になり，75歳以上の後期高齢者については，2008年度から独立した医療保険制度である後期高齢者医療制度が創設されることになった。

　すなわち，75歳以上の加入者のみからなる新しい医療保険制度をつくり加入者から保険料を徴収し，これに被用者対象の健康保険からの支援金と政府からの負担金を加えて運営するものである。給付の財源割合は，給付費全体の10％が加入者からの保険料，50％が公費負担，残りの40％が各健康保険からの支援金である。運営主体は，都道府県単位ですべての市町村が加入する**後**

期高齢者医療広域連合である。

高齢者医療制度の変遷　かつて，高齢者の医療費の保障は健康保険や共済組合，国民健康保険などの個々の医療保険で行っていたが，そのことによる不都合が次第に明らかになってきた。医療保険は多数の保険集団で形成されているが，個々の保険集団ごとに加入者の年齢分布が異なる。職域保険では定年前の人びとが加入しているから概して平均年齢が低く疾病率も低い。それに対して国民健康保険では退職後の人々を受け入れることになるので平均年齢が高く疾病率が高い。保険集団ごとに加入者に占める高齢者の割合が異なると高齢者医療費の負担が不公平となる。そこで，高齢者医療については各保険者による負担を公平化する制度にしたものが，1982年に成立した老人保健法である。70歳以上を対象にした「医療の給付」と40歳以上を対象にする健康診査，健康教育などの「医療以外の保健事業」の2本立ての制度として構成されていた。

　この制度では医療の給付に要する費用は，法制定当初は医療保険全体が共同で負担する交付金で70％，残りの30％を国と地方自治体による公費で負担する仕組みであったが，2004年10月から公費負担が引き上げられ，交付金50％，公費50％になった。健康診査など医療以外の保健事業の費用は国と都道府県と市町村が公費で賄っていた。1982年の法制定当初は，医療の受給資格は70歳以上とされていたが，老人医療費の増加が年々かさむことから，2002年度から75歳以上に受給資格年齢が引き上げられた。このほか，当初患者負担は数百円で始まったが，その後たびたびこの金額は引き上げられ，2000年以降は患者負担1割の定率負担が導入されるなどの曲折のすえ2008年に，前述の高齢者の医療の確保に関する法律に改正された。

6 介護保険制度

急性疾患と慢性疾患 病気の中には大きく分けると急性疾患と慢性疾患があるが，人口構造において若年層の比率が高い間は短期間の治療で回復する急性疾患が多い。しかし，人口高齢化が進むにつれて，一度患ってしまうとなかなか治らない慢性疾患が増え医療費も増大する。わが国のように急激な速度で高齢化が進む国では，その負担に追いついていくのが大きな問題である。もともと医療保険は，急性疾患向きにつくられていた。医師の診療行為を細かく分け，そのほかに臨床検査や薬剤など1つひとつに値段をつけ（診療報酬基準，薬価基準など），それを積み上げて医療費が決まる**出来高払い方式**だから，長期の診療やケアを要するケースでは費用がかさむ。

社会的入院 一方，高齢者の介護の歴史をたどると，かつては老人福祉法による施設介護や居宅介護として行われていた。当時は施設の受け入れ可能数が不足していて病院で介護を受けるケースが激増した。治療が終わって退院できるはずの人が，退院後の受け入れ先がないために入院を続ける「社会的入院」といわれるケースも激増した。医療の給付として高齢者介護を行うことは，医師等の人件費の面で老人福祉制度よりも多くの費用がかかるという問題ばかりでなく，短期患者向きにつくられたシステムの中で，たとえば狭いベッドで長期間生活することは，クオリティ・オブ・ライフ（**QOL**）の確保面でも問題があった。

医療から福祉へ これは，人口高齢化を経験している先進諸国すべてにとっての問題であり，各国ともそれぞれ方策に若干の違いはあるが，介護を医療サービスから福祉サービスに移してきた点では共通である。アメリカでは，1980年代になると高齢者専用の医療保険制度であるメディケアの出来高払いを止めて**疾病分類（DRG）**ごとに定額支払いとする予定額払い制度（PPS）を導入した。入院患者の早期退院を促し，退院後はコミュニティでのケアを前提とし，個々の退院患者（ケース）ごとに地域の資源を利用しつつ自宅で療養する計画を立てる**ケースマネジメント**が発達した。80年代末には，イギリスでも社会的ケアという新しい概念の下，**ケアマネジメント**という名前で同様の職務が導入された。

　日本で1986年に，医療と福祉の中間に位置するものとして**老人保健施設**が制度化されたのは，医療から福祉へという方向性の1つの具体化であった。しかし，費用負担面では，老人保健施設を含めて老人保健制度の医療の給付の国庫負担の原資は老人福祉予算から支出されていた。つまり老人福祉の中に割り込んだかたちであるから，その増大が続く中で社会福祉予算が逼迫した。公費からの負担が限度に近い状況になり，新たな保険制度をつくって新規の保険料収入を確保する道が選択されたのである。

介護保険制度の成立 そうした経緯を経て1997年に介護保険法が成立し，2000年度から施行された。保険者は市町村および特別区であり，複数市町村が広域連合を結成して運営できるものとした。被保険者には，65歳以上が第1号被保険者，40歳から64歳までが第2号被保険者とする2種類が設けられた。保険料は第1号被保険者からは個別に徴収され，第2号被保険者からは健康保険の仕組みを通じて徴収されること

になった。保険者である市町村が要介護認定を行い，認定を受けた者は指定事業者が行う介護サービスを利用し，本人負担分（1割）を除いた残り（9割）を市町村が本人に給付する仕組みであるが，事業者が代理受領できることになっている（なお，第2号被保険者の保険事故は，老化に起因する疾病〔特定疾病〕に罹患して要支援ないし要介護状態になった場合に限定されている）。財源は，利用者負担分を除いた給付費用全体の半分が保険料で，残り半分は公費負担であり，国が2分の1，都道府県と市町村が各4分の1ずつ分担する。

　保険制度では保険事故の認定が必要であるから，給付の水準を類型化することが必然であり，要介護1〜5および要支援の段階区分がなされ，区分ごとに給付額の上限が定められた。しかし，個別の利用者の生活状態は多様かつ個別的であるため，保険給付としては定型化されたリスク（要介護度別の定額払い制）を対象としつつ，その範囲内でケースの個別性に対応するため，**介護支援専門員**（ケアマネジャー）にケア計画を立てさせることで解決しようとした制度である。

法 改 正　介護保険法は，施行5年後に見直しを行うことを予定して出発したため，2005年に予防を重視する内容に改正された。新たに**介護予防給付**を設けてこれまで介護給付の対象であった「要介護1」の段階にある人の一部を「要支援2」へ，そして「要支援」を「要支援1」という分類に移すなどの方策がとられた。同時に，それまで行われていた都道府県が指定する事業である居宅サービスと施設サービスに加えて，地域の特性に応じて多様で柔軟なサービス提供が可能となるよう，市町村が指定する新たな事業として小規模多機能型居宅介護や認知症対応型共同生活介護（グループホーム）などか

らなる**地域密着型サービス**と呼ばれる体系が創設された。加えて，市町村が保険給付以外の事業として実施する相談援助などを含む**地域支援事業**が開始されることになり，その実施を含めて地域における介護予防マネジメントや総合相談，権利擁護などを担う機関として**地域包括支援センター**が日常生活圏域ごとに設置されることになった。

　介護保険法はその後も，頻回に改正されている。なかでも，11年度には，地域全体で支える体制が不十分であることを受け，日常生活圏域における**地域包括ケアシステム**，24時間対応の定期巡回・随時対応サービス，複合型サービス，介護予防・日常生活支援総合事業の創設，また介護職員がたんの吸引をできるようにするなどの多くの内容からなる改正がなされている。

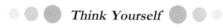

● ● ● ● *Think Yourself* ● ● ● ●

1　1990年代以降，日本の死亡率が上昇している理由を説明しなさい。

2　健康寿命の定義を述べ，それを延ばすためにどのような取り組みがなされているか調べてレポートしなさい。

3　人口高齢化が医療保障制度や介護保障制度に及ぼす影響について論じなさい。

福祉的給付は社会福祉ばかりでなく，減税による財政福祉，賃金以外の諸手当などの企業福祉としても行われているという，福祉の社会的分業論を提起したティトマスの真意は福祉国家批判への反論にあった。当時，福祉国家目標は与野党の合意があったといわれているが，必ずしもそうではなく，右派からは中産階級は負担を強いられるのみで，何らの給付を受けることがないという批判が行われていた。

福祉の社会的分業論はこの批判への反批判としてなされたものである。たとえば，所得税は収入から一定の金額を引いた控除後所得に対して課税される。所得控除後の税額は本来の税額より少ないから，その分が当該個人ないし世帯に給付されたのと同じことになる。しかも，累進税制においては，所得控除による減税額は所得の高い者ほど多く受けることになる。つまり，税制を通じて中産階級に対して多大の給付がなされているのである。ティトマスの推計では，1950年代半ばの社会福祉支出国庫負担額は7億7000万ポンドであるのに対して，税制の扶養控除による減税額は4億2500万ポンドであった。社会福祉に優に比肩できる規模の金額が中産階級に対して給付されており，批判をしている者が実は国家からの給付を受けているという逆説を明らかにしたのである。

この理論は1958年刊行の著書 *Essays on the ‘Welfare State’*（写真）の第2章 “Social Division of Welfare” という論文で論じられた。谷昌恒の翻訳では「福祉の社会制度上の区分」と訳されているが，いつの間にか「福祉の社会的分業」という訳が一般化した。なお，財政福祉の概念は後年，経済学における租税支出理論の基礎を提供した。

第8章　福祉サービス

　福祉サービスは，保健医療や所得保障とは異なる独自の課題をもった社会福祉の一部門である。家の中で暴力や虐待がなされて人権が侵害されるとか，障害のために社会参加ができないというような，ヒューマンニードが危機にさらされる問題に対応するものである。これらの問題には，ソーシャルワークや社会的ケアなどの専門職による個別的な福祉サービスが提供される必要がある。この章では，福祉サービスの概念と理念，障害福祉サービスと児童福祉サービスの内容，そして福祉サービスの推進体制が説明される。福祉サービスは，地域社会の中での関係機関や関係者との連携，協力が不可欠であり，本章の最後では，そうした体制づくりへの政策動向を紹介した。

1 福祉サービスとは何か

　この章で取り上げる「福祉サービス」は，所得保障や保健医療から区別されるものであり，広義の社会福祉を構成する一部門である（第2章参照）。具体例として，重度の障害のある人が日常生活を送るうえで必要になる入浴，排せつまたは食事の介護等の世話は，所得保障でも保健医療でもなく，福祉サービスに該当する。ちなみに，65歳未満の障害者の介護は，（40歳以上で特定疾患によるものを除いて）介護保険制度の給付対象ではないため，介護保険とは異なる別の福祉サービス制度が必要になる。虐待を受けた子どもの一時保護も福祉サービスの1つだし，例を挙げると数限りないほどの生活の困りごとがあり，そうした問題への対応がなされる必要がある。

　福祉サービスには，介護だけでなく自立訓練や就労支援，情報提供や相談支援のソーシャルワークなど，多くの種類があるし，対象となる人も障害者ばかりでなく児童，高齢者および生計困難者など多様な人びとが含まれる。1人の人が所得保障や保健医療や福祉サービスのニードを複合してもつことがあるが，それらを区分けすることによって，所得保障や保健医療とは異なる福祉サービスのニードに独自の目を向け，それらの連携を考えることができるようになる。

　欧米では　福祉サービスは，欧米では，「パーソナル社会サービス」とか「社会的ケア」または単に「社会サービス」と呼ばれており，1970年前後になって政策課題とされるようになった分野である（第1章参照）。

イギリスでは1968年に，「地方自治体及び関連するパーソナル社会サービスに関する関係各省委員会」の報告書（委員長名にちなんで**シーボーム・レポート**と略称されることが多い）が発表され，それに基づいて1970年に，**地方自治体社会サービス法**が成立した。「パーソナル」というのは，個々の家族が抱えている生活上の問題はその置かれた環境とのかかわりで発生しているために，それぞれに個別的であり，その状況に合わせた総合的な支援サービスを提供すべきであるという観点を表現したものである。個別の状況を把握しながら個人・家族と環境との調整を行う**ソーシャルワーク**を組み込んだ総合的な福祉サービス提供体制の構築を提案したものであり，**福祉専門職**によるサービスが必要となる根拠を提供した。

　他の国でも改革が進み，たとえば，アメリカ合衆国では1974年に，社会保障法第20篇（**Title XX** と略称されることが多い）として，**社会サービス包括補助金制度（SSBG）** がつくられた。合衆国議会の文書では，「これは連邦政府から各州に交付される包括補助金であり，その目的は，自立促進，児童虐待の防止，高齢者・障害者へのコミュニティを基盤とするケアの支援を含む広範な社会政策上の目標の達成におかれている」と説明されている（Lynch〔2016〕）。また，スウェーデンでは1980年に，社会サービス法が制定された。

「福祉サービス」の法定化

　こうした欧米の動向を受けつつ，日本でも1970年代後半になって，このことが課題とされるようになった。たとえば，「対人福祉サービスの今後の方向（その1）──第XIX回国際社会福祉会議に寄せて」（三浦〔1978〕）といった論文や『在宅福祉サービスの戦略』（全国社会福祉協議会編〔1979〕）といった書物など，

「福祉サービス」という題名のついた著作が刊行され始めたのは，このころである。

　そうした議論の高まりと行財政改革とが相まって，当時の厚生省福祉関係3審議会（中央社会福祉審議会，身体障害者福祉審議会および中央児童福祉審議会）合同企画分科会から1989年に，「今後の社会福祉のあり方について（意見具申）」が出され，「国民の福祉需要に的確に応え，人生80年時代にふさわしい長寿・福祉社会を実現するためには，福祉サービスの一層の質的量的拡充を図るとともに，ノーマライゼーションの理念の浸透，福祉サービスの一般化・普遍化，施策の総合化・体系化の促進，サービス利用者の選択の幅の拡大等の観点に留意しつつ，……新たな社会福祉の展開を図ることが重要である。」との見解が示された。

　この意見具申が1990年の「老人福祉法等の一部を改正する法律」（福祉関係八法改正）の制定をもたらし，日本の法律の中で「福祉サービス」という言葉が初めて用いられることになった。すなわち，旧・社会福祉事業法（現・社会福祉法）の第3条において，改正前は「援護，育成又は更生の措置を要する者」とされていた文言が，「福祉サービスを必要とする者」という新しい言葉と入れ替えられたのである。

　とはいえ，残念なことに，この法律では福祉サービスの意味を規定した条文がない。当時の厚生省の担当官等が執筆した同法の解説書では，「（福祉サービスの概念について）法律上，定義は置かれていないが，法に規定する社会福祉事業のみならず，社会福祉を目的とする事業全般から提供されるサービスを指すものと考えられる」（社会福祉法令研究会編〔2001〕）と説明されている。したがって，福祉サービスとは何かを知るには，**社会福祉事業**と**社会福祉を目的とする事業**とは何かを調べる必要がある。

① 生活保護法に規定する救護施設，更生施設その他生計困難者を無料又は低額な料金で入所させて生活の扶助を行うことを目的とする施設を経営する事業及び生計困難者に対して助葬を行う事業。
② 児童福祉法に規定する乳児院，母子生活支援施設，児童養護施設，障害児入所施設，児童心理治療施設又は児童自立支援施設を経営する事業。
③ 老人福祉法に規定する養護老人ホーム，特別養護老人ホーム又は軽費老人ホームを経営する事業。
④ 障害者の日常生活及び社会生活を総合的に支援するための法律（以下，障害者総合支援法）に規定する障害者支援施設を経営する事業。
⑤ 売春防止法に規定する婦人保護施設を経営する事業。
⑥ 授産施設を経営する事業及び生計困難者に対して無利子又は低利で資金を融通する事業。

社会福祉事業　社会福祉事業は，社会福祉法第2条において第1種と第2種にわけて事業名が列挙されている。表8-1および表8-2はそれらを一覧表にしたものである。

　第1種社会福祉事業は，生活保護法や児童福祉法等の個別の福祉法の規定による入所型の福祉施設を経営する事業が多い。入所施設でない場合は，授産事業，生計困難者の助葬，無利子または低利の融資となっている。この法律が制定された当時の厚生事務次官であった木村忠二郎による解説書では，「第一種社会福祉事業に属せしめたのは，公共性のとくにたかい事業であって……人格の尊厳に重大なる関係をもつ事業である。すなわち，人を収容して生活の大部分をそのなかでいとなませる施設を経営する事業を主とし，これに経済保護事業で，不当な搾取が行われやすい事業をふくませた」と解説されている（木村〔1951〕）。このため，第1種社会福祉事業の経営主体は，国，地方公共団体および社会福祉法人に限定されている。**社会福祉法人**とは，社会福祉事業の

経営を目的に特別に設けられた法人であり，同法により設置認可の条件が定められている。

第2種社会福祉事業は，入所型でない日々通う福祉施設（たとえば障害児通所支援や保育所，老人福祉センターなど）を経営する事業，養子縁組のあっせん，福祉サービス利用援助事業のような相談援助事業などが多い。先述の木村の著書では「第一種社会福祉事業との相違は，その事業が行われることが社会福祉の増進に貢献するものであって，これにともなう弊害のおそれが比較的にすくないもの」と説明されている（木村〔1951〕）。経営主体については第一種のような制限は設けられていない。

社会福祉を目的とする事業

地域福祉推進のために地域のボランティア団体やNPO法人等が先進的，独創的に行う事業などが社会福祉を目的とする事業として，**共同募金**の配分対象にされたりしているが，どのような事業がそれに属するかの定義や判断基準は法律では示されていない。

なお，介護保険法の給付対象となる事業は，（生計困難者を介護老人保健施設および介護医療院に入所させる事業が第二種社会福祉事業とされている以外には）社会福祉事業とは規定されていない。しかし，介護保険法第1条には，要介護者に対して「必要な保健医療サービス及び福祉サービスに係る給付を行う」ことが法の目的とされており，保健医療と福祉サービスの両方にまたがるものとして，社会福祉を目的とする事業といえるだろう。

表8-2　第二種社会福祉事業（社会福祉法第2条3項）

① 生計困難者に対して，その住居で衣食その他日常の生活必需品若しくはこれに要する金銭を与え，又は生活に関する相談に応ずる事業

② 生活困窮者自立支援法に規定する認定生活困窮者就労訓練事業

③ 児童福祉法による障害児通所支援事業，障害児相談支援事業，児童自立生活援助事業，放課後児童健全育成事業，子育て短期支援事業，乳児家庭全戸訪問事業，養育支援訪問事業，地域子育て支援拠点事業，一時預かり事業，小規模住居型児童養育事業，小規模保育事業，病児保育事業又は子育て援助活動支援事業，同法に規定する助産施設，保育所，児童厚生施設又は児童家庭支援センターを経営する事業及び児童の福祉の増進について相談に応ずる事業

④ 就学前の子どもに関する教育，保育等の総合的な提供の推進に関する法律（以下，認定こども園法）に規定する幼保連携型認定こども園を経営する事業

⑤ 民間あっせん機関による養子縁組のあっせんに係る児童の保護等に関する法律に規定する養子縁組あっせん事業

⑥ 母子及び父子並びに寡婦福祉法に規定する母子家庭日常生活支援事業，父子家庭日常生活支援事業又は寡婦日常生活支援事業及び同法に規定する母子・父子福祉施設を経営する事業

⑦ 老人福祉法に規定する老人居宅介護等事業，老人デイサービス事業，老人短期入所事業，小規模多機能型居宅介護事業，認知症対応型老人共同生活援助事業又は複合型サービス福祉事業及び老人デイサービスセンター，老人短期入所施設，老人福祉センター又は老人介護支援センターを経営する事業

⑧ 障害者総合支援法に規定する障害福祉サービス事業，一般相談支援事業，特定相談支援事業又は移動支援事業及び同法に規定する地域活動支援センター又は福祉ホームを経営する事業

⑨ 身体障害者福祉法に規定する身体障害者生活訓練等事業，手話通訳事業又は介助犬訓練事業若しくは聴導犬訓練事業，同法に規定する身体障害者福祉センター，補装具製作施設，盲導犬訓練施設又は視聴覚障害者情報提供施設を経営する事業及び身体障害者の更生相談に応ずる事業

⑩ 知的障害者福祉法に規定する知的障害者の更生相談に応ずる事業

⑪ 生計困難者のために，無料又は低額な料金で，簡易住宅を貸し付け，又は宿泊所その他の施設を利用させる事業・診療を行う事業・介護保険法による介護老人保健施設又は介護医療院を利用させる事業

⑫ 隣保事業（隣保館等の施設を設け，無料又は低額な料金でこれを利用させることその他その近隣地域における住民の生活の改善及び向上を図るための各種の事業を行うものをいう。）

⑬ 福祉サービス利用援助事業（精神上の理由により日常生活を営むのに支障がある者に対して，無料又は低額な料金で，福祉サービス（社会福祉事業に限る）の利用に関し相談に応じ，及び助言を行い，並びに福祉サービスの提供を受けるために必要な手続又は福祉サービスの利用に要する費用の支払に関する便宜を供与することその他の福祉サービスの適切な利用のための一連の援助を一体的に行う事業をいう。）

⑭ 社会福祉事業に関する連絡又は助成を行う事業

2 福祉サービスの基本理念

　2000年に制定された「社会福祉の増進のための社会福祉事業法等の一部を改正する等の法律」によって行われた一連の改革は，**社会福祉基礎構造改革**と呼ばれている（第5章参照）。この法律は，社会福祉事業法（この改正で，題名が社会福祉法と改められた），身体障害者福祉法，知的障害者福祉法，児童福祉法，民生委員法，社会福祉施設職員等退職手当共済法，生活保護法，老人福祉法，および公益質屋法の8つの法律を同時に改正する法律であった。これにより，社会福祉法第3条は，「福祉サービスの基本的理念」という題名がつけられ，1990年の改正からさらに，次のように改正された。

　　第3条　福祉サービスは，個人の尊厳の保持を旨とし，その
　　　　内容は，福祉サービスの利用者が心身ともに健やかに育成さ
　　　　れ，又はその有する能力に応じ自立した日常生活を営むこと
　　　　ができるように支援するものとして，良質かつ適切なもので
　　　　なければならない。

　この法律の解説書によれば，おおむね次のような説明がなされている。これまでは，行政機関による**措置**として行われた援護，育成および更生等において，提供者側の都合が優先されがちであり，利用者をないがしろにする面があった。認知症の高齢者や知的障害者を子ども扱いして，本人の意向を無視するといったことや，高齢者を不必要に寝たきりにするとか，児童の自立を阻害するような事態，障害者が施設職員から虐待を受ける事件も発生した。「**個人の尊厳の保持**」の理念は，そうした反省のもとに謳わ

れたものである。

　また，**心身ともに健やかに育成**は児童への福祉のあり方の基本を示し，**能力に応じ自立した日常生活**は，障害者への**ノーマライゼーション**に基づく支援を指している。そして，この解説書では，「福祉サービスの利用者は，自らの意思と選択により自立していく主体としてとらえられることになり，福祉サービスは，利用者の自己決定による自立を支援するものでなければならない」と述べられている（社会福祉法令研究会編〔2001〕）。

　自立と自己決定　　この理念のポイントは2点ある。第1点の「能力に応じた自立」は，1960年代アメリカにおける**自立生活運動**の中から明らかにされてきた理念である。「他人の助けを借りて15分で衣服を着，仕事に出かけられる障害者は，自分で衣服を着るのに2時間かかるために家にいるほかない障害者よりもより自立している」（定藤ほか〔1993〕）という言葉で表されるように，介助や支援を受けながらの自立という概念を生み出した。

　第2点は，**自己決定権**である。たとえ全面的な介助を受けていても，自己決定権が与えられているならば人格的には自立しているという思想が形成されてきた。福祉サービスを必要とする人びととは，障害や認知症やその他の諸事情で，自分の意思を表明することに不利がある。そのことから，提供者側が「本人のため」と称して過度に保護的処遇をしたり，行動を制約したりすることがある。それは本人の意向を尊重しない押し付け，すなわち**パターナリズム**として批判されてきた。このことが，法律の理念として明確化された意義は大きい。

　ノーマライゼーション　　そして，それらを包含する理念がノーマライゼーションであり，その思想は北欧

からもたらされた。N. E. バンク・ミケルセンが1959年のデンマークの精神遅滞者福祉法において，それ以前から次第に形成されていた理念を生かしたのである。その後，B. ニィリエが，よりわかりやすい構造の「ノーマライゼーション原理」を示し，また，W. ヴォルフェンスベルガーが異なる文化圏で適用するための提案をするなど，この理念が世界に広まった。河東田博はこれらを踏まえて，「ノーマライゼーションとは，人間が生まれながらにしてもっている諸権利を，日常生活のなかで当たり前に行使できるようにしていくための普遍的な法則であり，わかりやすく，具体的要素として構造的に示されたもの」（河東田〔2013〕）と定義している。

　この理念は日本の法律としては，2004年に改正された**障害者基本法**において「全て障害者は，社会を構成する一員として社会，経済，文化その他あらゆる分野の活動に参加する機会が確保されること。可能な限り，どこで誰と生活するかについての選択の機会が確保され，地域社会において他の人々と**共生**することを妨げられないこと」（第3条）と規定された。また，2012年に成立した「障害者の日常生活及び社会生活を総合的に支援するための法律」（以下**障害者総合支援法**）では，「障害者及び障害児にとって日常生活又は社会生活を営む上で障壁となるような社会における事物，制度，慣行，観念その他一切のものの除去」（第1条の2）という条文として示されている。

　<u>措置から契約へ</u>　社会福祉基礎構造改革のキーワードとなったのが，「措置から契約へ」という言葉である（第5章参照）。法律に基づく福祉サービスが，それまでは行政機関の権限による措置として行われ，利用者は行政に従属した存在でしかなかったものを，利用希望者が福祉サービスの提

供事業者とサービス利用契約をすることで利用関係が成立し，契約に関する法令によって権利が守られるようにしたことである。行政機関は福祉サービス利用料を本人に給付することで公的責任を果たすことになった。そして，民間の福祉サービス事業者については，それまでは社会福祉法人のみに限られていたものを，**指定事業者**に拡大して参入規制を緩和し，福祉サービス評価制度によってサービス提供事業者の事業内容やサービスの質を評価する方式に転換されることになった。

> **準市場（選択の自由）**

この仕組みは，**準市場**（疑似市場）と呼ばれることがある。純粋な市場経済においては需要側も供給側も自由な立場で市場に参加し，互いに競争することで価格が上下し需要量と供給量が調整される。福祉サービスは価格が自由に変動することはないから，純粋な市場とはいえないが，利用者が自分に必要な福祉サービスを選べるようになると，事業者は他の事業者よりも良い福祉サービスを提供しようと努力し，事業者間の競争が生まれることになる。そして，質の悪い福祉サービス事業者は利用者から選ばれず市場から退出せざるをえなくなるという，市場機能の一部を活用した制度へと転換した。

> **残存する措置**

なお，社会福祉基礎構造改革後においても，措置制度が適用になる福祉サービスが残っているので，それをまとめておこう。カッコ内は費用負担割合である。

① 生活保護施設（国4分の3，都道府県・市4分の1）

② 養護老人ホーム（2005年度以降，全額市町村の負担となった）

③ 婦人保護施設（国10分の5，都道府県10分の5）

④ 下記⑤⑥を除く児童福祉施設（国2分の1，都道府県・指定都

市・児童相談所設置市2分の1）

⑤　保育所（国2分の1，都道府県4分の1，市町村4分の1〔市町村
　　が保育を実施した場合〕）

⑥　母子生活支援施設・助産施設（国2分の1，都道府県4分の1，
　　市町村4分の1〔市町村が実施した場合〕）

⑦　身体障害者社会参加支援施設（国10分の5，都道府県または
　　市町村10分の5）

3 障害福祉サービス

改革の具体化
利用者本位の福祉サービスへの政策転換
は，高齢者介護の分野では2000年に施
行された介護保険制度によってすでに実現していた。障害者福祉
の分野では2003年度から導入された身体障害者福祉法等におけ
る**障害者支援費支給制度**，そして，2005年制定の**障害者自立支援
法**においてそれまで身体障害，知的障害，精神障害と別々の法律
に分かれていた障害福祉法制が一元化され，支援費支給制度が**自
立支援給付制度**に改められた。その後，2012年には，障害者自立
支援法の改正として**障害者総合支援法**が制定された。この改正で
は難病患者が法の対象として追加され，障害福祉サービスの利用
料がそれまでの**応益負担**から所得に応じた**応能負担**に変更された。
同年には**障害児福祉**の分野でも新しい体制が始まった。

**障害福祉サービスの
種類**
障害福祉サービスの給付は，**自立支援給
付**と**地域生活支援事業**に大別される。自
立支援給付の実施主体は市町村であるが，
費用は国2分の1，都道府県4分の1，市町村4分の1の割合で義

務的経費として負担される。地域生活支援事業は市町村や都道府県の予算の範囲内で実施され，市町村事業に対しては国が2分の1以内，都道府県が4分の1以内の補助，都道府県事業に対しては国が2分の1以内で補助できることになっている。

自立支援給付は**介護給付**と**訓練等給付**に分かれており，それに該当する障害福祉サービスを利用した時に支給される。介護給付の対象は，①居宅介護，②重度訪問介護，③同行援護，④行動援護，⑤重度障害者等包括支援，⑥短期入所，⑦療養介護，⑧生活介護，⑨施設入所支援，⑩共同生活介護である。一方，訓練等給付の対象は，①自立訓練，②就労移行支援，③就労継続支援，④就労定着支援，⑤自立生活援助，⑥共同生活援助がある。

障害支援区分と支給決定

介護給付については，身体障害者，知的障害者，精神障害者（発達障害者を含む），そして難病等の人びとからの申し出を受けて**市町村**が障害支援区分の認定を行う。係員が障害者宅を訪問して，心身の状況等を約80の項目からなる認定調査で質問し，そのデータから**一次判定**が行われる。次に，学識経験者等からなる**審査会**において，一次判定の結果に医師の意見を加えた**二次判定**を受けて，**障害支援区分認定**がなされる。支援区分は1から6までに分類されており，6が最重度である。市町村は，その判定結果に加えて，介護者の状況やサービスの利用意向，また，指定特定相談事業者が作成した**サービス等利用計画**などを勘案して**支給決定**を行うことになっている。上記の手順は介護保険制度における要介護認定と非常によく似ている。なお，申請者は決定に不服がある場合は，決定の日から3か月以内に都道府県に対して**不服審査請求**を行うことができる。

障害児への通所サービスは，児童福祉法に基づく指定障害児相

談支援事業者が障害児支援利用計画案を作成する。また，障害児の入所サービスについては，児童相談所が専門的な判断を行うため障害児支援利用計画の作成は必要がない。

利用者の負担

障害福祉サービスを利用すると，利用したサービスに要する費用は市町村から給付される（実際には事業者に代理払いされる）が，利用者にも一部負担がある。障害者自立支援法時代は定率1割の応益負担であったため重度者ほど負担額が多くなる問題があった。障害者総合支援法に改正された際に，世帯の収入状況に応じた応能負担に改められた。生活保護受給世帯と市町村民税非課税世帯は無料，市町村民税課税世帯は区分を設けて収入額によって利用料の負担上限額が設定されている。

地域生活支援事業

地域生活支援事業は市町村が実施するものと都道府県が実施するものがある。必須事業として市町村では相談支援事業，意思疎通支援事業，日常生活用具給付等事業，移動支援事業，地域活動支援センターなどがある。都道府県の必須事業は，相談支援事業のうち，特に専門性の高いものや広域的な対応が必要な事業である。

自立支援医療等

このほか，**公費負担医療**である**自立支援医療**（更生医療・育成医療・精神通院医療）についても，所得に応じて1月当たりの負担額が設定されている。また，義肢，車いす，補聴器，盲人安全つえなどの**補装具**は，自立支援給付の補装具費用として位置づけられており，障害福祉サービスと同様に負担能力に応じた利用者負担がある。

4 児童福祉サービス

増え続ける児童虐待

増え続ける児童虐待，それが日本の現実である。全国の児童相談所で対応した虐待相談件数は，1998年度には6932件であったが，2018年度には15万9820件になっている（厚生労働省調べ）。虐待は人権の完全な侵害であり，ウェルビーイングのすべてを剥奪する行為である。犯罪に該当する場合は警察が対応する。しかし，加害者を逮捕して懲罰を加えるだけでは問題は解決しない。子どもを一時的にも保護者から引き離して**児童福祉サービス**が提供されなければならない。

　児童福祉サービスを大別すると，虐待を受けた児童等の**要保護児童対策**，**障害児対策**そして**子育て支援**に分けられる。障害児福祉サービスについては前節で触れたので，ここでは要保護児童対策と子育て支援について説明することにしたい。なお，児童福祉法では，児童を**18歳未満**と定め，**乳児**（満1歳未満），**幼児**（満1歳から小学校就学前），**少年**（小学校就学から満18歳に達する日まで）に区分している。

要保護児童への
福祉サービス

児童福祉法では，「保護者のない児童又は保護者に監護させることが不適当であると認められる児童」を**要保護児童**と定義している（第6条の3，8項）。このような児童には，家庭に代わる環境の中での健全な育成と自立の支援が必要になる。要保護児童への福祉サービスは，「措置から契約へ」の転換にはなじまず，都道府県に設置義務のある福祉専門機関である**児童相談所の措置**

として行われるものが多い。

　児童養護施設は，保護者のいない児童，虐待されている児童，その他環境上の養護を要する子どもを入所させて養護し，かつ自立支援を行う施設であり，特に必要のある場合には乳児を入所させることができる。2008年の児童福祉法改正で，養育者の住居で家庭的な養護を行う**小規模住居型児童養育事業（ファミリーホーム）**が法制化された。**乳児院**は1歳未満の乳児を入院させて養育する施設であるが，特に必要のある場合には幼児を入所させることができる。

　里親には，要保護児童の父母以外の親族で里親を希望し都道府県知事が適当と認めた**親族里親**，要保護児童の養育を希望し都道府県知事が行う研修を修了した**養育里親**，養子縁組を前提とした**養子縁組里親**がある。

　児童自立支援施設は，不良行為をした，または，するおそれのある児童や家庭環境その他の理由により生活指導等を要する児童を入所させて，指導，自立の支援を行う施設である。退所後の相談支援も行うこととされている。

　児童自立生活援助事業（自立援助ホーム）は，義務教育終了後，養護施設などを退所したが，社会的自立が十分できていない児童を対象として，職場の開拓や相談など児童の社会的自立に向けた支援を行う事業である。対象年齢は20歳まで，大学等就学中の者は22歳の年度末までとなっている。

　児童家庭支援センターは，地域の児童の福祉に関する各般の問題につき，児童に関する家庭その他からの相談のうち，専門的な知識および技術を必要とするものに応じ，必要な助言を行うとともに，市町村の求めに応じ，技術的助言その他必要な援助，指導を行い，あわせて児童相談所，児童福祉施設等との連絡調整その

他厚生労働省令の定める援助を総合的に行うことを目的とする施設とされている。

子育て支援の
福祉サービス

児童福祉法では，保護者が労働，疾病その他の理由で，乳児，幼児その他の児童について保育を必要とする場合，市町村は，**保育所で保育し，または，認定こども園，家庭的保育事業等**（家庭的保育事業，小規模保育事業，居宅訪問型保育事業または事業所内保育事業）により必要な保育を確保しなければならないとされている（第24条）。

認定こども園法では，学校と社会福祉施設の両方の性質をもった**幼保連携型認定こども園**の規定も設けられている。

また，子ども・子育て支援法では，市町村が教育・保育の必要性を認定したうえで，認定こども園，幼稚園，保育所を通じた共通の給付である**施設型給付**や，小規模保育等への**地域型保育給付**からなる**子どものための教育・保育給付**を行っている。

施設型給付は，1号から3号までの**認定区分**が設けられ，区分に応じた給付が行われる。1号は教育標準時間の給付で幼稚園と認定こども園が該当し，2号は保育の必要がある3歳以上小学校就学前の子どもであり，保育所と認定こども園が，そして3号は保育の必要がある3歳未満の子どもであり，保育所と認定こども園と小規模保育等が該当する。なお，2019年10月から3歳児以上の**幼児教育・保育の無償化**が実施された（3歳未満児は低所得世帯のみ）。

地域型保育給付には，6人以上19人以下の子どもを預かる**小規模保育**，5人以下の子どもを預かる**家庭的保育**（保育ママ），子どもの居宅において保育を行う**居宅訪問型保育**，従業員の子どものほか地域の子どもを保育する**事業所内保育**がある。

5 福祉サービスの推進体制

社会福祉専門機関

相談援助を担当する社会福祉専門機関は，法定のものとして，都道府県に設置義務のある**児童相談所**，**身体障害者更生相談所**，**知的障害者更生相談所**，都道府県と市に設置義務があり町村は任意設置である**福祉事務所**，そして市町村または市町村から委託された法人が設置する**地域包括支援センター**などがある。都道府県が設置する福祉事務所は郡部の居住者を対象として，生活保護法，児童福祉法，母子父子寡婦福祉法に定める業務を担当するのに対し，市町村の設置する福祉事務所は上記3法に加えて老人福祉法，身体障害者福祉法，知的障害者福祉法の6法に定める業務を担当している。

社会福祉施設

施設の種類は大別して，保護施設，障害者支援施設，児童福祉施設，老人福祉施設，婦人保護施設，その他の施設がある。それぞれの分野でさらに細かく，保護施設として救護施設，更生施設，医療保護施設，授産施設，宿所提供施設の5種類。障害者関連では障害者支援施設，地域活動支援センター，福祉ホーム。児童福祉施設として，助産施設，乳児院，母子生活支援施設，保育所，児童養護施設のほか，障害児の多種多様な施設がある。さらに老人福祉施設や婦人保護施設など個々に数えていくと約90種類の施設がある。なお，老人福祉施設のうち特別養護老人ホームは，介護保険法では介護老人福祉施設として指定されている。

社会福祉協議会

地域の福祉を民間の立場で推進する機関として，社会福祉協議会がある。通称で

は「社協」と短縮して呼ぶことが多い。法律では，社会福祉を目的とする事業の企画と実施，それらに関する調査，普及，宣伝，連絡，調整および助成，社会福祉に関する活動への住民の参加の援助などを機能として挙げている。地域のニーズを把握することや，障害者支援の組織化や，地域の住民団体の組織化など，地域の組織化による問題解決を目指す活動などを行ってきた。さらには，ボランティア・センターの設置などによって，住民参加による在宅福祉を推進するといった先駆的な活動事例も多い。行政機関からの委託による事業も行っている。

福祉専門職

これらの社会福祉専門機関や施設では，福祉専門職が業務に携わっている。福祉専門職の法定の資格には**社会福祉士**，**精神保健福祉士**，**介護福祉士**，**保育士**，**介護支援専門員**（ケアマネジャー）などがあり，資格を得るための養成課程と試験制度が設けられている。そのほかには地方公務員となった後，その任に就くために要求される任用資格として**児童福祉司**，**社会福祉主事**などの資格がある。社会福祉援助は多くの場合，このような専門職者によって業務が遂行されている。専門職資格ではないが，法律に基づいて市町村の区域で地域社会の福祉の増進の役割を担う民間奉仕者として，民生委員法による**民生委員**が任命されている。民生委員は同時に，児童福祉法による**児童委員**としても任命されている。また，社会福祉施設の従事者として，上記の福祉専門職に加えて，生活指導・支援員，職業・作業指導員，理学療法士，作業療法士，心理・職能判定員，医師，保健師・助産師・看護師，児童生活支援員，児童厚生員，母子指導員，介護職員，栄養士，調理師等が働いている。

福祉サービス事業
経営者の義務

福祉サービス事業を経営する者の（努力）義務として，社会福祉法では，①情報の提供（第75条），②利用契約成立時の書面の交付（第77条），③福祉サービスの質の改善（第78条），④誇大広告の禁止（第79条）を定めている。これらの多くは努力義務であるが，②の利用契約時の書面の交付は義務規定となっている。福祉サービスを利用するための契約の内容およびその履行に関する事項について説明した上で，事務所の所在地，福祉サービスの内容，当該福祉サービスの提供につき利用者が支払うべき額，その他厚生労働省令で定める事項を記した書面を交付しなければならないとされている。

福祉サービスの
利用支援と権利擁護

他方では，利用側の権利擁護のための制度が当然，必要になる。

　日常生活自立支援事業は，日常生活を営むのに必要なサービスを利用するための情報の入手，理解，判断，意思表示を本人だけでは適切に行うことが難しい，認知症高齢者，知的障害者，精神障害者などの者に，**福祉サービスの利用援助，苦情解決制度の利用援助**等を行うものである。住宅改造，住居家屋の賃貸，日常生活上の消費契約および住民票の届出等の**行政手続きに関する援助**もあるし，預金の払い戻しや預け入れ，解約の手続きなど利用者の日常生活の管理が付随する。

　利用希望者の意向を確認しつつ，援助内容や実施頻度等の具体的な支援を決める「支援計画」が策定され，契約が締結される。なお，支援計画は，利用者の必要とする援助内容や判断能力の変化等利用者の状況を踏まえ，定期的に見直されることになっている。この事業は社会福祉法第81条の規定による「福祉サービス利用援助事業」として，都道府県・指定都市の社会福祉協議会が

実施している。また，この事業が適切に行われることを確保する
ほか，苦情を処理するために**運営適正化委員会**を設置することが
定められている（第83条）。

成年後見制度　これは，認知症高齢者，知的障害者，精
神障害者などのうち，判断能力が十分で
ない者を法的に支援して，その権利を守る仕組みである。民法の
禁治産者，準禁治産者の規定を見直して1999年に制度改正がな
され，2000年から施行された。**法定後見**は，本人，配偶者，四
親等以内の親族等の申し立てによって，家庭裁判所の審判によっ
て選ばれた成年後見人等（後見人・保佐人・補助人）が代理権・取
り消し権の行使や被後見人が行う法的行為への同意などを行うも
のである。また，将来判断能力が不十分な状態になった場合に備
えて，あらかじめ代理人（任意後見人）を選定し代理権を与える
契約（任意後見契約）を結ぶ任意後見制度もある。2016年に成年
後見制度の利用の促進に関する法律が制定され，政府には成年後
見制度利用促進基本計画の策定義務，市町村には計画策定の努力
義務が課されるなど，この制度の利用促進を推進する体制が強化
された。

地域福祉計画と包括的支援体制　上記のように，福祉サービスは多数の機
関，事業者，専門職によって推進されて
おり，これらが密に連携することによっ
て地域福祉が実現される。そのことは，政策的にも重要視されて
おり，2017年の社会福祉法の改正では，支援関係機関同士の連
携，そして地域住民等と支援関係機関との協力によって，地域生
活課題の解決に資する支援が**包括的に提供される体制**を整備する
ことが求められるとともに，**地域福祉計画**の策定がそれまでの任
意規定から努力義務に変更された（第10章参照）。これらの地域

福祉課題の遂行は，地域における福祉サービスの推進にかかわる関係者すべての協働にかかっており，今後の動向が注目される。

 Think Yourself

1 福祉サービスがパーソナルなサービスとされる理由について，具体例を挙げつつ説明しなさい。

2 福祉サービスの理念に含まれる「能力に応じた自立の支援」という概念について，参考文献を調べて，レポートしなさい。

3 障害者総合支援法における自立支援給付による障害福祉サービスの提供の仕組みを説明しなさい。

4 児童福祉サービスのシステムには，利用契約方式にはなじまない領域がある。そのことについて説明しなさい。

　貧困や疾病の社会的背景に関する実証的研究は、ティトマスが生涯研究を続けたテーマである。1962年の著書 *Income Distribution and Social Change*（写真）では、貧困を単に生計費の不足とか経済的な意味での欠乏ということではなく、不平等の概念でとらえ直す必要があることを明らかにしている。

　1950年代末のイギリスでは、内国歳入庁の所得統計において戦前に比べて所得の平等化が進んだことが示されていた。

Richard M. Titmuss

Income Distribution and Social Change

University of Toronto Press

これに疑念を呈したのがティトマスのこの本である。同統計では所得税課税対象外のキャピタルゲインなどが含まれていないため、高所得者の所得が低く見積もられて格差が隠蔽されており、相対的な貧困が拡大していると指摘した。さらに、人口構造・世帯構造・物的生活水準等にみられる社会変動を分析し、「現代社会における社会的疾病の原因と結果に関する知識の増大を受けて、われわれは貧困の再定義という課題に直面している。……社会変動とのかかわりの中で貧困概念をとらえ直し、さらに権力、権威、特権などのより複雑で専門化された諸制度との関連のもとで、貧困を解釈しなければならない」と主張した。

　この観点は1960年代の「貧困の再発見」の論議に大きな影響を与え、B. エーベル・スミス、P. タウンゼントらLSEグループといわれる人びとの貧困研究を促進させた。また、ティトマスのこの考え方は福祉権運動、子どもの貧困撲滅運動等の社会運動の理論的根拠ともなったのである。

第**9**章　関 連 政 策

　本章では，労働と雇用・住宅・教育政策の全体像を簡潔に解説する。雇用は労働者にとっての所得源であるとともに自己実現の機会であることから，社会保障制度が有効に機能するための前提であり，就労機会の保障と就業上の差別禁止が求められる。住宅は，人間生活に必須の絶対的ニードであり生存権保障の一環とされるべきものである。しかし，住宅が個人資産となる場合が多いこともあって，日本ではその確保が個人責任とされ，生存権保障としての位置づけが弱かった。また，教育は人間の資質を伸ばし開花させ，社会化と社会参加の基本的機能を果たすものであることから，教育の機会均等を確保するための政策として，教育現場での暴力の抑止・廃絶，障害児への教育施策，就学への経済的障壁の除去およびスクールソーシャルワークに関する制度の現状が検討される。

1 労働と雇用

　労働政策は賃金や労働時間などの労働基準，団結権・団体交渉権・争議権の労働3権，職業紹介や職業訓練，性別・年齢・障害の有無・国籍の違いなどによる雇用差別の禁止，職場におけるハラスメント防止など幅広い課題を含んでいる。この章ではその全体ではなく，福祉制度との関連における労働のテーマ，なかでも仕事に就いて収入を得るための雇用の政策を解説する。なお，失業時の求職者給付を中心とする雇用保険制度については第6章，労働者災害補償保険制度については第7章で解説した。

> **福祉国家のベヴァリッジ・モデル**

　ベヴァリッジ・レポートは社会保障計画が成功するための前提条件として，「A. 児童手当の支給，B. 疾病の予防・治療，労働能力の回復のための包括的な医療とリハビリテーション・サービス，C. 雇用の維持，すなわち大量失業の回避」の3点を挙げていた。「社会保障はある最低限度までの所得の保障を意味するものであるが，所得を支給するとともに，できるだけ速やかに収入の中断を終わらせるような措置を講ずべきである」との基本的考え方が背景にあったからである。

　完全雇用を前提としつつも，季節的な要因，産業構造の変動，景気循環，貿易相手国の経済状況など，十分にコントロールできない要因によって失業が発生するのはやむをえないのであるから，失業保険が必要である。しかし，勤労意欲を減退させるほどの給付は望ましくないと述べたのである。これは，完全雇用政策と社会保障政策の両者が相まってセーフティネットを形成するという

福祉国家のベヴァリッジ・モデルといわれている。

失業と完全失業率

失業を大きく分類すると**自発的失業，摩擦的失業，非自発的失業**に分けられる。摩擦的失業とは，転職等で次の職場に移るまでの間，一時的に失業状態になるものである。自発的失業や摩擦的失業は通常存在するものであるため，失業率がゼロになることはない。これらを反映した失業率は**自然失業率**といわれている。これに対して，非自発的失業とは労働者側には**労働供給**の意向があるが，企業側にそれに見合う**労働需要**がないという**労働市場**の需給の不均衡によってやむをえず起こる失業である。

　日本では総務省統計局の「労働力調査」によって就業雇用の状況が毎月，約4万世帯の標本について調べられている。この調査では，図9-1に示した15歳以上人口の就業状態の分類がなされ，そのうち**完全失業者**は次の3つの条件を満たす者とされている。①仕事がなくて調査週間中に少しも仕事をしなかった，②仕事があればすぐ就くことができる，③調査週間中に仕事を探す活動や事業を始める準備をしていた（過去の求職活動の結果を待っている場合を含む）。この定義からわかるように，調査週間中に仕事をせず探しもしなかった自発的失業者は「完全失業者」には入らない。このようにして把握された完全失業者を労働力人口で割った比率が**完全失業率**である。日本の完全失業率は，2010年には5％前後であったが，2019年には2％台に低下した。

完全雇用政策

古典派経済学では，労働市場で賃金が上下することで労働の需要と供給は一致点に達し不均衡は解消するから政府は介入すべきでないと考えられていた。これに対して，ケインズ経済学では，賃金は上がりこそすれ下がることは少ない，労働需要が不足するのは社会全体の需

図9-1　労働力調査における就業状態の分類（ILO基準）

```
                                              ┌ おもに仕事
                              ┌ 従業者  ────┤ 通学のかたわらに仕事
               ┌ 就 業 者 ┤          └ 家事などのかたわらに仕事
               │          └ 休業者
   ┌ 労働力人口 ┤
   │          └ 完全失業者
15歳以上人口 ┤
   │          ┌ 通学
   └ 非労働力人口 ┤ 家事
              └ その他（高齢者など）
```

従業者：調査週間中に賃金，給料，諸手当，内職収入などの収入を伴う仕事（以下「仕事」という。）を1時間以上した者。なお，家族従業者は，無給であっても仕事をしたとする。

休業者：仕事を持ちながら，調査週間中に少しも仕事をしなかった者のうち，雇用者で，給料，賃金の支払を受けている者又は受けることになっている者。なお，職場の就業規則などで定められている育児（介護）休業期間中の者も，職場から給料・賃金をもらうことになっている場合は休業者となる。雇用保険法に基づく育児休業基本給付金や介護休業給付金をもらうことになっている場合も休業者に含む。自営業主で，自分の経営する事業を持ったままで，その仕事を休み始めてから30日にならない者。

　なお，家族従業者で調査週間中に少しも仕事をしなかった者は，休業者とはしないで，完全失業者又は非労働力人口のいずれかとなる。

（出所）　総務省「労働力調査」。

要である**有効需要**が不足するからであるとして，政府による**財政政策**や**金融政策**によって有効需要を創出するための介入が必要であるとした。この理論が支持され，第二次世界大戦後は，インフレを抑制しつつ雇用創出を図るケインズ型の完全雇用政策が多くの国で採用された。

　しかし，1980年代以降になると，インフレ率と失業率の逆相関関係を示す**フィリップス曲線**の形状が安定しなくなる現象が現れ，これを説明するための新たな経済学理論が求められた。M.フリードマンらの**自然失業率仮説**はその一種である。世の中に貨

幣が増えたのは景気がよくなったからなのか，それともインフレのためなのか，人間がそれを判断できるまでには時間差がある。そうした時間差による**貨幣錯覚**に人びとはやがて気がつき，市場の働きによって失業率は自然失業率の水準に収まるという理論が唱えられたのである（福田・照山〔2011〕）。これは，ケインズ主義が否定されることであるから，それまでの経済政策を見直さざるをえなくなり，政府の仕事は貨幣供給量を管理するだけでよいという理論などが主流を占めることになった。

社会政策としての雇用対策

日本国憲法では第27条1項で「すべて国民は，勤労の権利を有し，義務を負ふ」とされている。また，国際人権規約（A規約）の第6条では「この規約の締約国は，労働の権利を認めるものとし，この権利を保障するため適当な措置をとる」とされている。勤労の権利に対して国家は，その権利が行使されるよう労働の機会を提供する責務がある。経済学では，主に，賃金水準が労働力需給を決定すると考えており，そうした観点からの政策は**経済政策**にあたる。しかし，現実には，性別，年齢，障害の有無，国籍の違い，職業能力など賃金以外にも就労を難しくしている要因はたくさんある。それらを除去して労働の機会を均等に提供することは国家の責務であり，そのための諸方策は**社会政策**に位置づけられる。

　失業して求職している期間に失業手当を支給するだけの政策は消極的労働市場政策と呼ばれる。これに対して，新たな職能を身につけさせるために職業訓練を行い人的資本の向上を目指すなどの方策は**積極的労働市場政策**と呼ばれている。日本の雇用の確保に関する法律制度の中には，そうした積極的労働市場政策に連なるものや雇用差別の禁止にかかわるものがある。

| 働き方改革 | 2018 年 7 月に「働き方改革を推進する ための関係法律の整備に関する法律」が |

成立し，関係法律の 1 つである雇用対策法（1966 年制定）が，「労働施策の総合的な推進並びに労働者の雇用の安定及び職業生活の充実等に関する法律」という長い名前に題名改正された。第 1 条の目的規定に，労働市場機能の適切な発揮，労働者の多様な事情に応じた雇用の安定，職業生活の充実，生産性の向上促進，労働者の能力の発揮と職業の安定・社会経済的地位の向上，そして完全雇用の達成が謳われている。

法改正により，従来から国の施策とされてきた 12 項目に，新たに 2 項目が追加された。いわゆるワークライフバランスの確保にかかわって，①労働時間の短縮等の労働条件の改善，多様な就業形態の普及及び雇用形態又は就業形態の異なる労働者の間の均衡のとれた待遇の確保に関する施策を充実すること。次いで，②疾病，負傷その他の理由で治療を受ける者の職業の安定を図るための施策である。従来からの 12 項目については，下記に略記する。③職業指導・職業紹介，④職業訓練・職業能力検定，⑤就職困難者の支援，⑥事業規模縮小による失業の予防，離職者の再就職の促進，⑦女性，⑧青少年，⑨高年齢者，⑩障害者の雇用の安定と促進，⑪不安定雇用状態の是正，⑫高度の専門的知識技術のある外国人の就業促進と雇用機会の確保，⑬地域的雇用構造の改善，⑭職業の安定，産業の必要とする労働力の確保に資する雇用管理の改善等のその他の施策となっている。

この法律は社会情勢の変化に応じて改正されてきており，2007 年の改正では，労働者の募集・採用において年齢にかかわりなく均等な機会を与えるべき責務が事業主に課せられた。つまり，年齢を表記した募集広告は禁じられている。

| その他の雇用関係法規 |

「障害者の雇用の促進等に関する法律（障害者雇用促進法）」(1960年)，「職業安定法」(1947年)，「職業能力開発促進法」(1969年)，「高年齢者等の雇用の安定等に関する法律（高年齢者雇用安定法）」(1971年)，「雇用の分野における男女の均等な機会及び待遇の確保等に関する法律（男女雇用機会均等法）」(1972年) など多くの法律がある。その中から若干のものについて簡単に紹介する。

障害者雇用促進法　この法律は，1960年に制定された。職業リハビリテーション，職業紹介，障害者職業センター，障害者職業カウンセラー，地域障害者職業センター，障害者就業・生活支援センター等により，障害者本人に対して，職業訓練や職業紹介，職場適応援助者等による職業リハビリテーションを実施し，各人の障害特性に応じたきめ細かな支援を行うことになっている。

また，事業主に対しては，身体障害者・知的障害者・精神障害者の雇用義務が課せられる**障害者雇用率制度**がある。雇用率は2018年4月から引き上げられ，民間企業が2.2%，国・地方自治体・特殊法人等が2.5%，都道府県等の教育委員会が2.4%となっている。なお，雇用率は2021年4月までに，さらに0.1%ずつの引き上げが予定されている。大企業等において，障害者を多数雇用するなど一定の要件を満たす会社（**特例子会社**）を設立した場合等，雇用率算定の特例も認めている。また，**障害者雇用納付金制度**として，雇用率を満たさない企業からは納付金が徴収され，この納付金をもとに雇用義務数より多く障害者を雇用する企業に対する調整金の支払い，また障害者を雇用するために必要な施設設備費等への助成がなされている。

男女雇用機会均等法　この法律は，1985年に「勤労婦人福祉法」の改正として制定された。事業主が，男女労働者を，募集・

採用，配置（業務の配分および権限の付与を含む）・昇進・降格・教育訓練，福利厚生，職種・雇用形態の変更，退職の勧奨・定年・解雇・労働契約の更新において，**性別を理由に差別**することを禁止している。

また，募集に当たって，身長・体重・体力を要件とすること，総合職募集において転居を伴う転勤を条件とすること，転勤経験を昇進の要件とすることは，「性別以外の事由を要件に，一方の性の構成員に他の性の構成員と比較して相当程度の不利益を与えるものを，合理的理由なく講じること」（厚生労働省）による**間接差別**として禁止されている（第7条）。

これらのほか，妊娠・出産等を理由とする女性の不利益な取り扱いの禁止，母性健康保持の実施，セクシュアルハラスメント対策の実施等の定めがある。加えて，男女労働者間に事実上生じている格差を解消するための自主的かつ積極的な取り組み（**ポジティブアクション**）をなすことは，差別ではないとされている。

また，2016年の改正により，妊娠・出産等に関するハラスメント防止措置，すなわち，上司・同僚等が職場において，妊娠・出産・育児休業・介護休業等を理由に就業環境を害することがないように防止措置を講ずべきことが事業主に義務づけられ，2017年1月1日から施行された。

高年齢者雇用安定法　　この法律は1971年に制定された。年金支給開始年齢の引き上げとの関連で，定年年齢の引き上げや**継続雇用制度**の導入により，高年齢者が引き続き働くことができるようにすることを主眼とした法律である。具体的には，法により，定年年齢は60歳以下にしてはならない。また，事業者には，65歳まで安定して働くことができるように，①定年年齢の引き上げ，②継続雇用制度，③定年規定の廃止のいずれかの措置をとるべき

義務が課されている。継続雇用制度とは，現に雇用している高年齢者が希望する時は，当該高年齢者をその定年後も引き続いて雇用する制度のことであるが，労使協定により基準を定めた場合は，希望者全員を対象としないことも可とされていたものが，2012年の改正では子会社等のグループ企業での雇用も可であるとして，継続雇用の希望者全員を対象にすることになった。

2 住 宅 政 策

生存権と住宅

　住宅（住居）は誰にとっても必要な基本的ニードであり，世界人権宣言（第25条）や国際人権規約（A規約第11条）には住居の保障を定めた条文がある。また，1996年トルコ・イスタンブールでの第2回国連人間居住会議（ハビタットⅡ）では「居住の権利宣言」が採択され，居住が独立した基本的権利であることが確認された。

　諸外国の住宅施策をみると，アメリカ，ドイツ，フランスでは住宅取得に関する融資やローン保証，補助金の給付などを行っているほか，イギリスでは公営住宅の払い下げを行ってきた。賃貸に関しては，上記の4カ国とも公営住宅を提供する施策のほかに**家賃補助**を行っている。アメリカでは低所得者世帯に対して家賃とは無関係に収入によって一定額のバウチャー（クーポン券）を交付している。イギリスは住宅給付金として低所得者や世帯について，公営住宅居住世帯は家賃減額，民間賃貸住宅居住世帯には家賃補助が行われている。ドイツやフランスでは，住宅手当として住宅費負担額に対する補助がなされている。日本では，住宅建設・購入に関しては諸外国と同様に，融資制度，住宅ローン減税

が行われているが，賃貸に関しては普遍的な家賃補助制度はなく，公営住宅や一部の特定優良住宅等において家賃の減免が行われている程度である。

日本国憲法の中には「住宅」という文字が入った条文はない。ただし，**公営住宅法**（1951年）では，「この法律は，国及び地方公共団体が協力して，健康で文化的な生活を営むに足りる住宅を整備し，これを住宅に困窮する低額所得者に対して低廉な家賃で賃貸し，又は転貸することにより，国民生活の安定と社会福祉の増進に寄与することを目的とする」（第1条）と規定されている。日本国憲法第25条にある「健康で文化的な生活」「社会福祉の増進」という言葉が用いられており，公営住宅が生存権保障の一環であることが明らかにされている。

「生活」の概念に住宅が含まれることは当然すぎることであるので，憲法では取り立てて「住宅」の文字が入らなかったのであろう。しかし，このことは，その後，日本の福祉政策から住宅が外れていく背景となった。

公営住宅　第二次世界大戦直後は戦災による家屋の焼失，海外引揚者の増加や建築資材の不足等で住宅不足が著しく，国民は住宅困窮状態にあり，まさに生存権の問題となっていた。1945年に当時の内務省土木局と厚生省社会局住宅課が合併して戦災復興院が設立され，それが48年に建設省（現在の国土交通省）として再出発した。この経緯の中で，厚生行政から住宅行政が取り外された。

厚生省は1951年に「厚生住宅法案」を国会に上程したが，建設省がこれに対抗して「公営住宅法案」を出してきたため，行政の一元化の名の下に公営住宅法に一本化され，厚生省案は低所得者対象の第2種公営住宅として盛り込まれた。当時の状況は次の

引用文に示されている。

> 「厚生省の厚生住宅法案は住宅困窮の高い者から入居させることをねらいとしており，福祉事務所のケースワーカーが申請者の生活状況をみて入居者を決めることになっていた。つまり福祉とリンクした住宅の施策であった。ところが公営住宅法では，入居者選定を抽選で行った。これでは，住宅困窮度との関係が不明確となる。たて割り行政が強いわが国の行政のなかで住宅政策は単に建てるだけの政策になってしまう。」（大本〔1985〕）

その後は抽選方式ではなくなっている。また，1996年の公営住宅法の改正において，低家賃の第2種の区分は廃止された。現在は，高齢者，障害者，母子世帯の入居を優先する措置がとられている。

公営住宅の毎月の家賃は，「毎年度，入居者からの収入の申告に基づき，当該入居者の収入及び当該公営住宅の立地条件，規模，建設時からの経過年数その他の事項に応じ，かつ，近傍同種の住宅の家賃以下で」事業主体が定める（第16条）となっており，近隣の家賃以下とするため，補助が行われている。毎年度，国は予算の範囲内において，当該公営住宅の近傍同種の住宅の家賃の額から入居者負担基準額を控除した額の2分の1を補助するという規定になっている。

生活保護の住宅扶助　　一方，公営住宅法が制定される前年の1950年に生活保護法が改正され，教育扶助，医療扶助とならんで住宅扶助が新設された。生活保護制度については第6章で解説しているが，同制度では住宅費を除く日常生活費として「生活扶助」の基準があり，これに「住宅扶助」「教育扶助」その他の扶助を世帯の状況に応じて足し算すること

で，最低生活費を算定している。地方によって住宅費は異なるので，都道府県が一定の範囲内で特別基準を定めることができるとされており，都道府県ごとに家族人数による上限額が設定されている。4万円前後が多いが，賃貸の場合，この金額で入居できるところを探すことになる。

生活困窮者自立
支援制度 2015年度からは，生活困窮者自立支援法による**住宅確保給付金**の支給制度が始まった。離職などにより住居を失った者，または失うおそれの高い者に，就職に向けた活動をするなどを条件に，一定期間，家賃相当額を支給する制度である。支給期間は原則3か月，支給額は生活保護制度における住宅扶助特別基準額以内となっている。

　福祉領域での住宅政策は，そのほかには「社会福祉法」（1951年）に規定された「簡易住宅の貸付や無料低額宿泊事業」がある。そして，これらの宿泊所に生活保護受給者が住宅扶助を受けて居住するということも行われている。また，養護老人ホームや母子生活支援施設などはそこで行われる福祉サービスが主眼というよりも住居の確保という意味合いをあわせもっている。

公庫・公団・公社 戦後の住宅不足への対応は，財政難であることから，民間の自力建設を促すため，1950年に「住宅金融公庫法」が制定され，長期低利の住宅資金融資を行う**住宅金融公庫**（現在の住宅金融支援機構）が設立された。復興が進むと，高度経済成長期への移行過程で，大都市地域への人口の大量流入による住宅不足が問題となった。これに対処するため，1955年に「日本住宅公団法」が制定され，**日本住宅公団**（現在の都市再生機構に継承）が設立された。公団は，大都市地域において中堅勤労者向けの賃貸住宅，分譲住宅および宅地の供給を

行った。そのほかに，大都市以外で住宅が不足している地方での住宅供給を進めるため1965年に「地方住宅供給公社法」が制定され，都道府県や政令指定都市に**住宅供給公社**が設立された。公社は，各地で，勤労者の持ち家の取得を容易にするための「積立分譲住宅制度」によって住宅供給を行った。

　持ち家は個人の資産形成となるがゆえに生存権保障といった意味合いが薄れ，基本的には個人ないし世帯が自力で解決すべき問題とされてきた。「公庫・公団・公社」による住宅供給の基本は持ち家政策であり，住宅を取得することが一生の夢とされ，住宅ローンの支払いに追われる逼迫した家計，遠距離通勤等の生活問題をもたらした。

> **住生活基本法**

国は，住宅建設計画法（1966年）に基づいて数次にわたる住宅建設5カ年計画を推進してきたが，第8次計画をもって終了し，この法律は2006年に廃止された。それに代わって制定されたのが住生活基本法（2006年）である。少子高齢化，人口減少により将来の必要戸数は減少する一方であるから，量的整備の段階は終わり，堅固で良質な長く使える住宅ストックを多くして，中古住宅市場を活性化するという基本思想がある。**住生活基本計画**として国（国土交通大臣）が全国計画を策定し，それに則して都道府県が都道府県計画を策定する体制である。

> **特定優良賃貸住宅**

日本では，普遍的な家賃補助制度はない。ただし，「特定優良賃貸住宅の供給の促進に関する法律」（1993年）に基づいて，都道府県知事から認定を受けた事業者が**特定優良賃貸住宅**を建設した場合，国と都道府県から補助金が支出されることになっている。また，家賃の減額を行った場合は都道府県，国から一定期間（認定管理期間という）

補助金が支出されることになっているので，その部分が実質的に家賃補助に相当することになる。なお，家賃は建設に要した諸々の費用を超えて設定することが禁じられている。上記は民間事業者が建設した場合であるが，地方自治体や公社が建設，運営することもできる。

高齢化が急速に進む中で，高齢の単身者や夫婦のみの世帯が増加しており，介護・医療と連携して高齢者を支援するサービスを提供する住宅を確保することがきわめて重要である一方，サービス付きの住宅の供給は，欧米各国に比べて遅れてきた。2011年に「高齢者の居住の安定確保に関する法律」が改正され，バリアフリー構造等を有し，介護・医療と連携し高齢者を支援するサービスを提供する**サービス付き高齢者向け住宅**の都道府県知事への登録制度が設けられた。国土交通省と厚生労働省の共管制度である。

　登録基準として，床面積（原則25m^{2}以上），便所・洗面設備等の設置，バリアフリーの構造をもつ住宅において，少なくとも安否確認・生活相談サービスを提供することが求められている。国は，サービス付き高齢者向け住宅として登録される住宅等の建設・改修費に対し，民間事業者・社会福祉法人・医療法人等に直接補助を行うことになっている。その他，税制上の優遇措置がなされている。

3　教育政策

教育政策は，教育の目的・内容，学校制度，教員の確保と資質向上，運営組織等

に関する固有の領域を取り扱うものであるが，一方では**機会の平等**に関する社会政策としての側面をもっている。日本国憲法では第26条において，次のように教育を受ける権利と教育を受けさせる義務が定められている。

第26条　すべて国民は，法律の定めるところにより，その能力に応じて，ひとしく教育を受ける権利を有する。

2　すべて国民は，法律の定めるところにより，その保護する子女に普通教育を受けさせる義務を負ふ。義務教育は，これを無償とする。

また，教育権は世界人権宣言（第26条），国際人権規約（A規約第13条）にもその定めがある普遍的権利である。

T. H. マーシャルは，シティズンシップにおける社会的権利の発達に関して，社会サービス制度とともに教育制度の発達が大きな影響を与えたと分析している（Marshall〔1967〕）。イギリスの公教育は，1870年の初等教育法から始まった。91年には公立初等教育が無償になり，1902年の教育法では労働者階級に中等教育の門戸を拡げ，44年の教育法において，義務教育年限を15歳に引き上げ，すべての児童に中等教育を保障するとともに，教育体系を初等，中等，高等という3つの進学課程に再編成した。マーシャルは，教育制度の「目標とするところは，世襲的な特権を取り除くこと」であり，機会の平等に対する社会的権利の発達の駆動力になったと位置づけている。

日本の教育制度略史　　日本の教育制度は，時期的にはイギリスの歴史と重なるように発展した。1871年に文部省が設置され，翌72年に「学制」が発布された。79年には「教育令」に受け継がれ，さらに83年には「小学校令」「中学校令」「師範学校令」「帝国大学令」の規定が整備され，1900

年には尋常小学校4年の義務制が実現した。授業料を無償化したことで05年には就学率が95％を超えている。そして，07年に義務教育年限が6年に延長された。

　第二次世界大戦が終了すると，日本国憲法に基づいて1947年に教育基本法，学校教育法等が制定されて，義務教育年限9年の新制小中学校が発足した。48年度には新制高等学校が発足したほか，翌49年には新制大学が発足し，「私立学校法」が制定され，戦後の教育制度の形が整った（徳永〔2012〕）。その後，数十年を経て，2006年に教育基本法が全面改正され，翌07に学校教育法，地方教育行政の組織及び運営に関する法律，教育職員免許法（教育三法）等が改正された。

```
教育基本法
```
　教育に関する社会政策の最重要課題は**教育の機会均等の確保**にあるが，それは同時に教育政策の根本であって，日本の教育基本法第4条では次のように定められている。

　　第4条　すべて国民は，ひとしく，その能力に応じた教育を受ける機会を与えられなければならず，人種，信条，性別，社会的身分，経済的地位又は門地によって，教育上差別されない。

　　2　国及び地方公共団体は，障害のある者が，その障害の状態に応じ，十分な教育を受けられるよう，教育上必要な支援を講じなければならない。

　　3　国及び地方公共団体は，能力があるにもかかわらず，経済的理由によって修学が困難な者に対して，奨学の措置を講じなければならない。

障害のある人への 教育制度

盲・ろう・養護学校　教育基本法と同時に公布された学校教育法により知的障害者，肢体不自由者，病弱者（身体虚弱者を含む）のための「養護学校」の制度がつくられた。翌年には学齢に達した盲・聾唖児に盲・聾学校への就学が義務づけられた。こうして「盲学校」「ろう学校」「養護学校」の3種の学校が，特殊教育（現在の特別支援教育）を行う学校として法制化された。ただし，1979年以前は養護学校が義務化されておらず，重度・重複障害者は**就学猶予**や**就学免除**として，自宅や障害者入所施設に待機していた。79年の義務教育化以降，重度・重複障害者も養護学校へ就学することになった。

特別支援学校　障害のある子どもの学校教育において，それまで「盲学校」「ろう学校」「養護学校」に区分されていた制度が，2007年4月1日から「特別支援学校」に一本化された。特別支援学校は，視覚障害，聴覚障害，知的障害，肢体不自由のある者または病弱者に対して，幼稚園，小学校，中学校または高等学校に準ずる教育を施すとともに，障害による学習上または生活上の困難を克服し自立を図るために必要な知識技能を授けることを目的とするものである（学校教育法第72条）。これらの教育は，障害の種類によらず1人ひとりの特別な教育的ニードに応えていくという**特別支援教育の理念**に基づいて行われる。

　特別支援学校には，幼稚部，小学部，中学部，高等部，高等部の専攻科がある。自宅からの登校が困難でなおかつ重度の障害児のために，教員が生徒の自宅へ出向く訪問学級を置いているところもある。また，特別支援学校は在籍する生徒に教育を施すだけでなく，地域の幼稚園，小・中・高等学校に在籍する生徒の教育に関する助言・支援，いわゆる「センター的機能」も担うよう定

義されている。なお、特別支援教育は、特別支援学校のみで行われるものではなく、学校教育法において幼稚園、小学校、中学校、高等学校等、中等教育学校においても行われるものであることが定められている（第81条）。

就学援助制度

日本国憲法では義務教育は無償とされているが、実際の制度で無償になっているのは授業料と教科書のみである。しかし、就学するには、そのほかに、学用品費、体育実技用具費、新入学児童生徒学用品費等、通学用品費、通学費、修学旅行費、校外活動費、クラブ活動費、生徒会費、PTA会費、医療費、学校給食費などの経費がかかる。学校教育法では、「経済的理由によって就学困難と認められる学齢児童又は学齢生徒の保護者に対しては、市町村は、必要な援助を与えなければならない」（第19条）とされており、上記の経費を対象として就学援助制度が設けられている。

就学援助の対象者は、①要保護者（生活保護法第6条2項に規定する要保護者）と②準要保護者（市町村教育委員会が要保護者に準ずる程度に困窮していると認める者）に分けられている。

高校生・大学生への
就学・修学支援

国際人権規約（A規約）第13条では、中等および高等教育の漸進的無償化が定められているが、日本は条約の批准後も高校・大学は無償でなく、この部分を留保していた。この解除がなされたのは、高等学校等就学支援金の支給に関する法律が2010年に公布された後の2012年のことであった。

公立高等学校・公立特別支援学校の高等部、高専の1～3年次等の入学者については2014年度から、一定の所得制限の下で、国が授業料に相当する経費を都道府県に交付することで授業料を無償にした。私立高校等の生徒の場合は、国が高等学校就学支援

金を本人に支給する制度であるが，実際には本人に代わって学校が受け取ることになっている。このほか，授業料以外の教科書費・教材費などに関する教育費支援として，生活保護世帯や住民税所得割の非課税世帯を対象とする**高校生等奨学給付金制度**も設けられた。

　また，2019年には「大学等における修学の支援に関する法律」が成立し，消費税の増税分を財源として，2020年度から低所得世帯の大学・短大・高専・専門学校の学生に対して，入学金・授業料の減免と給付型奨学金の制度が始まった。

〈いじめ〉の防止　2013年には「いじめ防止対策推進法」が成立した。〈いじめ〉は，被害を受けた児童等の教育を受ける権利を著しく侵害し，その心身の健全な成長および人格の形成に重大な影響を与えるのみならず，その生命または身体に重大な危険を生じさせるおそれがある（第1条）。この認識に立って，その防止等のための対策を総合的かつ効果的に推進するためのものである。国および地方自治体等の責務と〈いじめ〉の防止等のための対策に関する基本的な方針の策定について定めている。国は「いじめ防止基本方針」の策定が求められ，地方自治体は，基本方針を参考にし，その地域の実情に応じた「地方いじめ防止基本方針」の策定に努めることが求められている。また，個々の学校に対しては，その学校の実情に応じた同様の基本的な方針の策定を求めている。

不　登　校　2018年度の小・中学校における，不登校児童生徒数は約16万4000人であった（文部科学省「児童生徒の問題行動等生徒指導上の諸問題に関する調査」）。2005年に学校教育法施行規則が改正され，不登校の児童生徒の実態に配慮した特別の教育課程を編成して教育を実施する必要が

あると文部科学大臣が認める場合，教育課程の基準によらずに特別の教育課程を編成して教育を実施することができるとされている。たとえば不登校児童生徒等の学習状況に合わせた少人数指導や習熟度別指導，個々の児童生徒の実態に即した支援（家庭訪問や保護者への支援等），学校外の学習プログラムの積極的な活用など指導上の工夫をすることが望ましいとされている。

| スクールソーシャル ワーカー活用事業 | 文部科学省は2008年度から，スクールソーシャルワーカー活用事業を開始している。「いじめ，不登校，暴力行為，児 |

童虐待など，児童生徒の問題行動等の状況や背景には，児童生徒の心の問題とともに，家庭，友人関係，地域，学校等の児童生徒が置かれている環境の問題が複雑に絡み合っている」との考えに基づくものである。そのためには，教育分野に関する知識に加えて，社会福祉等の専門的な知識や技術を有するスクールソーシャルワーカーを活用し，次の任務を担当させることとした。

1. 問題を抱える児童生徒が置かれた環境への働き掛け
2. 関係機関等とのネットワークの構築，連携・調整
3. 学校内におけるチーム体制の構築，支援
4. 保護者，教職員等に対する支援・相談・情報提供
5. 教職員等への研修活動等

これまで概観してきたように，就学上の経済的支援のみでなく，児童生徒の行動面における相談支援への対策が導入されることで，教育と社会福祉の関連は強化されつつある。

Think Yourself

1. 日本の完全失業率の定義を述べなさい。

2. 障害者雇用について，公的機関・民間企業の別，企業規模，産業別等の区分で達成状況，ならびに雇用率未達成企業の特徴を調べてレポートしなさい。

3. 公営住宅の入居資格における福祉的配慮としてどのような方策がなされているか調べてレポートしなさい。

4. 特別支援学校以外の学校における特別支援教育はどのように行われているか調べてレポートしなさい。

COMMITMENT
TO WELFARE

Richard M. Titmuss

unwin
university
books

　ロンドン大学LSE校でティトマスが
教授を務めた学部は1912年に創設され
た社会科学・行政学部（Department of
Social Science and Administration）で
あるが，彼の死の20年後の93年に社会
政策学部へと名称が変更された。LSEの
ホームページでは，社会政策学が次のよ
うに定義されている。

　「社会政策学は，社会的ニードへの社
会的対応を分析する学際的応用的学問で
あり，学生には経済学，社会学，心理学，
地理学，歴史学，法学，哲学そして政治学といった幅広い領域の理論
と実証を修得することが求められる。社会政策学は，人間存在の経済
的・社会的・政治的な側面における諸方策に焦点を合わせており，人
間の基本的ニードには，食物と住居，持続的で安全な環境，健康の増
進と疾病の治療，自立が困難な人びとへのケアと支援，そして，社会
への完全参加に必要な教育と訓練が含まれている。」（LSEホームペー
ジ，筆者訳）

　この引用文の冒頭にある「社会的ニードへの社会的対応の分析」と
いう研究枠組みは，もともと1967年の社会行政学会（現・社会政策
学会）の設立総会におけるティトマスの記念講演における，「私たち
は，基本的には一連の社会的ニードの研究と，欠乏状態の中でこれら
のニードを充足するための組織（それは伝統的には社会的諸サービス
とか社会福祉と呼ばれるものである）がもつ機能の研究に携わること
になる」という発言に由来するものである。

　この講演は論文集 *Commitment to Welfare*（写真）に収載されて
おり，日本でも三浦文夫によって翻訳された。平岡〔2011〕はこう
した社会政策論を「ニード基底型社会政策・運営論」と呼んでいる。

第10章 社会福祉の計画と評価

　日本では，国の経済計画は戦後の比較的早い時期から策定されてきたが，福祉分野の計画は遅れていた。市町村が福祉の計画に乗り出したのは1990年代半ば以降である。それは，消費税導入を背景としつつ，全国津々浦々の市町村において高齢者介護の提供体制を構築するために，市町村に計画策定を義務づけたからである。そのことは市町村における福祉の計画行政の始まりを告げるもので，他の福祉分野における計画化へと波及することになった。本章では，そのような歴史を概観した後に，計画の立案と評価をめぐる基礎的な事項を解説する。

1 国の経済計画と社会計画の展開

> **経済計画**

計画という政策の形式が日本で初めて登場したのは，1955年の「経済自立5箇年計画」であり，政府の経済計画として正式に鳩山内閣で閣議決定された。続く岸内閣では「新長期経済計画」が作成され，その後の池田内閣では有名な「国民所得倍増計画」が60年に決定された。その後，60年代には経済計画や開発計画が相次ぎ，政府がこうした計画で産業振興への積極的資源配分意向をもつことを文書として示すことで，民間企業の設備投資が促進され，また，産業の基盤である社会資本を充実させるための投資への積極的な財政対応を導き，高度経済成長がもたらされた。

> **社会計画**

しかし，その逆機能として，地域共同体の崩壊，公害の垂れ流しのような反福祉的状況も現れ，1970年前後には経済成長のみを掲げる政策が「くたばれGNP」のスローガンの下に批判された。GNP（国民総生産）に代わる新しい指標としてNNW（国民純福祉）を求める方向に，政策転換が迫られた。70年前後からそれらの名称が経済計画ではなく経済「社会」計画に変わったのは，経済開発によるそうしたひずみ是正のための社会開発が重視されるようになったことの反映である。社会計画とは，教育，住宅などの生活環境，保健医療，社会福祉のように産業経済政策とは直接結びつかない側面に関する政策目標達成のための手段を体系化したものを指している。

こうした包括的経済計画や経済社会計画が策定される過程で，

表10-1　法律に基づく福祉関係の計画一覧

制定／ 改正年	計画名称	根拠法
1985	医療計画	医療法
1990	老人保健福祉計画	老人福祉法・老人保健法
1993	障害者基本計画	障害者基本法
1997	介護保険事業計画	介護保険法
2000	地域福祉計画	社会福祉法
2002	健康増進計画	健康増進法
2003	次世代育成支援行動計画	次世代育成支援対策推進
2004	都道府県障害者計画の義務化	障害者基本法
2005	障害福祉計画	障害者自立（総合）支援法
2007	市町村障害者計画の義務化の施行	障害者基本法
2012	子ども・子育て支援事業計画	子ども・子育て支援法
2016	障害児福祉計画	児童福祉法
2016	成年後見制度利用促進基本計画	成年後見制度利用促進法
2017	地域福祉計画の努力義務化	社会福祉法

その社会保障版として1961年には「厚生行政長期計画基本構想」，70年には「厚生行政の長期構想」，その社会福祉版として71年には「社会福祉施設緊急整備5か年計画」などが作成された。

目白押しの福祉計画　1990年代以降になると，表10-1に示すように，福祉計画の法制化が相次いでいる。その少し前の84年には，社会福祉協議会の全国組織である全国社会福祉協議会から『地域福祉計画——理論と方法』が刊行されている。これは，83年の社会福祉事業法の改正によって市町村社会福祉協議会が法制化され，地域における計画能力を備えた中核的福祉推進機関となることを戦略として，そのための指導書として作成されたものであるため，そうした取り組みが地域レベルで行われていたことは確かである。

　また，地方自治体が策定する基本構想の中で，社会福祉として

取り組む施策が列挙されることが多くみられてきたし，東京都や神戸市など一部の地方自治体には，先駆的に独自の社会福祉計画を策定するところもあった。しかし，法律の定めによって国はもとよりすべての都道府県・市町村が計画を作成しなければならないとされた点で，1990年代以降の福祉計画はそれ以前の自主的計画とは一線を画すものである。

消費税と ゴールドプラン

この背景として，1989年の消費税導入が挙げられる。当初は3％，94年の税制改革で5％への引き上げ（地方消費税1％を含む）が行われ，97年度から実施された。このいずれの場合も，新税導入ないし税率引き上げの大義名分となったのが高齢社会への備えとしての福祉の充実である。

　1989年の暮れに発表された**ゴールドプラン**（高齢者保健福祉推進10か年戦略）の前文には次のように記されていた。すなわち，「我が国は，いまや平均寿命80年という世界最長寿国になり……明るい活力のある長寿・福祉社会としなければならない。このため，消費税導入の趣旨を踏まえ……今世紀中に実現を図るべき10か年の目標を掲げ」高齢者保健福祉の公共サービス基盤整備を強力に推進すると記されている。94年末に改訂された新ゴールドプランでも，「平成7年度予算編成に際して，今次税制改革における措置を含め……財源を追加的に措置することとする」と記されている。その3年後に成立したのが**介護保険法**であり，これを着実に実施するために99年に「ゴールドプラン21」（今後5か年間の高齢者保健福祉施策の方向）に改訂された。

2 福祉計画の法制

　消費税導入をきっかけとして，日本の福祉行政の計画化が一気に進むことになった。というのは，ゴールドプランが国のかけ声だけで終わってしまわないように，1990年に老人福祉法と老人保健法が改正され，すべての自治体に老人保健福祉計画の策定が義務化されたからである。自治体にとっては外からやってきた動機であるから，熱意の程度はさまざまであったが，94年度までには全国の自治体で老人保健福祉計画が出そろった。

　この動きは，高齢者福祉分野にとどまらず，その後1997年に成立した介護保険法においても介護保険事業計画が義務化され，続いて障害者基本法における障害者計画の義務化，障害者総合支援法における障害福祉計画，子ども・子育て分野における諸計画の義務化，そして地域福祉計画の努力義務化へと広がっていった。

> **高齢者福祉分野の計画法制**

老人福祉法では市町村老人福祉計画の定めとして，「老人居宅生活支援事業及び老人福祉施設による事業の供給体制の確保に関する計画を定める」ものとしている（第20条の8）。また，都道府県は，「市町村老人福祉計画の達成に資するため，各市町村を通ずる広域的な見地から，老人福祉事業の供給体制の確保に関する計画を定める」ものとされている（第20条の9）。

　計画に含める内容としては，老人福祉事業の目標量と確保策などとなっている。その際，「身体上又は精神上の障害があるために日常生活を営むのに支障がある老人の人数，その障害の状況，その養護の実態その他の事情を勘案」することとされている（第

20条の8）。また，それぞれの計画は，介護保険法における「介護保険事業計画」と一体のものとして作成することとされているので，実際には次に述べる介護保険事業計画に包含されている。

介護保険法　　介護保険は要支援・要介護認定を受けた被保険者が利用する介護サービスの費用の90％を給付するというものである。「保険あって介護なし」という事態を避けるため「保険給付の円滑な実施に関する計画」を作成すべしとされている。「円滑な実施」のためには所要の介護費用総額を把握するとともに介護サービスの提供体制が整えられていなければならない。

まず，国（厚生労働大臣）が，介護保険事業に係る保険給付の円滑な実施を確保するための基本指針を定め（第116条），それを勘案して市町村が3年を1期とする介護保険事業計画を定めることになっている（第117条）。都道府県も国が定める基本指針に則して3年を1期とする計画を策定することになっているが，こちらの場合は，「支援」という文字が加わった都道府県介護保険事業支援計画となっている（第118条）。

これらの計画に盛り込むべき事項がそれぞれ法に規定されている。市町村計画の場合を挙げると，介護施設の種類ごとの必要定員数や介護サービスの種類ごとの量の見込み，地域支援事業の見込み，介護予防サービス事業者間の連携の確保策，医療や住宅施策との連携や自立した日常生活の支援策などとなっている。

老人保健計画から健康増進計画へ　　老人保健法では，市町村と都道府県それぞれに40歳以上を対象とした医療以外の保健事業に関して老人保健福祉計画を定めることとされていた。しかし，2008年度に同法が「高齢者の医療の確保に関する法律」へと改正されて以降は，同法による特定健康診査および特定保健指導以外の保健事業の部分は健康増進法に引き継がれ，健康増進計画の

中にその部分が組み込まれることになった。まず，都道府県が健康増進の基本計画を策定し，市町村はそれを勘案して住民の健康の増進に関する計画を策定するものとされている。国は，この計画に基づく事業について，都道府県，市町村の予算の範囲内で補助するものとされている。計画に対する補助が明記されているのは他ではあまりみられないものである。

障害者福祉分野の
計画法制

障害者基本法　障害者の受けている社会的不利は福祉サービスだけで解決されるものではない。住宅，教育，雇用，生活環境・公共施設そのほかの建物のバリアフリー化，コミュニケーション，社会参加など各般に及ぶため，厚生労働省主管の計画ではなく，政府全体が取り組むものとして障害者基本法に計画規定がおかれてきた（障害者基本計画）。障害者基本法は，心身障害者対策基本法の改正（1993年）により題名が改正されたもので，その際に計画に関する条項も設けられた。当初は，計画の策定義務は国のみに課されており，都道府県と市町村は策定の努力をすることとされていたが，2004年の改正によって都道府県と市町村（07年施行）にも策定義務が課された。また，同改正によって障害者基本計画の実施状況を監視し勧告を行う機関として内閣府に**障害者政策委員会**が設置されている。

　最初の障害者基本計画は1995年に策定された「障害者プラン──ノーマライゼーション7か年戦略」である。7年後の2002年には第2次計画（10年計画），そして13年度からは第3次計画（5年計画）が始まった。国連の**障害者権利条約**の批准にむけた条件整備が同計画の主な内容であった。障害者差別解消法制定など国内法の整備が進み同条約は14年に批准された。18年度からの第4次計画（5年計画）は，批准後最初のものとして，条約の理念で

ある**障害の社会モデル**を反映した内容となっている。

障害福祉計画（障害者総合支援法）　　障害者基本計画が関係省庁の施策を横断的に盛り込んだ，障害者に焦点を合わせたソーシャル・ポリシーといえるものであるのに対して，より範囲を限定したいわゆる障害者福祉の計画は，2005年に成立した障害者自立支援法の規定として法制化され，13年の障害者総合支援法への改正においても引き続き規定されている。

> 第87条（基本指針）　厚生労働大臣は，障害福祉サービス及び相談支援並びに市町村及び都道府県の地域生活支援事業の提供体制を整備し，自立支援給付及び地域生活支援事業の円滑な実施を確保するための基本的な指針（以下「基本指針」という。）を定めるものとする。
>
> 第88条（市町村障害福祉計画）　市町村は，基本指針に即して，障害福祉サービスの提供体制の確保その他この法律に基づく業務の円滑な実施に関する計画（以下「市町村障害福祉計画」という。）を定めるものとする。
>
> 第89条（都道府県障害福祉計画）　都道府県は，基本指針に即して，市町村障害福祉計画の達成に資するため，各市町村を通ずる広域的な見地から，障害福祉サービスの提供体制の確保その他この法律に基づく業務の円滑な実施に関する計画（以下「都道府県障害福祉計画」という。）を定めるものとする。

上記の条文から読み取れるように，障害福祉計画は福祉サービスの**提供体制の確保**に焦点を当てたものになっている。

障害児福祉計画　　障害児福祉関係の計画化は遅れていたが，児童福祉法の2016年の改正により策定義務が課され，障害福祉計画と一体のものとして2018年度から策定されることになった。国が定める基本指針（第33条の19）に

基づいて，市町村では障害児通所支援および障害児相談支援の提供体制の確保に係る目標に関する事項など（第33条の20）が，都道府県では通所支援，相談支援の他，各年度の指定障害児入所施設等の必要入所定員総数など（第33条の22）を盛り込むこととされている。

児童福祉分野の計画法制

児童福祉の分野でも，1994年12月にエンゼルプラン（今後の子育て支援のための施策の基本的方向について）が，当時の文部省，厚生省，労働省，建設省連名で作成され，同時に，具体的にサービス供給目標量を定めた「緊急保育対策等5か年事業」が大蔵・厚生・自治3大臣合意で作成されている。これらは，少子化対策ということで，児童福祉だけではなく幅広い分野での取り組みが必要なため，政府の少子化対策推進関係閣僚会議が組織された。とくに法律による規定はなく，99年12月には新エンゼルプランへと改訂された。保育サービス関係，雇用，相談・支援体制，母子保健，教育，住宅などの総合的な実施計画として策定されるとともに，計画の最終年度である2004年度に達成すべき目標が定められた。

少子化社会対策基本法に基づく計画　　少子化傾向がますます明らかになるにつれ，その対策は国の重要政策に位置づけられるようになった。2003年には少子化社会対策基本法が成立し，これに基づいて少子化社会対策大綱が策定された。04年には，少子化社会対策大綱の具体的実施計画として「少子化社会対策大綱に基づく重点施策の具体的実施計画について」（子ども・子育て応援プラン），また10年には「子ども・子育てビジョン」が閣議決定され，14年を目標とする保育，社会的養護等多くの政策分野にわたる数値目標が掲げられた。

次世代育成支援対策推進法　2003年には次世代育成支援対策推進法が成立している。この法律は，次世代育成支援対策を総合的・効果的に推進するために，国が定める行動計画指針に基づいて，一般事業主および特定事業主が行動計画を策定するよう義務づけたものである。法制定当初，一般事業主は従業員300人を超える事業所であったが，現在では従業員100人を超える事業所になっている。また，これら一般事業主が適切な次世代育成支援の計画を策定し目標を達成する等所定の基準を満たした時は，厚生労働大臣がそれを認定し，広告等に認定一般事業主を表示することを可としている。

　特定事業主とは，国及び地方公共団体の機関の長またはそれらの職員で政令で定めるものとされており，具体的には教育委員会や警察関係が該当する。また，都道府県と市町村については，各々行動計画を5年ごとに5年を1期として策定「するものとする」との義務規定があり，国は都道府県または市町村の計画に定められた措置の実施に要する経費に充てるため，予算の範囲内で，交付金を交付できることになっている（第11条）。

子ども・子育て支援事業計画　2012年に成立した子ども・子育て支援法では，①内閣総理大臣が策定する基本指針（第60条）に基づいて，市町村（第61条）および都道府県（第62条）が各々5年を1期とする「子ども・子育て支援事業計画」を策定するものと定められている。その内容は，「教育・保育及び地域子ども・子育て支援事業の提供体制を整備し，子ども・子育て支援給付及び地域子ども・子育て支援事業の円滑な実施の確保その他子ども・子育て支援のための施策を総合的に推進する」ことにある。国の基本指針では，子ども・子育て支援の意義を明らかにし，「子ども・子育て支援給付に係る教育・保育を一体的に提供する

体制その他の教育・保育を提供する体制の確保及び地域子ども・子育て支援事業の実施に関する基本的事項」「支援事業の量の見込み」「職業生活と家庭生活の両立」を図るための雇用環境の整備などが盛り込まれている。

子どもの貧困対策計画　　2013年に子どもの貧困対策の推進に関する法律が成立し，国に対して大綱の策定義務を課すとともに，都道府県に対しては「子どもの貧困対策計画」の策定に努めることとした。

地域福祉計画　社会福祉法が2000年に改正された際に，市町村地域福祉計画（第107条）と都道府県地域福祉支援計画（第108条）の定めが設けられた。市町村計画では，(1)地域における福祉サービスの適切な利用の推進に関する事項，(2)地域における社会福祉を目的とする事業の健全な発達に関する事項，(3)地域福祉に関する活動への住民の参加の促進に関する事項が計画の内容として求められた。都道府県では，(1)市町村の地域福祉の推進を支援するための基本的方針に関する事項，(2)社会福祉を目的とする事業に従事する者の確保または資質の向上に関する事項，(3)福祉サービスの適切な利用の推進および社会福祉を目的とする事業の健全な発達のための基盤整備に関する事項となっていた。しかし，計画の策定は任意とされていたため，策定が進まない市町村があるなど，実効性が課題となっていた。

その後，「ニッポン一億総活躍プラン」（2016年6月2日閣議決定）や「『地域共生社会』の実現に向けて（当面の改革工程）」（2017年2月7日厚生労働省「我が事・丸ごと」地域共生社会実現本部決定）などに示される政府の方針により，地域包括ケアシステムの強化のための介護保険法等の一部を改正する法律（2017年）に

より，社会福祉法の一部が改正され，地域福祉計画がそれまでの任意規定から努力義務規定に変更された。

　この法改正全体のねらいが，「(1)地域共生社会の実現に向けて，地域福祉の推進の理念として，地域住民等は，福祉サービスを必要とする地域住民及びその世帯が抱える様々な分野にわたる地域生活課題を把握し，その解決に資する支援を行う関係機関との連携等によりその解決を図る旨を追加すること，(2)市町村は，地域住民等及び地域生活課題の解決に資する支援を行う関係機関の地域福祉の推進のための相互の協力が円滑に行われ，地域生活課題の解決に資する支援が包括的に提供される体制を整備するよう努めるものとすること，(3)市町村及び都道府県は，それぞれ市町村地域福祉計画及び都道府県地域福祉支援計画を策定するよう努めることとするとともに，計画の記載事項として福祉に関し共通して取り組むべき事項を追加すること等」（厚生労働省）にあり，計画に盛り込むべき内容もそれに資すべく拡張されるとともに，計画の進行管理と評価に関する規定も設けられた。

　すなわち，従来からの3項目に加え，「地域における高齢者の福祉，障害者の福祉，児童の福祉その他の福祉に関し，共通して取り組むべき事項」が加わるとともに，計画の推進にあたって，「定期的に，その策定した市町村地域福祉計画について，調査，分析及び評価を行うよう努めるとともに，必要があると認めるときは，当該市町村地域福祉計画を変更する」というPDCAサイクル（第4節で後述）の確保が規定された。

3 政策と計画

　計画の特性　　グレンナースターは，1970年代におけるイギリスの社会計画の経験を踏まえて，「社会計画とは，社会政策の高度に一般的な方針の決定と日々の行政実務との中間における意思決定段階であり，社会政策を実施するために必要となる優先順位の決定，資源の配分，サービス供給体制の設計を行うものである」と述べている（Glennerster〔1981〕）。この定義を参考にすると，総理大臣が国会の施政方針演説で社会福祉の充実を強調しても，それは国の政策ではあるけれども計画ではない。それが計画であるためには，社会福祉の充実を行うためにはどういった施策をどの程度重視し，どういった仕組みで実施し，いつまでにどの程度の成果をもくろむかといった見通しをもち，日常の行政活動の指針になるものでなければならない。

　予　算　　福祉に関する法律をみると，国，都道府県，市町村がなすべきことが規定されているが，そうした施策をどの程度やるべきなのか，数量は指示されていない。そこで，国や自治体では施策ごとのサービス提供量などの数量を金額に換算して毎年予算を決めている。しかし，使えるお金の総額には限りがあるし，政府は福祉ばかりをやっているわけではないから，さまざまな部局が自己の施策の充実を求めて要求を出しあい，全体の枠に収まるように諸要求を調整する。

　国の場合だと，6〜7月ごろに経済財政諮問会議の審議を経て経済財政運営の改革の基本方針（骨太の方針）が閣議決定され，

その枠内において毎年8月末頃までに各省庁が次年度の経費を見積もって，概算要求として財務省に提出する。概算要求を受けた財務省は，経済見通しを参考にしながら次年度の歳入見込みを立て，その範囲に収まるように各省庁の要求を取りまとめた財務省原案をおおむね年末までに各省庁に提示する。各省庁との交渉を経て最終的に政府予算案が作成され閣議了承を経て国会に提出される。予算先議権をもつ衆議院で，予算委員会をはじめ各委員会で審議し，本会議で議決したのち参議院に回される。このように，政府の各部局またそれにつながる利益団体などの諸要求を全部並べて総合調整されたものが予算であり，行政活動はそれに縛られて行われるので，予算も計画の一種といえるだろう。

インクリメンタリズム
と計画の合理性

しかし，予算は各方面の要求を調整してつくられるものではあるが，合理性の要件を満たさない場合のあることが指摘されてきた。この面の実証的研究を切り開いた人にウィルダフスキーというアメリカの政治学者がいる。彼は，前年度の予算を基本としそれに付加するかたちで予算を決定するやり方をインクリメンタリズム（増分主義ないし漸増主義）とし，その定義に関して，「予算編成はインクリメンタルであって総括的なものではない。行政庁の予算について最初に知っておかなければならないことは，それが，あらゆる可能な代替案と比較して，現在のあらゆる事業計画の価値を再検討するという意味において，毎年積極的に全体として再検討されることはまずないということである。その代わりに，前年度予算を基礎として，増，減という狭い範囲に特別な注意を向けるのである」と述べていた（Wildavsky〔1964〕＝〔1972〕）。

　この引用文の中で「総括的」といわれていることの意味は，次

年度の予算を検討する場合に，従来の施策の中で必要なものと不要なものを選り分け，不要なものは廃止して新しいものに入れ替えるとか，同じ目的を達成するための異なる手段の中で最も効率的なものを選択して作成される合理主義的予算ということである。そして，ウィルダフスキーは，彼が行ったアメリカ政府の予算に関する実証研究を踏まえて，現実には予算は合理的には作成されていない，と述べたのである。

増分主義の考え方は，多元的社会における多様な利害の絡む予算編成では合理主義的予算の実現は困難で，むしろ前年度予算を前提としたうえでその増減の範囲に検討を限定したほうが現実的かつ効率的である，というアメリカの政治学者リンドブロムの主張から生まれたものだ（Lindblom〔1959〕）。リンドブロムはそうした意思決定方式のほうが好ましいと規範的理論を述べたのだったが，逆にそうしたやり方は非合理だとして批判する者が多い。

社会福祉予算の研究

社会福祉関連でも，たとえば，イギリスでは，ジャッジらが地方自治体の社会福祉予算について検討し，「インクリメンタリズムの存在は確固たるものである」と述べたり（Fevlie and Judge〔1979〕），ウェッブらは，「費用効率を確保しようとする政策ないしニーズの優先性の変化を考慮したというよりも過去の構成比に基づいて予算が配分されている」と指摘したりしている（Webb and Wistow〔1983〕）。日本でも，国の予算における生活保護費を含む社会福祉費のシェアが，長期にわたって社会保障関係費の30%前後でフラットであったことが，インクリメンタリズムが作動している証拠と指摘されてきた（坂田〔2003〕）。

イギリスのケリーという福祉学者は合理主義的予算とインクリメンタルな予算の違いを表10-2のように要約している。両者を

表10-2 予算編成の2つのモデル

	合理主義的予算編成	インクリメンタルな予算編成
過程	目的の分析	手段中心の「分析」
	ニード／需要志向	サービス志向
	戦略分析	意思決定規則の利用
	予測／計画	過去の振り返り
	基準年予算の再検討	基準年予算の擁護
結果	予算における構成比の変化	予算における構成比の安定
	予算総額の変化率との差が出る	予算総額の変化率と一致

（出所）Kelly〔1989〕。

比較して決定的に違うのは，合理主義的予算が目的志向で行政ニードや需要の計測から出発するのに対して，インクリメンタルな予算では目的よりも手段に重きがおかれ，現行の手段を維持することが目的であるかのような錯誤状態が生まれるのである。

そこで，毎年の予算を何年間か積み重ねていくとこのような状態が達成されるという目標を提示する計画が策定されるならば，予算編成当局に対してその根拠や合理性を主張でき，他部局との調整も進みやすい。予算そのものがただちには合理的なものにならなくても，そうした指針があることで，長期的な合理性の達成を目指すのが計画である。

4 計画の理論と技術

アカウンタビリティ

計画は立てられたがその後どうなったかわからないとか，実施したけれども効果のほどはわからないということは，現実にありがちなことである。

きちんとした説明が求められなければ，こうしたことが起こりやすい。資金を提供している助成団体，納税を通して間接的に支援している一般住民，計画過程に直接参加し真剣に議論した人びとはやるせない気持ちになるだろう。計画がどのように実施され，どのような成果をあげたかをデータに基づいてきちんと説明してもらいたいという要望が出るのは当然である。こうして生まれた概念が**アカウンタビリティ**である。

　アカウンタビリティは**説明責任**と訳され，アメリカの社会福祉界では，1970年代をアカウンタビリティの時代と呼ぶほどに，この問題が真剣に取り組まれ，計画や事業評価のための調査研究が飛躍的に進歩した。こうした思想は，かなり遅れはしたがわが国にも広がり，2000年以降は福祉サービス事業者の**第三者評価**が義務づけられるまでに進展した。政府においては，2002年に「行政機関が行う政策の評価に関する法律」を制定し，中央省庁を対象とする政策評価と行政評価が義務づけられるようになった。

　同法に基づく政府の「基本方針」では，「政策評価制度は，政策の効果等に関し，科学的な知見を活用しつつ合理的な手法により測定又は分析し，一定の尺度に照らして客観的な判断を行うことにより，政策の企画立案やそれに基づく実施を的確に行うことに資する情報を提供するものであり，その結果を政策に適切に反映させ，政策に不断の見直しや改善を加え，もって，効率的で質の高い行政及び成果重視の行政を推進するとともに，国民に対する行政の説明責任（アカウンタビリティ）を徹底するものと位置付けられる」とされており，アカウンタビリティの制度化であることが明らかにされている。

> **PDCAサイクル**

計画のプロセスは，一方ではさまざまな利害の調整を行う政治的な側面をもつと

ともに，他方では情報の収集・分析を中心とした技術的側面をもっている。そうした調査や分析の技術を用いて獲得・処理した情報があるにもかかわらず，関係者が参加して行う討議では，声の大きい力のある意見に押されて結果として合理性のない計画になる危険性がある。

　計画という言葉には計画書ないし計画案という意味ばかりでなく，連続した作業による一連のプロセスとしての意味が含まれている。計画書ができあがればそれで終わりというのでなく，その実施から成果の評価に至る一連の過程が計画である。計画案の作成，実施，評価と進む計画過程は，評価に基づいて計画を策定し直し，再び実施，評価を繰り返す。このサイクルは「企画立案（Plan）」「実施（Do）」「評価（See）」ないし，PDCA（Plan-Do-Check-Act）と表現されている。

　まったく新しい課題について計画過程が始まることもあるし，サイクルとして繰り返される中で事業や計画に解決すべき問題が生じて，その見直しが始まることもある。計画策定の段階から計画の進行途中において進行状況や成果を一定期間ごとに見直すことを予定した計画を，**ローリング方式**という。

計画過程　計画過程は，解決すべき課題である問題を認識し，目標を設定することから始まる。問題を解決するための施策や事業の設計がこれに続き，計画書なり計画案が策定される。実行段階に移ると，意図したとおりの人材，資材，資金が確保・投入され，人の動きの組織立てができているかどうか，意図した対象を適切にとらえているか，サービス提供体制は適切に運営されているかなどの経過を監視し，意図とずれている場合には軌道を修正して，無理がないかどうか，始めに戻って計画を練り直す。最終的には，事業の効用を効果と

効率の観点から評価して，継続，中止，変更の判断材料を提供する。計画過程における上記の各課題の解決に資する判断材料としては，客観的・科学的な社会調査の方法を用いて確保された情報であれば説得力が増す。

> **モニタリング**　計画が実施段階に移行した後に重要となってくるのは，初期のねらいどおりに計画が進行しているかどうかを監視することである。これをモニタリングという。経過の監視であると同時に中間評価の意味をもっていることから，過程評価（process evaluation）ともいい，最終的な効果評価の代用とされることもある。というのは，効果の測定が困難な事業では，プロセスが正しく行われていれば結果も良好であろうとの仮定を置かざるをえないからである。福祉サービスのモニタリングにおいて押さえておくべき情報として次の3つが重要である。

① 利用者数が計画目標に達しているかどうか。つまり，対象集団を適切に捕捉しているかどうかである。利用者数は確保していても，サービスの必要のない利用者によって必要な人が押しのけられているのではないかという問題意識も重要である。

② 実際に提供されているサービスが，計画に定めたとおりの内容であるかどうか。サービス提供時間が不十分であったり，間違ったやり方であったり，標準化されておらず利用者によってバラバラの対応になっていないかどうか。サービスを利用しやすくするためのアクセス確保はどうなっているかなど，サービスの内容や提供体制に関する情報である。

③ 計画実施のために投入された人員，施設，設備，資金等の資源量がねらいどおりであったかどうか，である。

モニタリングと似て非なるものに監査がある。両者は似ているが観点が違う。監査では規則に照らして適正であるかどうかの調査が焦点であるのに対して、モニタリングでは計画に定めたとおりになされていなければ、その理由や原因を探ることが重要である。

計画の評価 計画された福祉サービス事業が意図した成果（効果）を生み出したかどうか、また、投入した費用に見合う便益や効果（効率）を生み出したかどうかを検討するのがサービス評価法ないしプログラム評価法である。効果（impact, effectiveness）と効率（efficiency）を合わせて効用（utility）ということがある。

効果の評価　効果評価は、計画事業を実施することによって、始めに掲げた目標が達成できたかどうかを社会調査を応用して実証的に検討するわけであるから、それらの目標が抽象的に表現されたままだと調査が難しい。目標を操作的に定義して、測定可能な変数として設定しなければならない。利用満足感のような主観的評価しか得られないものもあるが、たとえば就労支援ということであれば稼働収入を用いるなど、工夫が必要である。

効果評価のための調査の設計にはいろいろある。計画の実施前と実施後で変数の値に変化があった場合でも、その変化が計画事業によって生じたのか、他の原因によって生じたのかを区別できる調査の設計が求められる。最も代表的なものは、調査対象をサービスを利用する集団（実験群）と利用しない集団（統制群または対照群）に無作為に分けて調査し、両者を比較する古典的実験計画法である。統制群は同質のニードをもつ集団であるから、サービス利用を制限し続けるのは不合理であるので、調査終了後に利用してもらうことになる。

効率の評価　同様の効果が得られる2つの方法がある時，一方の費用が少なくて済むのなら，そちらを選択するのが効率的である。効率は，同じ費用をかけるのであればより効果の高いほうがよいとか，同じ効果をもたらすのならば費用のより少ないほうがよいという判断であり，費用と効果との比較によって定義されるものであるから，単に安ければよいというものではない。

費用は金額で計算できても効果は満足感や健康度のように金額に換算できないものが多い。投入と産出の両方とも金額表示で比較する方法は，費用−便益分析（cost-benefit analysis）と呼び，投入は金額で表せるが算出は金額で表すことができない場合の分析法は費用−効果分析（cost-effectiveness analysis）と呼ぶ。

● ● ● *Think Yourself* ● ● ●

1　政策と計画の違い，また予算と計画の違いを明らかにしつつ，社会福祉における計画の意義を説明しなさい。

2　高齢者福祉，障害者福祉，児童福祉のいずれかの分野を選び，自分の居住する市町村における計画策定状況を調べてレポートしなさい。

3　アカウンタビリティとは何か。また，アカウンタビリティを確保するために必要な計画過程のあり方を考察しなさい。

　ティトマスは，社会福祉の「有効性を極大化することに関する真の課題は，社会の中の『とらえにくい人びとをいかにして把握するか』というところにある」という有名な言葉を遺している。「消費者」とは社会保障や社会サービスの受給者や利用者のことであるが，「とらえにくい人びと」やはっきりものをいえない人びとは，消費者の利益が侵害されやすい人びとであり，それらの人びとの立場に立って，①知識，②選択，③権利，④参加の4つの要素のそれぞれにおいて，現金給付と現物給付が連携することによって消費者の利益が図られる必要があるとの問題提起を行った。

　消費者の「知識」とは諸制度・諸サービスの内容や利用可能性に関する知識を高めることや未解決のニードや不十分にしか充足されていないニードを消費者が意識的に表現できるようにすることである。「選択」とは現金給付と現物給付の選択や諸サービスのメニューの中からの選択といったことである。「権利」については，ニードの適格性の審査が人びとに屈辱感，罪悪感，失敗感を感じさせるようなやり方で運営されて権利が侵害されることのないよう，職員が行使する自由裁量についての問題を提起したものである。「参加」は政策・企画立案，決定といったトップレベルの問題から，制度やサービスの運営管理に至るまでの各段階で消費者の参加・参画を問うたものである。

　これらの論点は，日本では社会福祉基礎構造改革により福祉サービスが消費者の選択に委ねられるようになってから，福祉制度の根本的課題とされてきた。社会サービスに結びつかない人びとを生み出す社会的排除や低捕捉率の問題においてもしかりである。ティトマスは，それに先立つこと30年前に今日においてなお有効な分析枠組みを提供していたのである。

　この論点は1967年に開催された第16回国際社会保障協会総会での講義で提起され，翌年刊行された論文集 *Commitment to Welfare* の第5章として収載されている（Titmuss〔1968〕）。

第11章 福祉制度の費用と財政

本章では，広義の社会福祉制度の費用と財政が取り上げられる。最初に，社会保障費用統計が説明され，福祉制度を通じて支払われる諸給付や諸事業に要する費用である社会支出の時系列的な動向と国際比較が検討される。続いて，社会保障給付の部門別構成比が検討され，医療から福祉へ，年金から福祉へといった変化，社会保障財源の動向における公費負担の増加とその背景が説明される。本章の後半部では，公費負担の状況をより詳しくみるため，国の予算や地方財政の状況，国と地方公共団体の間の財政関係の仕組みが解説される。

1 社会保障費用統計

2つの費用統計 広義の社会福祉には所得保障，保健医療，福祉サービスのほかに労働，住宅，教育等の分野が含まれるが，それら全体の費用に関する統計には2種類のものがある。**社会保障給付費**と**社会支出**である。

　社会保障給付費の統計は，ILO（国際労働機関）の基準に則って算定されるもので，以前は世界各国のデータを一覧できる資料が発表されていた。しかし，1997年以降は発表されなくなったため，現在では国際比較をすることができず，国内の社会保障に関する資料としてのみ利用されている。これに対して社会支出は，OECD（経済協力開発機構）の基準で計算されるものであり，加盟国のデータが毎年公表されているため，加盟国間の比較が可能になっている。日本では両者とも，統計法上の基幹統計の指定を受け，国立社会保障・人口問題研究所から『**社会保障費用統計**』として公表されている。

2つの統計の相違点 社会保障給付費は，「年金」「医療」「福祉その他（介護を含む）」の3部門，または機能別に①高齢，②遺族，③障害，④労働災害，⑤保健医療，⑥家族，⑦失業，⑧住宅，⑨生活保護その他，そしてそれらの元となる個別の制度ごとの統計が作成されている。一方，社会支出は，①高齢，②遺族，③障害・業務災害・傷病，④保健，⑤家族，⑥積極的労働市場政策，⑦失業，⑧住宅，⑨その他の政策分野について算定されている。社会保障給付費に比べると社会支出は対象となる施策の範囲がやや広いほか，個人に対する給付以外の施

設整備や管理費を含んでいる点が異なっている。このため両者には金額面の違いがあり，日本の社会保障給付費は2017年度に，120兆円（対GDP比21.97％）であるのに対して，社会支出は124兆円（対GDP比22.69％）となっている（国立社会保障・人口問題研究所『平成29年度社会保障費用統計』）。

　両統計間のもう1つの違いは，社会支出統計は文字通り支出のみの統計であるのに対して，社会保障給付費のほうは保険料や公費負担等の財源の統計がとられており，収支がわかるため，より詳しい分析をすることができる。

　以下では，最初に，国際比較が可能な社会支出のデータを取り上げ，次に，財源の検討が可能な社会保障給付費統計を取り上げることにしたい。

2 社会支出の動向

日本の社会支出の動向　　　日本の社会支出の時系列変化をみるために，1980年から5年ごとの社会支出対GDP比を表11-1にまとめてみた。最初に，右端の合計額欄をみると，社会支出対GDP比は1980年に，10.3％であったものが2010年には21.7％へと，30年間で倍の水準まで増大した。しかし，それ以降は緩やかな変化が続き，2017年の数値は22.7％であり，わずかな上昇にとどまっている。

　社会支出の変化はその大部分を占める「高齢」分野の動向を反映している。すなわち，高齢分野は1980年の3.0％から2010年には10.3％へと3倍以上の水準に上昇したが，それ以降は変化がほとんどみられず，2017年10.4％と横ばい状態が続いている。

年度	高齢	遺族	障害・業務災害・傷病	保健	家族	積極的労働市場政策	失業	住宅	その他の政策分野	合計
1980	3.01	1.02	0.63	4.49	0.46	−	0.49	0.02	0.20	10.33
1985	3.87	1.03	0.59	4.63	0.43	−	0.40	0.03	0.19	11.17
1990	4.19	0.93	0.56	4.49	0.35	0.33	0.32	0.02	0.11	11.30
1995	5.31	1.04	0.64	5.09	0.42	0.30	0.50	0.02	0.14	13.47
2000	6.95	1.13	0.68	5.42	0.55	0.27	0.56	0.04	0.13	15.72
2005	8.42	1.23	0.67	5.85	0.71	0.08	0.27	0.08	0.18	17.50
2010	10.31	1.36	0.90	7.06	1.14	0.28	0.26	0.10	0.25	21.67
2015	10.45	1.25	1.04	7.69	1.43	0.15	0.17	0.12	0.35	22.66
2017	10.40	1.20	1.08	7.65	1.58	0.15	0.15	0.11	0.36	22.69

表11-1　日本の政策分野別社会支出の対ＧＤＰ比の推移

（出所）　国立社会保障・人口問題研究所〔2019〕「平成29年度社会保障費用統計」より筆者作成。

　支出規模が2番目に大きいのは「保健」分野である。こちらは「高齢」分野と比べると増加率は緩やかであるが，1980年4.5％，95年5.1％，2010年7.1％となり，その後も上昇を続け，2017年には7.7％になっている。「高齢」と「保健」で2017年の社会支出全体の80％を占めている。

政策転換と社会支出

　「高齢」と「保健」以外の分野の支出規模はどれも，対GDP比が1％前後ないしそれ未満の数値であり，概して小さい。その中でも，「家族」分野は，1980年から90年にかけて0.5％前後の期間が続いていたが，2000年代になってから上昇傾向に転じ，2010年に1.1％，2017年に1.6％となった。この時期の日本の政策が**持続可能な社会保障**を掲げて年金費用の増加を抑制（マクロ経済スライド）する一方，**全世代型の社会保障**への転換によって，高齢化対策だけでなく少子化対策にも資金が配分され始めたことの表れである。なお，「家族」分野に含まれるのは，児童手当，児童扶養手当，特

表11-2　政策分野別社会支出の対GDP比の国際比較（2015年度，%）

社会支出	日本	アメリカ	イギリス	ドイツ	フランス	スウェーデン
高　齢	10.5	6.4	7.2	8.3	12.7	9.1
遺　族	1.3	0.7	0.1	1.8	1.7	0.3
障害・業務災害・傷病	1.0	1.5	1.9	3.4	1.8	4.5
保　健	7.7	14.0	7.7	8.9	8.8	6.3
家　族	1.4	0.6	3.5	2.3	2.9	3.5
積極的労働市場政策	0.2	0.1	0.2	0.6	1.0	1.3
失　業	0.2	0.2	0.3	0.9	1.6	0.3
住　宅	0.1	0.2	1.5	0.6	0.8	0.4
他の政策分野	0.4	0.8	0.1	0.3	0.8	1.0
合　計	22.7	24.5	22.5	27.0	32.2	26.7

（出所）　表11-1に同じ。

別児童扶養手当，保育所運営費，出産育児関係の諸給付，出産扶助，教育扶助，就学援助制度，就学前教育などである。

「住宅」は低水準ながら長期的にはゆるやかな上昇傾向にある。一方，今後の日本でいっそうの取り組みが求められる「積極的労働市場政策」と「失業」は低水準での横ばい，ないし低下となっている。

6か国比較　直近の比較可能年である2015年について，日本，アメリカ，イギリス，ドイツ，フランス，スウェーデンの政策分野別社会支出をまとめたのが，表11-2である。社会支出合計の対DGP比は，フランスが最も高く32.2％，次いでドイツ27.0％，スウェーデン26.7％，アメリカ24.5％と続き，日本22.7％とイギリス22.5％が同水準である。スウェーデンはかつて30％を超えた時期もあったが，近年，低下傾向である。アメリカは以前，日本やイギリスよりも低位にあったが，2014年から施行されたオバマケア（第3章参照）による医療保険加入の義務化によって社会支出が急激に増大し，日本

とイギリスを追い抜いた。

　政策分野別にみると，日本の高齢分野の対GDP比10.5％は，フランスの12.7％に次ぐ数値として国際的にそん色がない。また，「保健」は，アメリカが先述のオバマケアにより14.0％と突出しているのを除いて，どの国も7～8％であり，日本もほぼ同じ水準である。しかし，日本は「障害・業務災害・傷病」「家族」「住宅」「失業」の分野では，そのほかの国と比べて低位にある。日本では「家族」分野が近年，伸びてきたとはいえ，GDP比1％台と小さいのに対して，フランス，ドイツ，イギリス，スウェーデンは3％前後の値を示し，日本の2倍程度の水準となっている。つまり，日本では老齢年金や医療保障の支出規模は先進国並みになっているが，雇用，住宅，家族向け福祉サービス等の分野において低位である，というまとめになる。

3　社会保障給付費と財源

　部門別社会保障給付費

社会保障給付費は，「年金」「医療」「福祉その他」の3部門に分けられている。「福祉その他」に含まれるのは，介護対策，福祉サービス，医療扶助以外の生活保護費，児童手当等各種手当，労災保険の休業補償給付等，雇用保険の求職者給付等である。図11-1は，それらが社会保障給付費全体に占める割合（構成比）の推移を示したものであるが，介護費用の変化をみるため，「福祉その他」を「介護対策」と「福祉等」に分けて作図している。

　費用構造の変化

1980年には，「年金」と「医療」の構成比が各々40％強とほぼ等しく，両方で

図11-1　部門別社会保障給付費の構成比の年次推移

（出所）　国立社会保障・人口問題研究所〔2019〕「平成29年度社会保障費用統計」より筆者作成。

全体の約85％を占めていた。その後，「年金」が上昇し，1990年には，「年金」50.1％，「医療」39.3％，「福祉その他」10.6％となった。

　このころ，当時の厚生省から「21世紀福祉ビジョン」（1994年）が発表され，社会保障給付費の内訳が年金5，医療4，福祉等1となっているのに対して将来は，年金5，医療3，福祉等2程度とすることを目指すべきだとの提言がなされた（第4章参照）。この提言はその後，介護保険法（1997年公布，2000年施行）による介護対策費が「福祉その他」に分類されたことによって実現に向かった。2010年に，「年金」49.6％，「医療」31.9％，「福祉その他」18.5％（うち介護7.1％）の分布となり，**医療から福祉へ**のビジョンが実現した。

　しかし，その後の推移をみると，2017年には「年金」45.6％，「医療」32.8％，「福祉その他（介護含む）」21.6％になっている。つまり「年金」の構成比が落ちて，「福祉その他」の構成比が上

昇している。これは，「21世紀福祉ビジョン」では想定されていなかった費用構造である。その背景には，2004年の年金改革によって年金給付費が抑制される反面で，「福祉その他」に含まれる介護給付，子ども・子育て関係費用，生活保護費の増加などがある。つまり，社会保障給付費は，2000年代の医療から福祉への時代が終わり，2010年代には**年金から福祉へ**に変わったことになる。

2040年の予測

しかし，医療費は当初考えられたほどには抑制できていない。厚生労働省が2019年2月1日の第28回社会保障審議会に提出した資料「今後の社会保障改革——2040年を見据えて」では，社会保障給付費の将来見通しが示されている。日本経済の将来予測や医療介護の今後の計画などによって予測値は変化するものであるが，2040年の社会保障給付費は少ないほうの金額では，188.5兆円（対GDP比23.8%）と予測されている。部門別の内訳は，「年金」38.8%，「医療」36.2%，「福祉その他」25.0%となる。医療費の増大が避けられないばかりか，介護，子ども・子育て関係費用が引き続き増加するためであり，これが実現すれば，費用構造は，**年金から医療・福祉へ**と遷移する。

社会保障財源

社会保障の財源には大別して，「社会保険料」「公費負担」そして「資産収入その他」（積立金の運用収入や積立金の取り崩し）があるが，これらの構成比の変化をまとめたのが表11-3である。2017年度には社会保障総収入のうち社会保険料収入が50.0%（被保険者拠出26.4%，事業主拠出23.6%）である。これに対して，公費負担は35.3%（国23.5%，地方11.7%）である。残り14.8%は資産収入その他である。なお，この統計における公費負担には，地方自治体が独自に行っ

表11-3　社会保障財源の構成比の年次推移

年度	総　計 (兆円，%)	社会保険料			公　費　負　担			資産収入 その他
		合計	被保険者拠出	事業主拠出	合計	国庫負担	地方負担	
1980	34(100.0)	55.6	26.5	29.1	32.9	29.2	3.7	11.5
1985	49(100.0)	56.8	27.1	29.7	28.4	24.3	4.1	14.8
1990	65(100.0)	60.5	28.3	32.2	24.8	20.6	4.1	14.7
1995	84(100.0)	61.2	29.2	32.0	24.8	19.8	4.9	14.1
2000	89(100.0)	61.7	29.9	31.8	28.2	22.1	6.0	10.1
2005	116(100.0)	47.7	24.5	23.3	25.9	19.2	6.7	26.3
2010	110(100.0)	53.3	27.7	25.7	37.2	26.9	10.3	9.5
2015	125(100.0)	53.4	28.2	25.2	38.5	26.0	12.5	8.1
2017	142(100.0)	50.0	26.4	23.6	35.3	23.5	11.7	14.8

（注）　総計は兆円，そのほかは％。
（出所）　国立社会保障・人口問題研究所〔2019〕「平成29年度社会保障費用統計」より筆者作成。

ている事業（単独事業）への負担は含まれていないので，福祉制度の財源の全体像はこの統計よりも多く公費からの支出がなされていることが推測される。

財源構造の変化　年次推移をみると，1980年には，社会保険料55.6％，公費負担32.9％，資産収入その他が11.5％であった。また，社会保険料の内訳をみると，被保険者拠出よりも事業主拠出が多く，公費負担の内訳は，国庫負担が地方負担よりも圧倒的に多かった。それが2000年にかけて変化が進み，社会保険料の割合が大きくなり，公費負担の割合が小さくなっていった。当時は，「増税なき財政再建」（第2次臨時行政調査会）の時代であり，増大する社会保障給付費に対して社会保険料を増やすことで財源調達がなされたことがわかる。

しかし，それ以降は社会保険料の割合が低下している。2010

年になると，社会保険料が53.3％，17年には50.0％へと低下した。その反対に，公費負担の割合は1995年の24.8％を底に上昇へと反転し，2010年代には30％を超え，1980年ごろの社会保険料と公費負担の関係に戻っている。しかし，公費負担の内訳が変化した。かつては，国庫負担が地方負担よりも圧倒的に多かったが，2000年代には地方負担の割合がかなり上昇して，国2：地方1の比率になっている。

公費負担割合上昇の背景

この背景には，1989年4月に税率3％でスタートした消費税が97年4月には5％へ，2014年4月には8％へ，そして2019年10月には10％（軽減税率8％）へと改定されつつ消費税収入が増加したことの他，2000年以降に介護保険制度，後期高齢者医療制度等公費負担割合が高い福祉制度が導入されてきたことがある。また，2009年に，国民年金基礎年金給付費への国庫負担割合が3分の1から2分の1に引き上げられたことも公費負担の増大に影響している。

就業構造変動の影響

社会保険料収入の割合は2000年に69％を超えたあと低下傾向にあるが，注目されるのは，被保険者拠出が事業主拠出を追い抜いたことである。事業主負担割合が低下する原因として，就業構造の変化が挙げられる。「就業構造基本調査」（総務省統計局）によれば，日本の正規職員数は長い間，約3400万人前後で変わっていない。しかし，非正規職員は毎年のように増加し，2018年度には2120万人になった。企業は正規職員については健康保険，厚生年金，雇用保険等の本人負担に見合う分を企業負担として拠出する義務がある。しかし，非正規職員の約70％を占める「パート・アルバイト」については，週当たりの労働時間が短い従業員の場合，保険料負

担の義務がない。それらの人びとは，国民健康保険や国民年金第1号被保険者として個別に加入して，自分の保険料を自分で支払っているから，被保険者拠出の割合が増大する。これらの制度では給付に対して政府から補助がなされるので，結果として企業は負担を免れ，政府がそれを被る形になる。つまり，企業は非正規雇用を増やすことによって労働費用を下げ，結果として社会保険の負担を免れている面がある。

4 国の財政と福祉制度

福祉制度の中でも公費割合が多いものは，その制度の運営が国や地方自治体の財政状況によって影響を受けることになる。

<u>国の一般会計予算</u>　日本政府の一般会計予算を歳入面からみると，「租税及び印紙収入」「公債金」「その他」に大別される。租税には所得税，法人税，消費税などが含まれる。公債金とは国の借金のことである。

2019年度の国の一般会計の歳入予算（当初）をみると，総額約101兆円の内訳が「租税及び印紙収入」62.0％，「公債金」32.2％となっており，国の年間収入の約3分の1は，借金で賄われている。「租税及び印紙収入」の内訳は，「所得税」32.0％，「法人税」20.6％，「消費税」31.0％であり，消費税は所得税に匹敵する規模となっている。なお，毎年蓄積してゆく国の借金のうち，まだ償還期限に至っていない公債残高は897兆円であり，これは2019年度税収の約14年分にあたる（財務省「我が国の財政事情」）。

歳出予算（当初）は，公債金の返済費用（元金と利子）である「国債費」が23.2％，地方自治体への分配金である「地方交付税

交付金」が15.8％である。国債費と地方交付税交付金の2つは国自身が施策を行うために自由に使えるものでないが，それが両方合わせて国の支出の38.8％を占めている。上記の2つの経費を総額から引いた残りは，**一般歳出**と呼ばれている。そのうち，**社会保障関係費**が33.6％であり，他の項目は，公共事業6.8％，文教および科学技術5.5％，防衛5.2％などとなっている（財務省「平成31年度予算」）。

　一般歳出という言葉が注目されるようになったのはその割合が低下し始めた1980年代からである。一般会計歳出全体に占める一般歳出の割合は，1960年代前半までは80％前後で推移したが，60年代後半になると75％程度に低下し，以後じりじり低下を続け，80年代には60％台へ，さらに90年代には50％台後半まで低下していたものが，現在は60％程度に戻っている。国債の償還は延々と続くので，この比率が将来大きくなることは考えにくく，今後もそのような制約の中で財政は運営されざるをえない。

基礎的財政収支の赤字

かつては，歳入に占める公債の割合を**公債依存度**と呼んで，これを財政健全化の目安として，その割合を小さくすることが目指された。今日では，新たに基礎的財政収支（プライマリーバランス）という言葉が使われるようになっている。国の財政収支で，公債金などの借入金を除いた税収などによる歳入から，国債の元利払い費など，過去の借入金返済に要する経費を除いた歳出を引いたもののことである。基礎的財政収支が均衡している状態は，国民が国から受ける行政サービスなどの「受益」と，国に支払う税金などの「負担」の水準が同じであることを意味する。これが赤字ということは，現在の国民が借金をして将来世代にツケを回しながら，負担以上のサービスを受けている状態を指すとされている。受益と負担の関係

表11-4　国の予算：社会保障関係費の内訳（2019年度）

社会保障関係費	億　円	構成比（%）
年金給付費	120,488	35.4
医療給付費	118,543	34.8
介護給付費	32,101	9.4
少子化対策費	23,440	6.9
生活扶助等社会福祉費	41,805	12.3
保健衛生対策費	3,827	1.1
雇用労災対策費	388	0.1
合　計	340,592	100.0

（出所）　財務省「平成31年度予算」。

で債務をコントロールする指標であるが，国の2019年度予算における基礎的財政収支対象経費は75.9兆円であるのに対し税収等が67.6兆円であるので，プライマリーバランスは約8.3兆円の赤字である。

> **社会保障関係費の動向**

社会保障給付への国庫負担分は，国の一般会計歳出予算の**社会保障関係費**として支出される。社会保障関係費は，かつては，年金医療介護給付費，生活保護費，社会福祉費，保健衛生対策費，雇用労災対策費の5つに分類されていたが，2016年度からは表11-4に示す7分類に変更された。このため長期の時系列変化をみることが難しくなっている。ここでは，2019年度予算におけるそれらの構成比をみておきたい。

国の予算（2019年度）における社会保障関係費34兆円のうち，「年金給付費」35.4%，「医療給付費」34.8%であり，この2つで約70%を占めている。その次に大きいのは「生活扶助等社会福祉費」12.3%であり，「介護給付費」9.4%，「少子化対策費」6.9%，「保健衛生対策費」1.1%と続いている。「雇用労災対策費」

は0.1％と少ないが，雇用保険や労災保険は大半が保険料を財源として運営される制度であるためである。なお，社会保障給付費では「年金」が「医療」を上回っていたが，国の予算では両者がほぼ同額である。これは，年金や医療に対する国庫負担を比較すると，医療への公費投入比率が高いことを示している。

5 国と地方の財政関係

地方財政の歳入と歳出

地方財政は都道府県と市町村財政に分けられるが，ここではそれらを全部合計して重複部分を取り除いた「地方財政純計」について，2016年度歳入歳出決算をみておきたい。表11-5に示すように，歳入では地方税が最も多いとはいえ38.8％にすぎない。続いて「地方交付税」17.0％，「国庫支出金」15.5％，「地方債」10.2％となっている。これらの意味については，項を改めて説明する。

歳出面では，社会福祉関係支出である「民生費」が26.8％を占め，最も大きい経費であることがわかる。「教育費」17.1％も大きな経費の1つである。かつて2005年には，民生費と教育費の割合はどちらも18％程度であったが，次第に民生費が増大する状況がある。一方，借金の返済費用である「公債費」が12.8％を占めている。

民生費（年金関係を除く）は，児童，高齢者，障害者等のための福祉施設の整備および運営，生活保護の実施等の費用であり，内訳は，「社会福祉費」27.2％，「老人福祉費」23.6％，「児童福祉費」31.0％，「生活保護費」15.2％，そして「災害救助費」3.1％であった。

表11-5　地方財政純計の歳入と歳出（2016年度決算）

歳　入	構成比（％）	目的別歳出	構成比（％）
地方税	38.8	総務費	9.1
地方譲与税	2.3	民生費	26.8
地方交付税	17.0	衛生費	6.4
国庫支出金	15.5	労働費	0.3
地方債	10.2	農林水産業費	3.2
その他	16.2	商工費	5.3
		土木費	12.2
		消防費	2.0
		警察費	3.3
		教育費	17.1
		公債費	12.8
		その他	1.5
合　計	100	合　計	100.0
（億円）	1,014,598	（億円）	981,415

（出所）　総務省『平成30年版地方財政白書』より筆者作成。

国と地方の財政関係

　税金は国税と地方税に大きく分けられる。国税の代表格は所得税や法人税などであり，地方税の代表格は都道府県では都道府県民税や事業税，市町村では市町村民税や固定資産税などである。消費税は，2019年10月1日から税率10％になったが，国7.8，地方2.2の割合で分けられている。これら税収の総合計を国税と地方税に分類して割合をみると，どの年度もおおむね国税が65％程度を占め，地方税が残りの35％程度である。

　一方，お金の最終的な出口をみると国よりも地方が多い。『地方財政白書』をみると，社会福祉関係支出である民生費，衛生費等では，最終的に地方公共団体を通じて支出される割合が70％前後と高いことが示されている。

特定補助金

表11-5の歳入のうち**国庫支出金**は，国から地方自治体に支出される補助金のうちの特定補助金に分類される。特定補助金は，交付目的以外に使用することが許されないのに対して，一般補助金は，地方自治体が自由に使用できるものである。なお，この名称は法令などで用いられる制度上の用語ではなく，補助金の性質の違いを表すための学問的な用語である。補助金を受け取る地方自治体側からみると，特定財源，一般財源という言葉が使われている。

国庫支出金は，福祉六法などの法律の規定に基づいて交付されるものと，法律には根拠がないが特定の事業を奨励する目的で予算の定めにより交付されるものがある。前者を法律補助，後者を予算補助という。予算補助は，法令上の根拠をもたないのではなく，厚生労働省など主務大臣の配下にある部局の長が，地方自治体の主管部の長に対して発する通達のかたちで要項を定めている。たとえば，1990年の福祉八法の改正以前の在宅福祉事業は，法律上に規定のない予算補助事業であった。

特定補助金である国庫支出金は目的事業以外に使うことが許されないため，俗にヒモつき補助金などと呼ばれたりもするが，行政権限の面で地方分権が進んでも，お金の配分がヒモつきのままでは実質的には分権化されていないという批判がある。

一般補助金

一般補助金は，地方自治体が行う事業のどれか特定のものを補助するというのではなく，各自治体が標準的な行政活動を行うことができるように，標準的な歳入を保障するためのものである。人口の集中度や経済活動の水準など，地方税収入を左右する要因の大小が自治体によって違うから，いったん国税として徴収し地方自治体に再分配して公平が得られるようにするものである。一般補助金では，交付

額を決定する場合に自治体で1年間に必要な標準的な費用を見積もってはいるが，だからといってそのとおりに事業を実施しなければならないというのではない。一般補助金の代表格は**地方交付税交付金**である。

地方交付税の配分　地方交付税は，個々の自治体が標準的な行政を行うのに必要な費用（**基準財政需要額**）に対して標準的な収入（**基準財政収入額**）が不足する場合に，その不足分を補うために国から交付されるものである。根拠となる法令は地方交付税法で，総務省の所管である。総務省では，毎年，地方財政の歳入と歳出を予測して**地方財政計画**を作成し，その中で交付税総額を決定している。

　ただし，地方交付税の総額は国税収入の一定割合と決められているから，不足分の全部が交付されるわけではない。地方交付税の総額は2019年度現在，所得税・法人税の収入見込額の33.1％に相当する額，酒税の収入見込み額の50％，消費税（地方消費税を除く）の収入見込額の22.35％に相当する額および地方法人税の全額の合計額となっている（以前はたばこ税も入っていたが，2015年度の改正で外された）。こうして求められる総額を，個々の地方自治体に配分する。自治体の収入の不足分を補うことを基本としているので，交付額は自治体ごとに異なる。

　地方交付税の配分

　　＝個々の自治体の（基準財政需要額－基準財政収入額）

　基準財政需要額と基準財政収入額を自治体ごとに計算して，収入額が需要額に不足する分が交付金額となる。福祉事務所職員人件費や生活保護費や措置費の自治体負担分なども基準財政需要額に含まれている。収入額が需要額を上回る裕福な自治体には交付されない。1980年代後半に措置費などの国の補助率が切り下げ

られ自治体の負担が増えた分は，地方交付税交付金の算定基礎に織り込む措置がとられた。しかし，不交付団体はこれを受けることができなかったので，補助率切り下げを負担したのは事実上裕福な自治体であった。なお，基準財政需要額を算定する際には，人口の大小など地域特性を考慮した各種の補正が，非常に複雑な方法で行われているが，これは一目で理解するのは不可能で担当官でなければわからないとまでいわれる。

自治体財政と福祉計画

千差万別の自治体財政　福祉サービスの実施機関である市町村は，毎年度の予算編成において，次年度の福祉費用を見積もり，その財源として国や都道府県から事業別に支出される負担金や補助金の予定額を計上し，地方税や地方交付税などの一般財源で自己の負担分を計上することになる。国の予算が決まらないことには国の補助金が予定どおりに得られるかどうかわからないので，自治体では何度も補正予算が組まれたりする。必要な福祉サービスが市町村で確保されるかどうかは予算が適切に組まれるかどうかにかかっているが，個々の自治体財政は千差万別であり，福祉の地域格差の原因になっている。

　自治体財政の状態を測る物差しには数多くのものがある。その1つが**財政力指数**である。これは，各自治体の基準財政収入額を基準財政需要額で割り算したものの3年分の平均である。つまり，必要な資金に対する収入の比率を表している。

　『平成30年度地方財政白書』から市町村の財政力指数を規模別にみると，財政力指数の高い順に，政令指定都市（0.87），中都市（0.80），中核市（0.79），小都市（0.55），人口1万人以上の町村（0.52），人口1万人未満の町村（0.27）となっており，規模が小さいほど財政力指数が低いことがわかる。財源の不足分は地方交付

税交付金として交付されるとはいえ，もともと収入源が乏しいので新しい事業を起こすとか，従来の事業を拡充するだけの余裕がない。さらに，その上に，財務の状況として赤字であるとか，借金返済に追われているなど，財政が硬直化した自治体も多い。

このように財政力が自治体ごとに異なる上に，政策の優先順位の中で福祉がかならずしも上位におかれないところもあるので，自治体によっては補助金の廃止を理由にして，事業を縮小ないし中止するところが出ないとも限らない。今後は，そうしたことを防ぐためにも**福祉計画**がますます必要とされる。

地域的公正　福祉サービスの地域格差を示す研究などでは，住民1人当たりの福祉予算額とか福祉サービス提供量のような指標を使って著しい地域格差があることが指摘されている。しかし，イギリスの社会政策学者デイビスがテリトリアル・ジャスティス（地域的公正）という考え方で論じたように，福祉ニードは地域の社会経済的特性や人口構成などの違いの影響を受けるため，人口規模が等しくても福祉ニードの大きさは地域ごとに異なる。1人当たりの指標は地域のニードの違いを織り込んでいない点で適切でなく，むしろ，地域ニードを公平に取り扱えば当然の結果として1人当たり指標では地域差が発生するというのである（Davis〔1968〕）。

これは，福祉サービスの供給水準を評価するには地域のニードを測定しそれと比較しなければならないという考え方であり，ニード測定に基づいて策定される福祉計画が必要となるゆえんである。計画は法律や予算と並ぶ政策の重要な推進手段であり，わが国でも近年非常に重視されるようになってきたことは，すでに第10章で述べたとおりである。

Think Yourself

1. 社会支出統計にみられる諸外国と比較した日本の特徴と時系列にみる傾向を説明しなさい。

2. 社会保障給付費を部門別に時系列でみた場合の変化の特徴を述べなさい。また，社会保障の財源の時系列変化の特徴についても説明しなさい。

3. 国の予算における社会保障関係費と社会保障給付費との関係を説明しなさい。

4. 国と地方の財政関係が社会福祉制度に及ぼす影響について論じなさい。

　ティトマスによる，普遍主義の基盤の上に選別的な福祉制度が構築されるべきとする積極的差別（positive discrimination）の提案は，社会サービスの利用者から所得に応じて費用を徴収する計画に批判的検討を加える中で提起された。社会サービスは加害者を特定できない被害に対して社会的に補償する機能があるにもかかわらず，個別的ミーンズ・テストによって受給者を選別することは，社会的に対応すべき問題を個人責任にすり替え，かつ個人に不当に恥辱感を与えるものである。

　彼は，「われわれが直面している課題は，普遍主義的サービスと選別主義的サービスの選択の問題ではない。真の課題は，個人的ミーンズ・テストによらずに特定のカテゴリーや集団や地理的範域のニードの基準のうえに立って，社会権として与えられる選別的サービスが，その内部に，またその周辺に発展され，受け入れられるような価値および機会の基礎的枠組みを提供するためには，一体，どんな特定の下部構造をもつ普遍的サービスが必要であるかという問題である。最も大きなニードをもつ人びとに役に立つような社会サービスを通して，より再分配の効果を発揮させることが大切な課題である。そのことは人間の尊厳を傷つけることなく，社会的に差別するのでもなく，国民を２つに分けるダブルスタンダードをこれ以上発展させない実際的方法にこそあるのである」と主張した。

　「社会的諸サービスにおける普遍性と選別性」と題するこの論文は *Commitment to Welfare*（1968年）の第10章として収載され，死後に編まれたアンソロジー，*The Philosophy of Welfare*（1987，写真）にも再録されている。

第12章

福祉ニードと供給システム

　本章では，社会福祉政策を構成する基本的要素である，ニードと資源の
関連性が検討される。まず，個々人が感じる諸種のウォント（欲望）とニー
ドの違いを論じ，ニードには他者からの負担を正当化しうるだけの社会
的承認が必要なこと，政策的レベルと実践的レベルにおけるニードの違い，
またニードを分析するための諸概念が紹介される。その上で，ニードに資
源を割り当てるための福祉サービス供給システムの構造を検討する。続い
て，福祉制度における資源の配分は，経済市場における価格メカニズムを
用いるのではなく，割当（ラショニング）の方法が用いられる特徴をもつ
ことが説明される。その上で，福祉供給体制の構成要素に関して，供給主
体の多元化，選別主義と普遍主義，給付の諸形態等の分析概念が提示され
る。

1 鍵概念としての福祉ニード

　「社会福祉サービスが，社会福祉ニードに即していないとすると，そのサービスは効果性，効率性を失うだけでなく，そのレーゾン・デートルそのものも疑われるだろう」（三浦〔1987〕）という発言に最もよく表現されているように，ニードは社会福祉における根本概念である。「レーゾン・デートル」とは存在理由ないし存在価値という意味の言葉であるから，ニードの概念は，それなくしては社会福祉が存立できないほどに重要な鍵となる概念としてとらえられている。

社会的ニード

　単にニードという場合と社会的ニードという場合の違いから考えてみたい。第1に，社会構造の欠陥に由来する**社会問題**を原因として生み出される，ないし，社会の急激な変動によって従来からの対処方法では解決できない生活上の課題が生じ，一定の社会的広がりをもって個々人が不遇にある時，彼らは社会的ニードをもつといえる。社会構造の欠陥によるニードの代表例としては階層間格差の拡大によって生み出される貧困・低所得問題が挙げられる。**社会変動**による生活困難としては人口・世帯・産業・就業等の構造変動による生活内容の激変に伴う保育や介護，ひきこもり等の諸問題が挙げられる。

　次に，そのニードの充足が個人的方策を超えた福祉制度などの社会的方策によってなされるべきであるとの**社会的承認**を受けているニードが社会的ニードといえる。この概念は，三浦文夫の次の指摘によって提起されたものである。

「ある種の状態が，ある種の目標や一定の基準からみて乖離の状態にあるものを仮に依存的状態あるいは広義のニードと呼び，この依存状態の回復，改善を行う必要があると社会的に認められたものを要援護性あるいは狭義のニードと呼ぶ。」(三浦〔1985〕)

　この第2の概念は，第一の概念と密接な関連性をもってはいるが，いったん社会的承認がなされると，個別のケースにおいて原因が判然としない場合であっても，社会的な対応が行われる点が異なっている。たとえば，病気治療，家庭内暴力対応，虐待対応といった健康や安全の確保に関するニードは，その原因がどうであれ社会制度による介入が必要であることが社会的に承認されている。こうした社会的承認は，そのニードを充足することが社会的権利として確立されるための前提条件であり，当該社会の多数者が支持する価値と深いかかわりをもっている。

　| ウォントとニード |　ウォント（欲望）は個人の主観的な欲望であり，充足の必要性が承認されたニード（必要）とは異なる。そのわかりやすい例として，必須栄養素をバランスよく摂取することは誰もが認める人間のニードであり，栄養のある標準的価格の食材を購入して家庭で調理して食事をすることは大いに奨励される。しかし，高級レストランでの食事となるとそれはニードの範囲を超えたウォントにあたるというものである。それが個人の負担でなされるのであればウォントであるとかニードであるとかは問題にならないが，福祉制度による給付は他者からの負担によって賄われているから，他者の資源を割いて行うだけの説得力をもって承認される必要があるからである。

　M. イグナティエフは，「ニードとは，我々が抱く欲望の中でどれがより強く緊急性があるものかということではなく，他者から

資源を提供してもらう資格が得られるものはどれかということである。ニードと欲望を区別するものは，それが義務の観念と結びついているかどうかということである」(Ignatieff〔1990〕) と述べている。

パターナリズムと自己決定（当事者主権）

しかし，ニードが社会的であるか個人的であるかは明確に分け難い面もある。たとえば，人間にとって余暇が必要であることは世界人権宣言でも権利として認められている社会的ニードであり，労働時間の短縮化やワークライフバランスを確保する対策が求められている。そのために，企業は交代要員を雇用し，政府は事業所にその義務を課すとともに，補助金を支出するか法人税の減免などの措置をとるであろう。

しかし，個々人の余暇の過ごし方にまで介入できるだろうか。余暇が社会的ニードであることは確かだとしても，それをスポーツで楽しむか楽器演奏で楽しむか安静に過ごすかは個人の自由だといえるからである。当人にとっての休養と専門家が考える休養の概念が違う時，専門家の考えを押し付けることは**パターナリズム**といわれる。一方，個々人には**自己決定の権利**があり，そのような押し付けは間違いで，当事者の意向を尊重すべきとの意見があり，後者が優勢になってきている。

たとえば，障害者への支援の例でいうと，2012年に成立した「障害者総合支援法」で，基本理念を定めた条項（第1条の2）において，「どこで誰と生活するかについての選択の機会が確保され」なければならない，と規定されたのは，そうした自己決定権の尊重が法律に明記され，高いレベルにおいて社会的に承認されたことを意味する。

障害者総合支援法では，障害福祉サービスの給付を行うにあたり，障害支援区分ごとに給付の上限を定め，その範囲内で個人のサービス利用意向が反映されることになっている。介護保険制度による介護福祉サービスも要支援・要介護度によって給付の上限を定め，その範囲内で個別の意向が反映される点で同様の制度となっている。つまり，社会的ニードとしては集合的に一定範囲の承認がなされ，その範囲内において個別のニードが（それは実はウォントであるかもしれないが）取り上げられるという構成をとっている。ここで，集合的に承認されるニードを**政策的ニード**，その範囲内において個別の意向を反映したものを**実践的ニード**と言い換えることもできるだろう。

政策的には一定の範囲内で選択可能な選択肢を準備する課題があり，援助実践ではその範囲内での個人の選択を支援しつつ，過不足についての問題提起を行うことになる。政策と実践は，相互に作用するものであり，個別の意向の表明が一定の支持を受けた時に社会的承認の段階に至り，政策的なニードになるプロセスが存在しうるのである。このように，ウォントとニードは政策プロセスにおいては関連したものである。

ニードの相対性

社会的ニードは社会の標準的生活様式との対応関係において定義されるものであるから，社会標準が変化すればニードの内容も変化する。卑近な例として，少し前までぜいたく品と考えられていたインターネットやスマートフォンのことを考えると，それらは人間が生物として生存するための最低条件としては不要なものである。しかし，普及が進むとそれを所持していることを前提とした社会行動がとられるようになる。他者とコミュニケーションをとり情報収集し

た上で状況判断をしながら社会参加するために，それらの道具は必需品に近いものになり，その分の費用がかかる。それが個人の負担で購入されるなら何も問題ではないが，生活保護の受給者である場合はどうなるだろうか。機種代金や通話料などの経費がかかるが，最低生活基準にそれが反映されないかぎりは生活を切り詰めて購入するしかなく，ニードが増大する。

　ほかの例としては，結婚歴のあるひとり親世帯と未婚でひとり親になった世帯では所得税制において前者では寡婦（夫）控除がなされ，後者ではなされていなかったことが挙げられる。同じ収入であっても課税額は後者が多い。そして，課税所得に連動して決まる保育料や公営住宅家賃などは未婚のひとり親世帯の負担が重くなるので，二重三重の負担になる。これは，婚姻や世帯形成の慣行の変化による相対的ニードの表れであったが，「令和2年度税制改正大綱」（2019年12月閣議決定）において，「未婚のひとり親に寡婦（夫）控除を適用する」こととされ，解決した。

2 福祉ニードを分析するための諸概念

　ニードを分析するための諸概念は数多く提案されている（Dean〔2010〕）。ここでは，主なものを選んで紹介しておきたい。

診断的ニードと
処方的ニード

ニードは問題状況を指し示す場合と，必要な資源を具体的に指定する場合の，2通りの用い方がある。たとえば，貧困率が上昇している状況をとらえて貧困対策のニードが高まっていると判断するのが前者である。後者は，母子世帯の就労を促進するために保育や家事援助を利用しやすい時間帯で優先的に提供でき

るようにするといった具体的な対応策の必要性を指す場合である。

　セイヤーという学者は，前者を診断的ニード，後者を処方的ニードと呼んでいる（Thayer〔1973〕）。診断的レベルでニードという言葉を使う場合は，問題の重要性を訴えていることはわかっても，具体的な対処法までを意味しているのではない。これに対し，処方的レベルでは，問題解決のための手段が考察される。保育所が必要であるとか，ホームレス対策が必要であるとか，ホームヘルプ・サービスが必要であるという場合には，ニードというよりは解決策を語っていることになる。このように，処方的なレベルにおいては，単なる社会問題の指摘にとどまらず，解決のために必要になる具体的な福祉サービスに対応づけられなければならない。その意味で，**サービス・ニード**と呼ばれることも多い。

**貨幣的ニードと
非貨幣的ニード**
　　　　　　　　金銭の給付を必要とする場合は「経済的ニード」とか，健康の維持・回復ならば「保健医療ニード」というように，充足手段の種類によってニード分類がなされるのはよくあることである。しかし，これだと，介護ニードや保育ニードなど「○○ニード」が際限なく出てきてしまうので，これを抽象化して再構成した分類法の1つが「貨幣的ニード」と「非貨幣的ニード」の概念である（三浦〔1978〕）。

　貨幣的ニードとは現金給付で対応できるニードであり，非貨幣的ニードとは現金給付で対応することが不可能か効果的でない場合に，人的サービスを含む現物給付で対応するニードである。遠い将来は市場化されて金銭で購入できるようになる可能性があるものであっても，当面は売られていないために金銭が役に立たない場合は，そのものを直接提供せざるをえないという意味で非貨幣的ニードになる。たとえば，介護福祉サービスは，介護保険の

給付がなされるからこそ事業が成り立っているが，その制度がないならば裕福な人しか購入できなくなり，業者は少ししか現れないであろう。そうなると，介護サービスそのものを公的に提供する必要がある。非貨幣的ニードの概念が提案されたころの日本は，介護サービスを提供する制度は細々としたものであり，その拡大を訴えるうえで有効な概念であったし，今後においても福祉サービスの分析の際に活用できる概念である。

> ### ブラッドショーの
> ### 4つのニード

かりに本質的ニードが存在するとしても，認識できるのは表に現れた現象面に限られる。この観点から，ニードが認識される経路別に4つの概念を提案したのがイギリスの社会政策学者ブラッドショーである（Bradshaw〔1972〕）。彼の論文は必読文献とされるほど有名だが，人によっては訳語が違うことがあるのでカタカナ表記のまま紹介しておきたい。

ノーマティブ・ニード（規範的ニード）は，ニードをもっている当事者ではなく，他人である専門家，行政職員，研究者などが望ましいとする規範（norm）に基づいて判断するものである。法制度に決められた福祉サービスの提供基準が代表的な規範であるが，法制度には明確な基準はなくとも専門家としての知識や経験から妥当と思われる規範に則って判断する場合もある。

フェルト・ニード（感得されたニード）は，その必要性に当事者が自分で気づいたニードである。当人が何かの必要を感じてはいるが，まだそれを要求する行動はしていない段階のニードである。

エクスプレスト・ニード（表出的ニード）は，当事者がニードを自覚したのちに，それを表明する行動をとるものである。介護保険の給付を受けたいと思い関係機関に申し出る，といったことがそれにあたる。これは，**需要**と同じ意味である。

コンパラティブ・ニード（比較によるニード）は，当事者と類似の人や集団との比較によって明らかにされるニードである。類似の特徴をもつ人びとがある特定の福祉サービスを利用しているのであれば，当人にもニードがあると判定するということである。

この4つのニード概念は，真のニードを把握する方法としては個々に欠点をもっている。もともとブラッドショーは，そうした欠点があることを踏まえて，それらを複合的に活用する案を提案したのであった。

3 福祉制度と資源配分

需要と供給

福祉制度における資源配分は一般の市場とは異なる特徴をもつ。経済学の教科書では必ず「需要と供給」という部分があって，次のような説明がなされる。

市場で売られる商品には価格がついている。自己の福祉を高めるためにある商品が欲しくても，自分が支払ってもよいと思う価格よりも高ければ買わないし，それよりも安ければ買う。これが需要である。いっぽう，生産者は自分が売りたい価格よりも安ければその商品を供給しない。価格が上昇すればそれまで市場に出すのを控えていた生産者が商品を供給し始め，さらに投資を行って生産量を増大させるから供給量が増加する。需要量と供給量が過不足なく一致する価格になるまで，市場参加者間の競争が続く。

しかし，この理論は福祉には応用できないものである。

不充足ニード

競争的市場は，商品などの配分を最も効率的に行う機構と考えられている。しか

し，それは，サムエルソンの教科書の言葉を引用すれば，「財にたいするいちばん重要な必要なり欲求なりが──現金の裏打ちをもつかぎり！──みたされたことになる」(Samuelson〔1980〕=〔1981〕) ことを忘れてはならない。したがって，必要だと思いながらも支払い可能額よりも価格が高くて，つまり「現金の裏打ち」がなければ市場ではその商品を手に入れることができずニード（必要）は不充足のまま放置される。

　それが最低生活に必需のものとか，生活問題の解決や緩和に不可欠の福祉ニードである場合には，ほかの誰かの援助や給付を受けるしかない。そうした援助のやり方には，資金援助による購買力の提供という方法もあるし，財やサービスの直接提供という方法もある。ただし，資金援助が有効なのは福祉ニードを満たすための財やサービスが商品化されている場合だけである。そうでない場合は，かりに購買力があっても買いたいものが売られていないのであるから，市場を通じてニードを充足することはできない。

＜＜＜ 交換と移転 ＞＞＞　市場を通じて行われる取引を交換（エクスチェンジ）というのに対して，福祉制度を通じて行われる取引は移転（トランスファー）といわれる。市場で充足できないニードは，家族内での助け合い，宗教団体などからの贈与，地域社会や共通の関心で結ばれているコミュニティからの贈与としてニードを満たすとか，政府ないしそれに準ずる機関が生産し，必要とする人に市場を経ないで直接移転する以外には，その福祉ニードを満たすことはできない。

　このように，市場を経ないで行われる購買力，財，サービスの提供にかかわる資源の調達と配分を担当するのが福祉供給である。福祉制度は，現金給付の制度と，福祉サービスや相談支援，情報提供など人的役務サービスを含む現物給付の制度に分けられる。

前者は銀行振り込みでよいが，後者はそれを供給する仕組みの設計と運営が政策上の重要課題となる。

資源とは何か

福祉制度は，「資源をサービスに変換し，それをニードに割り当てることによってその充足を図る仕組み」ということができる。たとえば，保育制度は，家庭で保育が受けられないニードをもつ幼児に対して保育というサービスを行う保育士という人材を雇用して行う業務を司る制度である。

別の例として介護のニードがある時，それを充足するのは何だろうか。まずは，介護サービスを提供する人が必要である。それは単なる人ではなく，専門的な訓練を受けた**人材**であることが望まれる。次に，その人材は個人で介護事業を営業することもあるが，多くは事業体という組織に雇用されて働く人であるから**組織**も資源である。それらの組織は，人を雇い業務を配分し給料を支払うための**規則**をつくっている。また，給料の支払いその他事業の運営に要する経費の**財源**を獲得しなければならない。

そして，そうした介護サービスが必要とする人すべてに届けられるようにするには個々の事業体の力では手に余る。多くの事業体が必要であり，それらを統括し支援しつつ活動が継続的に行われるようにするための**社会制度**が必要である。事業体の連合が規格標準をつくり連絡調整をしながら個々の事業体を支援する安定的体制を築き，**行政**はどの事業体であっても介護サービスが**標準的な内容**で行われるような**規制**をしつつ必要な場合には**助成**をするような仕組みである。それらは，地方自治体レベルの**条例**で先進的につくられる場合と，それが国の**法律**に発展する場合がある。

上記の例示文の中にはいろいろな資源が含まれている。人材，組織，規則，財源，社会制度，行政，条例，法律，これらはすべ

てニードを充足するために必要となるものであり，資源としての性質をもっている。福祉政策においては，こうした資源をいかにして調達し配分するかが常に課題とされてきた。

福祉資源の配分

配り方の問題　わかりやすい例として，3個しかないリンゴを4人が1個ずつ欲しがっている時，どのようにして配ればよいだろうか。それが青果市場の商品であるならば，購入をあきらめる人が出るまでセリで価格が上昇する。これは，「価格メカニズム」を活用した配分ということになる。では，商品ではないリンゴを家族の間で分けるには，先着順，くじ引き，空腹の程度などの基準で3人に絞る方法になるだろう。これは価格メカニズムを用いない**割当**による配分である。リンゴを半分に切って全員に配る方法もある。これは「希釈」と呼ばれるラショニング（割当）の一種である。

福祉の現場で　リンゴの例はわかりやすさをねらったものだが，このような問題は社会福祉の現場で日々，生じていることである。たとえば，福祉事務所の職員数は変わらないのに，生活保護の来談者が日々増え続けるので，1人当たりの相談時間を短くする，介護施設の定員は変わらないのに入所希望者がそれを上回るので，利用資格を厳格化するとか，待機者リストを作成して空きが出ると順番に入所してもらう，あるいは，相談所が人手不足なので積極的な広報は控えるなどである。

社会福祉では価格を釣り上げて利用者を絞り込む方法はとらないので，その配分は必然的に割当に依らざるをえない。これらの例では，職員数や入所定員や資金が足りなければ増やせばよいではないか，という人がいるだろう。もちろんそれも解決方法である。しかし，そうした解決法は時間がかかるし確実に成果が出るわけではないので，当面は不足状況の中で何らかの割当方法を用

いなければならない。社会福祉を現実的に分析する場合に必ず遭遇する問題といえるだろう。

ラショニング（割当）の定義　こうした例を抽象化して概念定義をすると、「割当とは資源が必要量に対して不足しており、かつ本来的に価格メカニズムが適用不可能、ないし適用が不適切である状況において用いられる、資源配分の諸方法の総称である」ということができる。価格メカニズムの適用が本来的に不可能である場合とは、生活保護の受給者や児童自立支援施設への入所者を決めることなどを例に挙げればよいだろう。適用が不適切な場合とは福祉サービスの利用料を自由競争に委ねることが挙げられる。介護報酬などの利用料は政府が決めるものであり、競争市場における価格メカニズムで決まるものではないので割当に位置づけられる。福祉サービスの利用者からの負担金ないし利用料が引き上げられると、それを負担できない人は利用を控えることになる。利用料の引き上げが利用の抑制ではなく利用の適正化を意図して行われたものであったとしても、結果としてサービスを必要とする人の利用控えを誘発することにより利用抑制効果をもつからである。このように、割当は意図のみで定義されるのではなく、結果に着目して定義されるものである。

「割当」は英語のrationingを翻訳したものだが、「**配給**」と訳す人もいる。同じ意味ならどちらかに統一したほうがよいはずである。配給は戦後の焼け跡における炊き出し、食糧管理制度下における米などの配給、被災地における支援物資の配給などのような非常時の、しかも物品の配り方のみを思い浮かべる言葉であり、ワーカーの業務時間の配分や後述のように予算編成までをも含む言葉としては、やや意味が異なると思われる。なお、サムエルソンの経済学教科書では「割当」と翻訳されている。

割当は社会福祉の日々の実践の中で生じる問題であり，毎日のこととしてなかなか抜本的な解決もできず，惰性に流されている現場が多いかもしれない。しかし，それではいけない，という問題意識をもって改善に取り組まないかぎり，利用希望者はニードがあるのに放置される，ないし差別的で不適切な扱いを受け続けることになる。どんなことが行われているのか，何が起こっているのかを研究によって明らかにすることが必要である。

　1970年代半ば以降の低成長経済による政府の財政難を背景として，明示的に割当を課題に掲げた研究が増加してきた。その代表がイギリスのK.ジャッジの研究である。彼は，「財政割当」と「サービス割当」の2種類があるとして，日常的な福祉サービスの現場で行われる割当のみでなく，国家や地方自治体の予算編成そのものを割当とみなす研究を展開して，この問題の視野を格段に広げて社会福祉政策論の基礎を提供した（Judge〔1978〕）。

　社会福祉を抽象化して述べると，「ニードに対して資源を割り当てることによって，その充足を図る仕組み」といえるが，このような問題意識を表明した学者の代表が，R.ティトマスである。彼は，社会福祉研究の課題は「基本的には一連の社会的ニードの研究と，欠乏状態のなかでこれらのニードを充足するための組織（それは伝統的には社会的諸サービスとか社会福祉と呼ばれるものである）がもつ機能の研究」（Titmuss〔1968〕=〔1971〕）であると述べたが，この引用文にある「欠乏状態のなかで」という句の原語はin condition of scarcityとなっていて，社会福祉は資源の希少な中で行われるので多くの課題があるという意味なのである（コラム⑨参照）。

4 福祉供給システムの構造

　福祉サービスの提供には，誰が（提供主体），誰に（対象），何を（サービス），どれだけ（提供量），どのようにして（給付形態），という要素が絡んでいる。そうした要素でできあがる福祉サービス提供の仕組みを，「福祉供給システム」と呼ぶ。英語の delivery に当たる「提供」は福祉サービスを利用者に届ける部分，福祉の provision に当たる「供給」は法制度の構成や財源の問題など基底的な領域を含めた全体のシステムを指している。

提供主体（誰が）

　サービスの提供と資金の提供　日本では2000年までは，措置制度が福祉供給体制の中核であった。中央・地方の政府が福祉施設を設置する場合と社会福祉法人という民間の特別な法人に委託する場合があるが，権限・組織・資金からなる全体システムは政府の一元的管理の下におかれていた。しかし，たとえばグレンナースターというイギリスの社会政策学者が，「人々が陥る誤解の典型的なものは，教育や施設介護のようなサービスが公的機関によって提供されていれば公的資金が使われるべきとか，逆に，サービスが民間機関によって提供されていれば民間資金が使われるべきだ，という考え方である。しかし，それは，可能なさまざまな形態のわずか2つにすぎない」と述べた（Glennerster〔1992〕）ように，福祉サービスの提供を担当する者と，それに必要な資金を提供する者が一体になっている場合だけでなく，分離している場合についても考察されるようになってきた。

　たとえば，生活保護の実施システムでは，国→都道府県知事等

4　福祉供給システムの構造　　**255**

→福祉事務所長→社会福祉主事という流れで，公的機関の範囲内での委任によってサービスが提供され，資金も国と地方自治体との分担で公的に提供されているため，完全な公的供給だと思う人も多いだろう。しかし，生活保護法による扶助のうちの医療扶助，介護扶助，施設保護はそうではない。医療扶助では医療費は公的資金から提供されるが，医療サービスは公立・私立の指定医療機関が提供している。介護扶助も同様である。施設での保護をみると，資金は公的に提供しているが，サービスを提供する保護施設の約70％は社会福祉法人が経営する民営施設である。また，社会福祉施設全体の約半数は民営である。

福祉多元主義　　財やサービスを提供する者には，公的機関もあれば非営利，営利の民間機関もあり，資金提供は公的資金もあれば民間資金もある。そこで，福祉供給システムのバリエーションを分類しようとする考え方が生まれた。古くからの言葉でいえば，社会福祉における**公私関係**の問題と表すことができるだろうが，その様相はますます複雑さを増している。普遍性があるのは，資金面で半官半民になっているタイプである。公立の施設が公費と利用者からの負担を資金として運営するものである。非営利民間機関が公的機関から委託や補助を受けてサービスを提供するものも多い。公的介護保険では私企業が保険給付金（介護報酬）を収入として事業を行うタイプが制度化されたが，そこに自己負担をプラスして追加のサービスが提供されるタイプもある。資金は民間に仰ぎながらサービス提供は公的機関が担当するという逆のパターンのものは考えにくいと思うだろうが，独立採算で民業と同じ立場で公的機関が行う保養施設などはその例である。

　この現象は，社会福祉援助を受ける人びとが国民一般に広がるとともに，サービスの種類や利便性に多様な選択肢を求める過程

と対応して広がりをみせた。このような提供主体の多様化は，欧米で**福祉多元主義**（ウェルフェア・プルラリズム）として議論されてきたが，日本でもこの区分を意識的に取り上げた論議が1980年代半ばから行われるようになった。三浦文夫が提案した公共的福祉供給システムと非公共的福祉供給システムの分類（三浦〔1983〕）はその例である。公的機関が民間事業者からサービスを買い上げて利用者に提供する仕組みはイギリスやアメリカなどでは，パーチェス・オブ・サービスとか準市場といわれたりしている。

選別主義と普遍主義（誰に）

近代の福祉の歴史は，貧困者の救済や，放置すれば貧困に陥りかねないボーダーラインの生活をしている，労働市場など市場経済への参加が難しい人びとへの支援として始まった。これを受け継いで，福祉供給システムには，低所得の人びとを選び出す**ミーンズ・テスト**（資力調査）といわれる仕組みを内蔵したものがあり，**選別主義**と呼ばれている。

しかし，提供される給付の内容が，衣食住の提供を超えるサービス，または医療・介護・ソーシャルワークのような専門的サービスに発展するにつれ，そうしたサービスへのニードが一般所得階層の人びとにもあることが明らかになり，福祉ニードと貧困が分離するプロセスが進行した。そこで，所得の基準ではなくニードの有無を基準として選別した集団（ニード集団）を給付対象とするようになる。

また，リスク分散の仕組みである社会保険制度の中には，所得やニードを基準としないで，リスク集団に属することを基準に給付を行うものがある。年金制度がその典型で，所得や預貯金や不動産があって経済生活に支障のない人でも，高齢者というリスク

集団に所属することで権利として給付を受けられる。本来は若い人びとにとって高齢まで生き延びる可能性のあることがリスクなのであり、高齢者となった人びとはリスクを実現した人びとであるからこの「リスク集団」という言い方は正確さに欠けるが、ニードを基準としない給付が行われることをこのように表現したものである。所得や資産の基準ではなくニード基準やリスク基準によって受給者を規定する福祉供給は**普遍主義**といわれる。

普遍主義が進み国民の多数が給付を受けるようになると、星野信也が「福祉国家の中流化」という問題提起をしているように（星野〔1999〕）、所得の再分配の観点からは、所得の大きい階層から小さい階層への**垂直的再分配**よりも、同一所得階層内での**水平的再分配**に比重が移り、場合によっては所得の小さい階層から大きい階層への**逆進的移転**が起こるため、サービス利用について適正な負担を求めなければ不正義であるという議論や、垂直的再分配の強化という議論が起こってくる。

現物給付としての 社会福祉（どのようにして）

現金給付　公的年金給付、児童扶養手当等の諸手当および貧困者への扶助である公的扶助（生活保護）制度などは、現金を給付することによって個人や世帯に購買力を移転し、市場で商品として売られている財やサービスを各自の必要に応じて各人の判断で購入してもらうものである。これを、一般に現金（金銭）給付といい、租税の減免もその一形態である。現金給付に類似のものとして、一般金融機関からの融資を得にくい低所得者向けの低利融資（例：母子福祉資金や生活福祉資金）がある。現金給付では、給付そのものは一般金融機関へ振り込まれ、生活に必要な財やサービスの提供はその現金を用いて通常の商取引を通じて行われるのが一般的であり、市場など社会にすでに存在する手段

を活用してデリバリーを行う供給システムをとっている。

現物給付　いっぽう，要介護状態にある高齢者や障害者が在宅生活を送るための必需品である特殊寝台や車椅子や補装具のような用具を直接提供する制度もある。また，医療，看護，保育，介護，養護，相談援助のような人手によるサービスを居宅または施設で直接提供する制度もある。人手によるサービスはかたちのないものであるから，これを「物」と呼ぶのは違和感があるが，有形の財ばかりでなく無形のサービスも含めて現物給付という。

現金給付が商品市場を活用したものであるのに対して，現物給付では，給付される財やサービスを生産し提供する仕組みを構築し運営することが社会福祉政策の重要な課題となる。

バウチャー方式　現金給付とも現物給付ともいいがたい中間形態をとるものに，クーポン券や利用者証や商品券など多様な呼ばれ方をするバウチャーの交付がある。例示として，アメリカの貧困者向けのフードスタンプ制度が挙げられる。これは，食品の購入だけに有効なドル紙幣によく似た券を交付して，交付を受けた者が指定の商店で好きな食品を購入するものである。日本の生活保護の医療扶助では医療券を交付して指定の医療機関で医療を受けさせている。東京都では介護保険制度ができるかなり以前のことになるが，介護券を交付して要介護高齢者がその券と引き換えに家政婦紹介所のサービスを利用する制度があった。あるいは，福祉パスと称するバスの乗車券を交付することなども同様の方法である。

自由・効果・効率　現金給付は，お金の使い道は給付を受けた人が決めるという本人の自由を重んじる方策であるのに対して，現物給付は，給付目的である福祉援助やサービスを確実に入手できるようにする，給付の効果を重んじる方策である。バウチャー

制度はその中間に位置し，財やサービスの提供は市場ないしそれに類似の場で行い，その費用を公的機関が第三者支払いとして決済する仕組みだから，利用する側の自由度が高まる。それに対応するサービスが確保される場合にバウチャーを否定する理論的根拠は乏しい。現代の障害者総合支援法による支援は，指定事業者が提供する障害福祉サービスを利用した場合に，利用者に利用料の一部を給付するものであるが，実際には利用者に代わって業者が代理で受領しているから現物給付のように見えているだけで，本質はバウチャー方式の応用である。

　ただし，イギリスで1997年に導入された4歳児教育補助のバウチャー制度が，翌年労働党政権に代わると，バウチャーの配布・決済のために非効率で余計な官僚制度を創設しただけであると評価され，1年限りで廃止されたという例もある。日本でも，地域振興券問題（1999年）で似たような議論があった。これは，現金を交付するのに比べると効率が落ちるという問題であるから，自由，効果，効率のどれを重視するかが方策選択の基準になる。

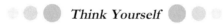   ***Think Yourself***

1　社会福祉の政策的ニードと実践的ニードの違いについて，「社会的承認」「集合的」「個別的」「パターナリズム」「自己決定」の語を用いて説明しなさい。

2　ブラッドショーが提案した「4つのニード概念」は，真のニードを把握する方法としては各々欠点をもつといわれている。その理由を考察しなさい。

3　福祉供給における現金給付と現物給付の長所と短所を述べなさい。

　ティトマスはよく，社会政策や社会
福祉の教育や研究を行う者は，自分が
拠って立つ価値前提を明らかにすべき
であると述べていた。それならば，彼
の価値前提は何かというと，利他主義
（altruism）にほかならない。それは利
己主義の反対であるとともに，市場主
義の反対の概念でもある。市場におけ
る交換は見返りを期待してなされる行
動であるが，福祉における移転は利他
主義に基づいて見返りを期待せずに行

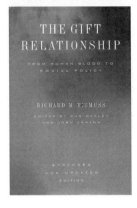

われる，「見知らぬ人から見知らぬ人へ」の贈与の関係を制度化した
ものであるとの思想である。

　1970年の著書，*The Gift Relationship* は，血液市場の問題をめぐ
って市場における交換よりも贈与交換のほうが有効であることを実証
するために，献血と売血の比較検討を行い，利他主義に基づく無償の
献血の優位性を実証したものである。写真は，AIDsとの関連で研究
内容の重要性が見直されて1997年に娘のアンの編集で刊行された新
版の表紙である。新版には，他の研究者による数編の血液関係論文が
加えられている。LSE校に設けられたリチャード・ティトマス・プ
ロフェッサーの職にあるJ. ル・グランは新版へのコメントの中で，
「この本が出た時，自分はアメリカの博士課程でミクロ経済学を研究
する院生であった。そこに突然出現したこの本は，市場の普遍的優越
性に対する挑戦であると思った。ケネス・アロー教授がニューヨーク
タイムズに書評を書くほどに高く評価された本であった」と回顧して
いる。さらに彼は続けて，「本書のパワフルな点は，その論点が血液
市場の問題に限られず，保健医療や社会政策における市場の活用，ひ
いては市場経済全体への批判に向けられた点である」と述べている。

第13章 福祉政策と市場経済

　本章では，経済理論からみた福祉政策の意味合いを探る。現代資本主義国家では，経済政策とならぶ重要性を確保した福祉政策であったが，やがて逆にやっかいものとして扱われ，19世紀の自由主義時代に逆戻りするかのような状況が現れてきた。「政府の失敗」を指摘して，福祉分野に市場経済を導入する方向性である。それは，福祉政策の根拠を「市場の失敗」に求めた伝統的経済理論とは矛盾する。市場も失敗し，政府も失敗するのなら，福祉政策はどこに活路を求めればよいのか。「情報の失敗」の理論からすれば，政府が失敗したから市場に戻すという教義は，福祉サービスの劣化をもたらす短絡した考えではないかと疑う余地がある。

社会保障や労働政策などに要する支出を社会支出と呼ぶ。OECD の資料から主だった国について社会支出の対 GDP 比をみると，日本とイギリスは 22％程度，アメリカは 25％程度，フランスは 30％程度となっており，国民経済に占めるその位置はかなり大きなものがある（第 11 章参照）。NPO（民間非営利団体）のような市民参加活動が盛んになってきてはいるが，少なくとも資金面に関するかぎりは，福祉の供給に対して公的セクター以上に貢献しているセクターがあるかといえば，それに勝るものはない。

　しかし，第 1 章で述べた新自由主義ないし新保守主義による**小さな政府**の主張が強くなるにつれて，アメリカでは確定拠出型年金制度（401K プラン＝内国歳入法第 401 条 k に基づく年金制度）が現れ，拠出額を確定したファンドを証券市場で運用することが盛んになった。イギリスでは，国営医療である国民保健サービス（NHS）や地方自治体が行うコミュニティケアの領域で，**疑似市場**（準市場）と呼ばれる競争要素を取り入れたかたちのサービス調達方式を導入する法律が 1990 年に成立している。日本でも 2000 年以降，福祉サービスへの民間事業者の参入拡大につながる社会福祉基礎構造改革がなされた。福祉の公的供給へと向かって発展してきたはずの歴史があたかも逆に進むかのような，**福祉の混合経済**（ミックスト・エコノミー）と呼ばれる現象が現れている。社会権や福祉権あるいは生存権という法的な権利を主張するだけでは，この現象を理解することは難しい。経済学をひも解いてどのような考え方があるのかを検討することが大切になってきた。

1 福祉政策と経済政策

福祉支出の経済効果

19世紀的な自由放任主義を否定して，福祉政策や雇用政策に政府が乗り出すことを正当化する根拠となったのは，ケインズの有効需要の原理であった。しかし，「小さな政府」の世論形成が盛んになると，**ケインズ主義批判**の動きが活発化した。それへの反発として，社会保障や社会福祉が**経済安定化機能**をもつという主張がなされることも多い。たとえば，嶋田啓一郎という福祉学者は，財政危機の下での社会保障の存在意義を論じて「ケインズの有効需要形成のための購買力の再分配理論は，この問題に限り依然として有効な示唆を与えているであろう。購買力の再分配によって消費性向を強調するための有効手段として，社会保障は景気安定に重要な**ビルトイン・スタビライザー**の役割を果たしてきたのである」と述べている（嶋田〔1981〕）。

たしかに，サムエルソンが，「福祉的な支出は反資本主義的であろうか」と設問し，「『第一ラウンド』では，これらの支出は直接に財貨やサービスを消費しない。しかしそれは，それを受け取る人たちの購買力をふやすことにより，『第二ラウンド』では，自由私企業のための注文や仕事を作り出すことになる」と答えて（Samuelson〔1980〕＝〔1981〕），資本主義経済に対する社会保障支出の積極的意義を認めているように，社会保障による給付はそれを受けた人が貯蓄に回さないかぎり個人消費を拡大する需要創出効果をもっている。政府が公共事業に資金を投下することも，社会保障に支出することも，需要を創出する点では同じであり，経

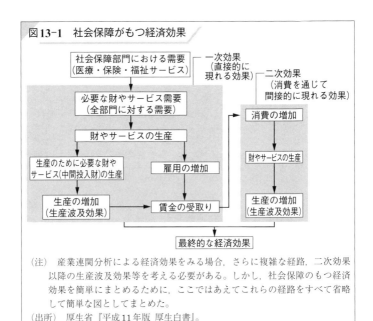

図13-1　社会保障がもつ経済効果

社会保障部門における需要
（医療・保険・福祉サービス）
　一次効果
　（直接的に現れる効果）
　　　二次効果
　　　（消費を通じて間接的に現れる効果）

必要な財やサービス需要
（全部門に対する需要）

財やサービスの生産

生産のために必要な財やサービス（中間投入財）の生産

雇用の増加

消費の増加

財やサービスの生産

生産の増加
（生産波及効果）

賃金の受取り

生産の増加
（生産波及効果）

最終的な経済効果

(注)　産業連関分析による経済効果をみる場合，さらに複雑な経路，二次効果
　　　以降の生産波及効果等を考える必要がある。しかし，社会保障のもつ経済
　　　効果を簡単にまとめるために，ここではあえてこれらの経路をすべて省略
　　　して簡単な図としてまとめた。

(出所)　厚生省『平成11年版 厚生白書』。

済安定化機能を果たすであろう（図13-1）。

| ビルトイン・スタビライザー |

経済安定化とは，景気循環をなるべく少なくしてスムーズに完全雇用を維持していくことであり，ビルトイン・スタビライザーとは経済に組み込まれた自動安定装置のことである。不況期には租税収入を減らす一方で財政支出を自動的に増やす。好況期には自動的にその逆の作用をする。社会保障制度の中にも自動安定機能をもつものがある。代表的なものは雇用保険における**失業等給付**である。失業等給付の総額は，失業者が多く出る不況期には増大して消費を支えて景気の悪化を和らげる。好況期には減少して過大な支出を抑え経済を安定に導く。また，生活保護のよ

うな公的扶助制度が，貧困労働者を対象とした給付を行っている場合は，不況期の稼働収入の減少を補うため給付総額は増加し，好況時には稼働収入が上昇するから給付総額は減少する。

　では，福祉サービスの場合はどうだろうか。福祉サービスの多くは，生活保護などと違って現金の移転というかたちをとらず現物給付形態であるから，個人消費の拡大にはつながらない。しかし，福祉サービスの利用者の増加は従事者の雇用増加をもたらし，また，政府が購入する財やサービスの増加につながるため，国民所得に対して何らかの効果をもつ可能性もある。

トレードオフ
しかし，いま述べたことは正しい理解だろうか。それを検討するために，2つのことを考えてみたい。

(1) 財政政策は自動安定装置だけに依存するのではなく，裁量による財政収支のコントロールによって補われるものであること。

(2) 社会保障が自動安定機能を果たすのは，社会保障の特質から付随的に生ずるものであって，けっして社会保障の目的ではないこと。

　これだけでは意味がわからないから，理解のための補助的な方法として，社会保障支出の変化の仕方を次の2つの場合について考えてみよう。

① 給付水準は変わらないが受給者数が増減するので社会保障給付費が増減する場合。

② 受給者数は変わらないが給付水準が増減するので給付費が増減する場合。

　現実には受給者数も給付水準も同時に変化して両者の相乗効果として社会保障支出は変化するが，これは論点を明らかにするた

めに社会保障費が受給者数（数量）と給付水準（単価）の2つの要因で決まることを想定したものである。

　自動安定機能にかかわるのは、①の受給者数が変化する場合である。しかし、かりにでも社会保障の目的が経済安定にあると考えられて、自動安定装置部分による調整だけでは経済安定効果が小さいとなれば、②の給付水準の変更が裁量的な財政政策上で必要になるだろう。つまり、経済安定化が社会保障の目的だとすると、景気のよい時には給付水準を引き下げ、悪い時には引き上げるといったおかしなことが起こりかねない。それは、社会保障のもう1つの目的である生活の安定との間にトレードオフをもたらしてしまう。トレードオフとは目的が両立しないことで、平たくいえば「あちら立てればこちらが立たず」という問題である。

| 雇用と社会保障 | ここでふれておきたいのは、1942年にイギリスで発表されたベヴァリッジ・レ

ポート（第1章、第3章、第9章で詳述）が社会保障計画を述べるにあたって、「いかなる社会保障計画も、次の前提に基づいて計画されたものでない限り満足なものではありえない」として、①児童手当の支給、②社会の全員に包括的な保健およびリハビリテーションを提供すること、③雇用を維持すること、の3つを指摘していたことである（Beveridge〔1942〕=〔1969〕）。

　レポートでは雇用の維持が社会保障の前提である理由を5点挙げ、そのうちの最も重要なものとされる第4番目の理由において、社会保障の給付は所得保障以上のものではなく、人間の幸福のためにはきわめて不十分であるから、雇用の確保は社会保障とは別の施策によって行われるべきと述べている。つまり、社会保障によって雇用を確保しようとするのは本末転倒である。雇用が安定していることを前提として、その下での最低生活の維持、所得分

配の均等化こそが社会保障の目的である。

　この本来的目的のためには，給付水準は国民の生活水準の上昇に合わせて着実に引き上げられるべきであり，景気動向に応じて上下すべきものではない。したがって，社会福祉を含む社会保障支出が裁量的財政政策の手段とされるのは理屈が立たない。政治家などが，社会保障予算増額要求の武器として経済安定効果を主張する議論をしているのを見受ける。また，1999年版『厚生白書』でもそのように述べられている。しかし，それは，好況期に社会保障の本来的目的を阻害する論拠に転じる両刃の剣になる可能性があるので，より慎重な考慮が必要だろう。

2 市場の失敗

　福祉国家のイデオロギーとしてのケインズ主義は，経済安定に果たす国家の役割については革命的な理論であるけれども，それをそのまま社会保障の根拠だと考えるとおかしなことが起こる。もともと，有効需要の原理は市場の働きが価格伸縮的でない場合の数量調整として意味をもったのであるから，その点に限定した考え方をしないと足元をすくわれる。しかし，だからといって，福祉供給を市場にまかせればよいのかとなると話は別である。経済学には「市場の失敗」という考え方があり，公共主体が経済活動を行う根拠と考えられてきた。

市場と価格メカニズム　社会主義の計画経済では，どの資源をどれだけ用いて何をどれだけ生産するかを国ないし中央当局が計画を立てて決めていく。これに対して，資本主義経済では，資源配分の調整を市場にまかせている。供給者

と需要者が競争を繰り広げていく中で一定の価格が定まり，その価格の下で欲しいものが欲しい数量だけ供給されることによって資源が最も効率的に配分される。これが経済学の説く理論である。その仕組みは，価格が数量調整の指標の働きをするので**価格メカニズム**と呼ばれる。

　しかし，市場の資源配分機能についての議論は，ある特定の商品がいくらで売られているかといった情報が十分人びとに知られているとか，その商品の質なり性能がよく知られているといったように，完全な情報があるという仮定や，ある生産者がほかの生産者を支配するような立場にはなくみなが平等に競争に参加する，といったいくつかの仮定の下で展開されている。しかし，現実には独占や寡占によって理想状態が確保されないことがあるほか，市場取引が成立しない公共財などの問題があるため**市場の失敗**という現象が生ずるのである。

公 共 財　市場の失敗を導く要素として，市場取引に向いていない特性をもつ財やサービスの存在が挙げられる。非排除性や非競合性というのがその特性で，これを公共財といい，サムエルソンによって理論が完成された。

　非排除性　たとえばこの本だが，あなたがこの本を買って読むと，その途端にほかの人にもこの本の内容が伝わってしまうことはありえない。読みたかったら各自が買わなければならないから，本屋さんは成り立つのである。これに対して，テレビやラジオのような電波メディアは，誰かが受信契約をして電波を発信してもらうと，その途端に電波の届く地域のすべての人が受信できるようになる。ただし，ほかの誰かが契約してくれるのをみなが待っていると，買う人は結局いなくなる。だから，放送会社は電波そのものを視聴者に売るのでなく，企業などの広告主に放送番

組を売って収益を得ている。放送番組は私的財としての商品だが，電波は商品ではなく公共財である。

　書物の例ではあなたの消費は他人の消費を排除しているが，電波の例ではあなたの消費が同時に他人の消費になる。自分の消費が同時に他人の消費になることを消費の非排除性というが，その場合は他人が買ってくれればよいので自分はその商品を買う必要がない。消費の利益を受けたければ各自がその商品を買わなければならないという前提の下で市場は成立するのであるから，自分が買わなくても利益を得られるのであれば，結局は誰も買わなくなってしまう。したがって，非排除性をもつ財やサービスには市場が成立しない。また，排除が可能（例：ケーブル・テレビ）であっても，排除の費用が高すぎて採算がとれないため，私的に供給されないこともある。

　非競合性　　ある物を使うことによってほかの人の消費を制限してしまう，あるいは，誰かが先に使ってしまうと自分が使えなくなるので競争してほかの人よりもっと高い値段で買うという行動をもたらす性質を競合性という。これとまったく違う例としては，道路使用などがわかりやすい。混雑していない道路をあなたが自動車で走っても，他人の道路使用を制限することにはならない。他人が消費したからといって自分の消費が制限されないことを非競合性という。

　非排除性や非競合性を備えた財やサービスは，民間市場では供給者が現れないので公的に供給するほかには方法がない。こうしたものを**公共財**といい，**社会財**と呼ぶこともある。

　道路の例では混雑してくると入れない車が出てくるように，非排除性や非競合性には程度があり，完全にそれが成り立つものを**純粋公共財**，部分的に成り立つものを**準公共財**という。純粋公共

財の代表は**国防**である。誰かが守ってくれるから自分はやらなくてもよいとなると，結局は防衛活動を行う者はいなくなるので国が担当するほかはない。治安維持の**警察活動**，伝染病予防の公衆衛生，義務教育も公共財の範囲に入る。有料で病原菌を除去するサービス業者がいたとしても，近隣地域全体を消毒しなければ効果がないとなると，誰かが注文してくれれば自分は契約しなくてすむからである。

　しかし，福祉サービス一般を公共財とみるかどうかはかならずしも明確ではない。というのは，福祉サービスを利用するのは個々人であり，その利益は個人のみに帰属しているから，自分がサービスを利用すれば他人も同時に利益を受けるという非排除性は希薄であるし，ある個人がサービスを利用すれば，サービスに携わる人材は限られているからその分だけほかの人が利用できなくなる競合関係があるからである。

　価値財　　これとやや違うものに，マスグレイブという財政学者が提案した価値財（メリット財）という考え方もある（Musgrave〔1959〕）。それを消費することが望ましいと社会的に考えられるもの，たとえば義務教育や福祉サービスなどをいう。これらはお金を出してそれを買いなさいといわれても，財力が伴わない人は買うことができない。結局，たとえば有料老人ホームのように市場規模が小さな限られたものになって，必要であるのに利用できず本来の目的が達成されなくなるので，公的に提供すべきだという理屈が生まれる。

　　　　外　部　性　　消費によって当人が利益を受けるばかりでなく同時に他人にも影響を及ぼすことを外部性とよぶ。他人に不利益を与えることを**外部不経済**，利益となる場合を**外部経済**という。自動車に乗って燃料を消費するこ

とで自分は敏速な移動ができる利益があるが，排気ガスによって周りの人びとの健康に害悪を与えることなどは外部不経済のわかりやすい例である。つまり，自動車やガソリンの価格の中にその消費が生み出す費用（公害）の負担が含まれていなければ，被害を受けた人が自分で医療費などを負担することになる。これは，市場の外部で発生する事態だから外部性という。

社会的費用という言葉を使うことも多い。厚生経済学（ウェルフェア・エコノミクス）の創始者に数えられるイギリスのピグーという学者が，工場の煤煙問題について社会的費用の概念を提起したのが最初だといわれており，1920年のことである。煤煙によって洗濯物や家屋が汚れるのに，どの工場が犯人かわからないから野放しであり，個々の家庭の負担になるという問題であった。被害を受けた者が負担するのはおかしいが，かといって犯人を特定するのも難しいので，公害規制やその除去のための事業を政府が税金で行うことや被害の補償を行うことが求められる（Pigou〔1920〕）。

別の例として教育を考えてみる。私立学校のように市場ベースで提供される教育では，親は自分の子どもが希望の教育を受けるための負担はするが他人の子どもの教育費用までは負担したくない。だから，全員に教育を行う社会共通の教育基盤をつくり出すには，市場は向いていない。このように，消費者が支払う費用だけでは，その消費が生み出す社会全体の費用を負担できない問題がある。社会的費用を伴う財やサービスでは市場は役に立たず，政府による規制や問題を除去する対策や財やサービスの供給が求められる。

| 独占・寡占 |

次に，独占・寡占による**不完全競争**の問題がある。完全に効率的な資源の配分は

市場が完全競争状態にあって初めて実現するという理論からすると，強大な力をもった少数者が市場を占有していてほかの者はまったく太刀打ちできない状態だとすると，人びとはその生産者が決めた値段で買わざるをえない。競争が行われていれば価格はもっと下がるはずだから，その分だけ資源が無駄に使われ，非効率な状態となる。このため，政府が，独占禁止などの**規制**を行い，市場の競争条件を整える必要がある。

　医療の例では，地域に小規模な診療所が数多くあるのと，大きな病院が少しあるのとではどちらがよいかといっても，市場の自由にまかせていれば大きな病院が有利となり，地域的な医療の独占状態が生まれる。地域に1つの大病院しか医療機関がないということだと，医療の価格ばかりか質の面でも競争が行われない。だから，小さな診療所と大きな病院が競争するのではなく，機能分担を進める方策が求められる。そうしたことは，市場にまかせていては実現されない。

　　　　慈　善　　　　経済合理性というのは，平たくいえば，自分に最も有利なように取引に臨むことである。自分さえよければ他人はどうなってもよい，という行動といえるが，人間はそのような経済合理性だけで行動するものではない。世の中がそういう人ばかりであることは，まずありえない。隣人が貧しいつらい暮らしをしていればこれを援助したい，という気持ちがわき，また援助をすることで富者は心の安定を得る。ところが，その援助を素直に隣人が受け取ってくれるだろうか。援助を受ける人の立場になると，みじめな思いがいっそう強まり周りの人に恥じる気持ち，むしろ周りの人から辱められたという恥辱感が強まることもある。慈善活動が個々に行われている段階では，その広がりは資源の面ばかりでなくそれを受ける側の

立場からも限界がある。

　隣人や近隣からの援助ではなく，見ず知らずの人からの援助であれば受け入れやすくなり，みじめ感や恥辱感も和らぐ。このためには，慈善を広く社会的に組織するほうがよい。それが社会保険に発展することもあるし，公的機関の行う福祉サービスになることもある。もともと慈善は市場の外で行われる活動ではあるが，これを私的に行うより公共的・集団的に行うほうが目的を達成しやすいのである。

3 情報の失敗

市場ベースの
福祉サービス

　公共財ないし市場の失敗という考え方は防衛，治安維持，公衆衛生などには当てはまっても，福祉サービスの公的供給の根拠としてはまったく疑問の余地がないというほど確固としたものではない。というのは，市場の失敗を福祉サービスに当てはめようとしても，そうしたサービスに類似のものが市場で現実に提供されているからである。たとえば，医療では，アメリカのように，皆保険制度でないために私的負担や私的保険で賄っている国もある。年金も生命保険会社から個人年金が各種売り出されて大きな市場を形成している。また，日本でも市場ベースで提供されている有料老人ホームや託児サービスには，公的福祉サービスとそっくりなものがある。このように，福祉の範囲に含まれる各種の財やサービスについて現実に市場が存在していることをどう考えればよいかという問題がある。

　これを打ち破る理論が，情報の失敗論である。市場が十分にそ

の機能を発揮するには競争できる条件が整っていなければならない。その条件として情報が完全に知られていることが重要である。価格や品質の比較ができなければ競争自体が成り立たないから、情報が不完全であれば市場はその機能を果たさない。とりわけ福祉や医療の分野では情報の不完全性は重大な要素になっている。グレンナースターというイギリスの福祉学者は、福祉サービスでは消費者側と提供者側両方に**情報の失敗**があると指摘している（Glennerster〔1992〕）。彼の考え方を以下に紹介する。

消費者側の知識の不足

第1に、米や味噌などと違って、福祉サービスでは自分にどのサービスが必要なのかを消費者は判断できないことがあったり、そもそも知らないことが多い。何が欲しいのかがわからなければ市場に参加できないはずである。病気になっているかもしれないと自分で思っていても、本当に病気なのかわからないということは、日常当たり前のように発生している。病気であったとしても、どういう治療が必要なのかもわからない。この、何が必要なのか消費者にわからないという問題が、福祉サービスの入り口でまず出てくる。そのために専門職者がアドバイスしてくれるわけだが、そのアドバイスが適切なものかを判定する能力も消費者側にはないことが多い。

第2として、必要なサービスがわかったとしても、提供されているサービスの質が、必要に応じたものでかつ適切に行われているかを判断することが難しい。というのは、ほかのサービスと比較しにくいからである。福祉サービスの特徴は個別化されたパーソナルなニードに対応するものであることから、ほかのものと比較するといっても比較するものが限られる。

第3に、かりに市場でサービスを購入したとしても、その価格が妥当なものであるのかを知ることができない。もう少しお金を

余計に払えばよりよいサービスを受けられるという話を聞いても，少しのお金というのはどのくらいなのか，また，それが妥当なのかを判断する情報がなく，いわれるままに払うのが普通であり，市場の原理で決まるものではないであろう。

　第四に，**不確実性の問題**，すなわち将来の事態を予測できないという問題がある。あるサービスを受ける時は，それによってどのような結果が得られるかの見込みがあるはずだが，医療や福祉の場合は実際にはそこが不明確である。

　福祉サービスの提供者側と利用者側で情報量の違いがあり，利用者の情報不足から適切な選択が行えないことは，**情報の非対称性**と呼ばれている。日本で2000年に行われた社会福祉基礎構造改革では，福祉サービスの利用が，役所による措置として行う方式から利用者が選択して決める方式に変更された。この方式がうまく機能するためには，利用者に対する情報支援が決定的に重要である。福祉サービス利用援助事業や，利用者の苦情を解決するための運営適正化委員会，福祉サービスの情報提供などの規定が新たに社会福祉法に盛り込まれたのは，そのためである。

提供者の知識の不足

逆選択（アドバース・セレクション）という言葉がある。競争的市場の利点として，優れた商品を安く提供する業者が選ばれ勝ち残ることが挙げられる。逆選択とはその反対で，劣った業者が勝ち残るという市場のパラドックスを意味している。

　アメリカで一般的にみられる民間の医療保険会社の例を考えてみると，会社としては病気のリスクの高い加入者には高い保険料を課すのが合理的な行動である。あるいは，病気のリスクの低い人びとに多く加入してもらいたいであろう。というわけで，保険会社は疾病確率などの消費者についての知識が欲しい。一方，加

入者としてはなるべく保険料の安いプランに加入するのが有利だから，自分の疾病確率を低くみせたい。自分に重大な疾病の危険があっても，それを隠したいと思うであろう。保険契約時にみずから進んでがんや糖尿病のリスクが高いと申告する人は少ないであろう。

　高いリスクをもつ人を発見できずに加入させてしまうと，全体として保険金支払いが高くなる。これをカバーするためには，**保険料を引き上げ**ざるをえない。その結果，リスクの低い人でも高い保険料を支払わなければならなくなり敬遠される。結果として，経費節減に努めて効率化を図るよりも，健康な人だけを加入させて収益を得ようとする，安価ではあるが，医療保障の目的からみると安易な劣った保険会社が増えてくる。このことを**クリーム・スキミング**ともいうが，それは牛乳の上澄みであるクリームをすくいとるように，「いいとこどり」をしたいという動機から生じる現象だからである。

　逆選択の問題は，保険だけの問題ではない。高齢者の老人ホームや児童の養護施設などを市場で提供することを考えてみても，料金に差がなければ，サービス提供者としてはなるべく手のかからない人に入ってもらいたいと思うだろうから，同じ問題が生じる。学校の場合も学費が同じならば学業成績が成就しやすい生徒を入学させたいだろう。

モラル・ハザード

　情報との関連で第3に指摘されるのは，モラル・ハザードの問題である。日本語にすると道徳的退廃というおおげさな言葉になるが，英語のまま用いることが多い。引き続き保険の例で考えてみると，保険会社が加入者に関する十分な情報をもっていない場合，加入者はどういう行動をとるだろうか。生活困窮となっても保険金が出るから

大丈夫だということで就業の努力を怠るといったことが問題になる。そのままだと保障の費用が高くなって，この保険はほどなく成立しなくなるであろう。依存心を必要以上に高めて道徳性の低下を導いてしまうことを，モラル・ハザードという。

不 確 実 性 慢性疾患に罹患しているとわかっている人が民間の医療保険に加入することは難しい。反対に，どの程度のリスクがあるか何もわかっていなければ収支計算の見込みが立たず，この場合も保険は成立しない。年金保険でも，将来のインフレを予測することは不可能だから現在の貨幣価値を給付時に保証してくれる保険会社は現れない。政府の補助がなければ，高い不確実性の下で私的保険による生活保障を行うのは困難である。福祉サービスが公共財の特性である非排除性や非競合性を備えていないとしても，情報の不完全性ゆえに競争市場に適さず公共的な介入が必要になるのである。

4 政府の失敗

政府の肥大化 社会的権利の保障に加えて，上記のような理論づけもあって各国において福祉への公共支出水準が上昇するのであるが，1970年代中期以降の世界的な不況と先進諸国における経済成長の停滞といった状況の悪化の中で，**政府の失敗**という論議が行われるようになった。**公共選択（パブリック・チョイス）学派**による，民主社会において公共選択として行われていることがらは，必要以上に肥大化する傾向をもっているとの意見がそれである。

その背景には官僚の行動様式，また，官僚の行動を背後から突

き動かす**圧力団体**の行動という社会学的とも政治学的ともいえる力が働いている。政府の活動が必要で十分であるかどうかということのほかに，官僚が自分の勢力を伸張させるために事業を拡大させる動機をもつ傾向がある。また，民主社会の中では選挙を通じて人民の意思が政治に反映されるが，1人1票の原則を超えて，大きな勢力をもつ団体が政府事業からの既得権を守り拡大させようとして，官僚と手を組んで権益の獲得競争を行うことが一般的にみられるようになる。

福祉のみならず産業，公共事業などのあらゆる分野でそうした勢力行動が発生する。どこかを増やせばその分どこかを減らす，いらなくなったものを廃止するという合理的な意思決定というよりも，ただひたすらに肥大化する。効率よく事務・事業を執行し，あるいは，適正な規模の事業をなるべく費用がかからない方策で進めるためのインセンティブ（誘因）が欠如してしまう。資金が不足すれば増税をするとか，増税が難しければ公債を発行するというかたちでコスト意識が薄れていく，というのである。

福祉における効率化の阻害要因

福祉分野では，効率的運営であるとか**コスト意識へのインセンティブ**などが，次の4つの理由から欠如しやすいといわれている。

第1は，社会サービスで提供しているもののアウトプットを測定する尺度がないこと。このため成果が明らかでなく，納税者は福祉に支払っている金が本当にその値打ちを発揮しているかどうかがわからず，事業の廃止，継続，改善，拡大といった方針についてコメントすることが難しい。そのために，全般的にコスト高となる傾向をもちやすい。

第2は，競争者がないこと。自分が受けているサービスが良質

なものかどうかを知りたくても，ほかに競争事業者がないので比較できない。事業者としては委託を受けた分の費用は公的機関から支払ってもらえるから，競争が成立しにくい。結局は品質を評価することがなく，そのために非効率な状態に陥りやすい。

　第3に，サービスの選択肢がない。現在受けているサービスに疑問があるからといって乗り換えるべき別のものがないので，サービス改善へのインセンティブが働かない。

　第4に，福祉サービスはかならずしも無料ではなくて利用料の徴収が行われているとはいえ，おおむね低廉な料金に設定されているために，利用者に消費者としての意識が芽生えにくい。むしろ，施しを受けている気持ちが強く消費者としての権利を主張することもなく，利用者は依存的になるばかりで改善を求める意欲を失ってしまう。

福祉改革と市場

　政府は福祉ばかりを行っているわけではなく，ほかの産業分野についてもさまざまな補助事業を行っており，もともとほかの分野について政府による民間活動への過関与，民間の自由な競争の阻害により効率を損ねているというのが，政府の失敗論のおもな主張であった。ところが，1980年代末になると福祉の分野での非効率を指摘する声が高まってきた。イギリスでは福祉サービスの分野にマーケット的な状態（準市場ないし疑似市場）をつくり出そうとする法律改正が1990年に行われた（NHSおよびコミュニティケア法）ことは本章の冒頭で述べた。それはこのような文脈で生じたことである。政府の失敗は，現実の制度改革を導く大きな影響力をもつ議論となったのである。

Think Yourself

1　社会保障は経済安定化機能をもつといわれることの意味を述べよ。また，社会保障の目的と経済安定化機能との関連性を論じなさい。

2　市場の失敗とは何か，「価格メカニズム」「公共財」「外部性」「独占・寡占」の用語を用いて説明しなさい。

3　市場において福祉サービスが供給されることの長所と短所を論じなさい。

　福祉制度にはニードに応じて給付が受けられるものばかりでなく，豊かな人ほどより多くの給付を受ける仕組みのものがある。ティトマスは，そうした点をとらえて，社会政策の3つのモデルを提案した。A残余的福祉モデル，B産業的業績達成モデル，C制度的再分配モデルである。AとCはウィレンスキーらのモデルに似ているが，Bの産業的業績達成モデルはティトマス独特のものである。

　モデルBについて彼は，「社会的ニードは，能力，就労の成果および生産性を基礎として充足されるべきだ，という立場」から経済システムに付随して形成される福祉モデルであると解説している。たとえば，給料以外の諸手当，退職金，企業年金などは，業績のよい企業従業員であるほどより多く利益を享受するようになる。企業福祉はこのモデルの典型である。ほかの例では，老齢年金が退職前給与に比例して給付される場合も豊かな人ほどより多くの給付を受けることになるし，累進所得税制における各種控除では所得の高い人ほど税の減免額が多い。

　モデルCの制度的再分配モデルは，これとは対照的に，ニードに応じた配分を行う福祉システムが国民一般の通常の生活手段として組み込まれている状態を指しており，社会民主主義的な福祉供給のあり方を示している。

　このモデルはロンドン大学での講義ノートをもとに，彼の死の翌年に出版された *Social Policy: An Introduction*（写真）において提起されたものである（Titmuss〔1974〕）。このため，このモデルについてもっと説明を聞きたいという希望が読者から寄せられても，本人からの応答が得られない最後のメッセージとなったものである。

第14章　社会福祉政策の国際的展望

　この章では，世界の動向の中から日本の社会福祉政策の課題を考えるための素材を提供している。最初に，世界人口の増加，高齢化，貧困の問題と，そうした課題の解決にむけたMDGsとSDGsを紹介する。続いて，日本を含む先進国における相対的貧困の状況をOECDの資料から確認する。貧困率は国ごとに大きな違いがあり，5%台から17%台までの開きがあるが，子どもや高齢者ではその差がさらに大きいことがわかった。福祉国家のそうした多様性を説明する試みとして，エスピン‐アンデルセンの福祉レジーム論を紹介する中から，社会福祉政策の課題が所得保障から社会的ケアへと移ってきていることが明らかにされる。

1 世界の福祉状況

世界人口の増加と
高齢化 国連加盟国は 2019 年 10 月 1 日現在で 193 か国，世界人口は 77 億人を数えている。地球上のこれら多数の国家と人民は，どのような福祉状況にあるだろうか。

『世界人口推計2019年版』（国連広報センター）によれば，世界人口は，2050 年には 97 億人，そして 2100 年までに 109 億人に達すると見込まれている。

　一方，世界人口の高齢化も進行中であり，高齢化率（65 歳以上割合）は 2019 年の 9％から，50 年までに 16％になるとされ，北アフリカ・西アジア，中央・南アジア，東・東南アジア，ラテンアメリカ・カリブの各地域では，高齢化率が倍増すると予測されている。また，ヨーロッパと北アメリカの高齢化率は 50 年に，25％になると推計されている。

貧 困 化 最も大幅な人口増加が起きると見られているのは，インド，ナイジェリア，パキスタン，コンゴ民主共和国，エチオピア，タンザニア連合共和国，インドネシア，エジプトの順であり，インドは 2027 年頃，中国を抜いて世界最多の人口を擁するとみられている。これら最速の人口増加が見込まれるのは，その多くが最貧国であり，国連では，「それらの国では人口増加により貧困の根絶，不平等の是正，飢餓と栄養不良への対策，保健・教育のカバレッジと質の向上に対して，追加的な課題」が生じていると指摘している（https://population.un.org/wpp/）。

21世紀への前年である2000年に，世界における極度の貧困を削減することなどを議題として国連ミレニアムサミットが開催され，それまでのいくつかの国際会議で確認されてきた事項をまとめて8項目のMDGs（ミレニアム開発目標）が掲げられ，全加盟国が2015年までに達成することに合意した。すなわち，①極度の貧困と飢餓の撲滅，②普遍的な初等教育の達成，③ジェンダー平等の推進と女性の地位の向上，④乳幼児死亡率の削減，⑤妊産婦の健康の改善，⑥HIV／エイズ，マラリア，その他の疾病のまん延防止，⑦環境の持続可能性の確保，⑧開発のためのグローバルパートナーシップの8つである。これらの目標（ゴール）ごとに具体的なターゲットが定められ，たとえば，①の貧困の削減目標については，「2015年までに1日1.25米ドル未満で生活する人口の割合を1990年の水準の半数に減少させる」ことが目指された。

それから15年が経ち，2015年9月の国連サミットで，「我々の世界を変革する：持続可能な開発のための2030アジェンダ」が合意され，2030年を目標とするSDGs（持続可能な開発目標）が作成された。MDGsを引き継ぎつつ新しい課題を加えて17のゴールが設定されている。すなわち，①貧困，②飢餓，③健康と福祉，④教育，⑤ジェンダー平等，⑥安全な水とトイレ，⑦エネルギー，⑧働きがいのある経済，⑨産業と技術革新，⑩格差不平等の是正，⑪居住性，⑫持続可能な生産と消費，⑬気候変動，⑭海洋と海洋資源，⑮陸上生態系，⑯平和と公正，⑰パートナーシップである（図14-1参照）。

　MDGsが主に発展途上国での解決課題であったのに対して，

図14-1　SDGs（持続可能な開発目標）

SDGsはどの国にとっても取り組む必要がある普遍的な目標へと
拡張された。取り組みを進める主体も政府やNGOだけでなく，
企業や学校，そしてまたNPO，住民組織，ボランティア等の市
民団体が，それぞれの立場で可能な取り組みを進めることになっ
た。そして，国連の機関であるUNDP（国連開発計画）が，SDGs
の達成に向けた世界の活動を方向付け，計画化，支援を行ってい
る。

ゴールとターゲット　　ゴールとターゲットの体系によって成果
を目指すシステムはMDGsから引き継
がれており，17のゴールに対して全部で169のターゲットが設
定された。たとえば，①の貧困の撲滅では，7つのターゲットが
設定されており，そのうち一部を引用すると，「1.1 2030年まで
に，現在1日1.25米ドル未満で生活する人びとと定義されてい
る極度の貧困をあらゆる場所で終わらせる。1.2 2030年までに
各国定義によるあらゆる次元の貧困状態にある，全ての年齢の男
性，女性，子供の割合を半減させる。1.3 各国において最低限の

基準を含む適切な社会保護制度及び対策を実施し，2030年まで
に貧困層及び脆弱層に対し十分な保護を達成する」などとなって
いる。また，③の健康と福祉では，妊産婦や新生児死亡の削減，
伝染病の根絶などが定められている。

貧困の削減 MDGsでは，2015年までに1日1.25米
ドル未満で生活する人口の割合を1990
年の水準の半数に減少させることが目標とされていた。2015年
の最終報告書では，その水準未満の人口は，19億人（1990年）か
ら8億3600万人（2015年）へと半数以下に減少したと記されて
おり，数字的には達成された。しかし，地域的なアンバランスが
課題として残された。中国やインドでの経済成長が一定の効果を
もたらした半面で，南アジアやサハラ以南のアフリカではほとん
ど改善がみられないのである。このため，SDGsでは，「あらゆ
る場所で，あらゆる形態の貧困に終止符をうつ」ことが新たな目
標とされたのである。

国際貧困ラインの改訂 MDGsおよびSDGsのターゲットで用い
られている「1日1.25米ドル未満」とい
う基準は，世界銀行が設定している国際貧困ラインであるが，こ
の金額はその後，2011年の物価調査に基づいて2015年10月に，
1日1.9米ドル未満に改訂された。世界銀行の解説によれば，新
しい基準による計数の結果，「2015年には，世界人口の10%が1
日1.9ドル未満で暮らしていた。1990年の数値が約36%であっ
たことと比較すれば，かなりの減であるが，改善の度合いは国に
より不均一であり，極度の貧困の中で暮らす人びとの数は，容認
し難い数値となっている」と指摘されている。

　2011年1月時点の購買力平価におけるドル対円の換算率は，
消費者物価ベースで1ドル133.5円である（公益財団法人国際通貨

研究所）から，1日1.9米ドルは日本円にして254円，月額約7600円になる。世界銀行の資料から国別の貧困率をみると，その金額以下で暮らす人の割合は，マダガスカル77.6％（2012年），モザンビーク62.4％（2014年），ルワンダ55.2％（2016年），シエラレオネ52.2％（2011年），セネガル38.0％（2011年）など，2桁上位の数値を示す国が多く，世界の福祉状況は想像を超えて深刻である（https://www.worldbank.org/en/topic/poverty）。

2 先進国の貧困

相対的貧困　世界銀行の上記の資料には，1日1.9米ドル未満（254円）の暮らしをしている日本人の割合が，2008年で0.2％となっていて，数字が出ていること自体に驚かされる。しかし，日本も加盟する先進国の組織であるOECD（**経済協力開発機構**，加盟国数36か国）加盟のヨーロッパ諸国はどこも0％であるため，先進国の貧困状況を国際貧困ラインによって比較することは不可能であり，通常は**相対的貧困率**による比較がなされている。

　相対的貧困については第5章でも説明したが，所属する社会で通常となっている標準的な生活ができない低所得状態のことを指している。人間が生物として生存できる水準以下である**絶対的貧困**とは違って，相対的貧困が社会問題として認識されたのは20世紀後半になってからであった。

貧困の車輪モデル　イギリスの社会政策学者リスターが提案した貧困の車輪モデル（Lister〔2004〕）を考えると，相対的貧困がもたらす問題点が理解しやすくなる。

自転車の車輪は真ん中に軸があり，そこからスポークが伸びてタイヤにつながっている。リスターはそれに喩えて，中央の軸が金銭の不足による物質的核（容認できない困窮）に相当し，それとつながるスポークやタイヤの部分に多種多様な非物質的困難（関係的・象徴的側面）がまとわりついて主軸と一緒にぐるぐる回る。これが貧困の特徴だと説明した。それら非物質的困難としては，スティグマ，社会的排除，パワーレス状態，人権の否定，市民権の削減，貧困者への軽蔑・非難などが挙げられているが，これらは絶対的貧困のみならず相対的貧困にも当てはまるものとして，人権の侵害や人間の尊厳の毀損につながりやすい問題を孕んでいる。

OECD定義の
相対的貧困

OECDでは，等価可処分所得の中央値の半額を相対的貧困線とし，それ以下の人数が総人口に占める割合を相対的貧困率としている。「等価」というのは，2人以上世帯の1人当たり所得を計算するときに，世帯の人数割りでなく人数の平方根で割って，1人世帯の所得と「等価」になるようにすることである。例示としては，2人世帯年収350万円を「2」で割ると175万円になるが，家賃などの共通経費までもが半分になってしまうので，その金額では1人では暮らせない。「2」の平方根である「1.4」で割ると1人当たり250万円となり，1人世帯と等価になるという考え方である。「可処分所得」とは，収入から税金・社会保険料等を差し引き，児童手当や年金などの公的給付金を加えた，**所得再分配**後の自由に使える金額である。「中央値」というのは，金額の小さい順に並べて，ちょうど真ん中の位置にくる所得金額のことであり，標準的な所得金額の指標となる。平均値を使わない理由は，並みの所得より高めの値になる傾向があるからである。

日本では，「国民生活基礎調査」(厚生労働省) の 3 年ごとの大規模調査から，等価可処分所得の中央値が求められている。第 5 章の表 5-3 に示されているように，2015 年の中央値は年 244 万円，貧困線はその半額の年 122 万円であった。月額にすると，日本では 1 人当たり等価可処分所得月平均 10 万円以下は相対的貧困となる。日本の高齢者に多い，収入の全部が基礎年金のみという 1 人暮らし高齢者は，満額受給者でも年収 78 万円 (2019 年度) であるから，相対的貧困に位置づけられる。

相対的貧困率の
国別比較

　OECD 加盟 36 か国について，2016 年の人口全体の相対的貧困率，子どもの貧困率 (17 歳以下)，そして高齢者の貧困率 (66 歳以上) を表 14-1 にまとめてみた。国によっては調査年次が異なり，14 年や 15 年の国が若干，混じっている。高齢者の貧困率が計算されていない国もある。貧困率との関連性を分析するため，この表の右欄には，各国の 1 人当たり GDP と公的社会支出の対 GDP 比が記載されている。

　人口全体の相対的貧困率をみると，最も低いのはアイスランド 5.4% であり，最も高いのはアメリカ合衆国 17.8% である。先進国とされる国々においても，相対的な貧困率が少なくとも 5〜6% になることがわかるが，分布をみると，5〜8% 台 (低貧困率) が 10 か国，9〜13% 台 (中貧困率) が 14 か国，14% 以上 (高貧困率) が 12 か国となっている。

　低貧困率グループには，アイスランドの他，チェコ共和国，フィンランド，デンマーク，ハンガリーなどが入り，中貧困率グループにはドイツ，ニュージーランド，イギリス，オーストラリアなどが入る。そして，高貧困率グループとしてはアメリカ合衆国の他，イスラエル，韓国，トルコ，メキシコ，そして，日本が入

表14-1 OECD加盟国の貧困率と1人当たりGDPおよび社会支出の対GDP比

識別コード	国　名	年	相対的貧困率(%)	子どもの貧困率(%)	高齢者の貧困率(%)	1人当たりGDP(US$)	公的社会支出の対GDP比(%)
ISL	アイスランド	2015	5.4	5.8	—	62,005	15.5
CZE	チェコ	2016	5.6	8.5	2.9	18,485	19.1
FIN	フィンランド	2016	5.8	3.3	5.0	43,582	29.8
DNK	デンマーク	2016	5.8	3.7	3.0	54,665	28.7
HUN	ハンガリー	2016	7.8	7.7	5.2	12,819	20.8
NOR	ノルウェー	2016	8.2	7.7	4.4	70,703	25.7
FRA	フランス	2016	8.3	11.5	3.4	38,253	32.0
NLD	オランダ	2016	8.3	10.9	3.1	46,028	17.5
SVK	スロバキア	2016	8.5	14.0	4.3	16,565	17.8
SVN	スロベニア	2016	8.7	7.1	12.3	21,635	22.2
SWE	スウェーデン	2016	9.1	8.9	11.0	51,245	26.4
CHE	スイス	2015	9.1	9.5	—	82,510	15.9
IRL	アイルランド	2016	9.2	10.0	6.0	63,290	14.9
BEL	ベルギー	2016	9.7	12.3	8.2	41,546	29.2
AUT	オーストリア	2016	9.8	11.5	8.7	45,106	27.8
POL	ポーランド	2016	10.3	13.4	9.2	12,428	21.2
DEU	ドイツ	2016	10.4	12.3	9.6	42,461	25.1
NZL	ニュージーランド	2014	10.9	14.1	—	38,983	19.6
LUX	ルクセンブルク	2016	11.1	13.0	7.7	102,361	22.2
GBR	イギリス	2016	11.1	11.8	14.2	40,658	21.2
AUS	オーストラリア	2016	12.1	12.5	23.2	51,983	17.8
CAN	カナダ	2016	12.4	14.2	10.5	42,447	17.4
PRT	ポルトガル	2016	12.5	15.5	9.5	19,986	23.7
ITA	イタリア	2016	13.7	17.3	10.3	30,824	28.3
GRC	ギリシャ	2016	14.4	17.6	7.8	18,111	25.7
ESP	スペイン	2016	15.5	22.0	9.4	26,682	24.3
JPN	日本	2015	15.7	13.9	—	34,569	21.9
EST	エストニア	2016	15.7	9.6	35.7	18,236	18.3
CHL	チリ	2015	16.1	21.1	—	13,572	10.8
MEX	メキシコ	2016	16.6	19.8	24.7	8,815	7.5
LVA	ラトビア	2016	16.8	13.2	32.7	14,072	17.4
LTU	リトアニア	2016	16.9	17.7	25.1	14,989	16.0
TUR	トルコ	2015	17.2	25.3	—	10,915	11.6
KOR	韓国	2016	17.6	15.2	45.0	27,608	10.5
ISR	イスラエル	2016	17.7	23.2	19.4	37,383	15.5
USA	アメリカ合衆国	2016	17.8	20.9	22.9	57,877	18.9

（出所）1人当たりGDPはIMF資料，社会支出と相対的貧困率はOECD資料より筆者作成。

る。日本が貧困率の高い国の一員であることは，第5章でみたように，数十年間続いており，改善の兆しはまだ，みえていない。

子どもと高齢者の貧困率

子ども（17歳以下）と高齢者（66歳以上）の貧困率をみると，両方とも人口全体の貧困率に比べて最小最大の差が大きい。子どもの貧困率が最も低いのはフィンランド3.3％，最も高いのはトルコ25.3％であり，22ポイントの差がある。高齢者では最も低いのはデンマーク3.0％，最も高いのは韓国45％であり，差は42ポイントへとさらに広がっている。

人口全体の貧困率と比べて子どもの貧困率のほうが低い国は10か国と少ない（エストニア，ラトビア，フィンランド，韓国，デンマーク，日本，スロベニア，ノルウェー，スウェーデン，ハンガリー）。子どもの貧困率のほうが全体平均より高い国が多いが，その中でも5ポイントを超えて高い国として，トルコ，スペイン，スロバキア，イスラエル，チリが挙げられる。全般的に見てOECD諸国で子どものいる世帯の格差是正が進んでいないデータになっている。

一方，高齢者の貧困率については，公表されていない国が日本を含めて8か国あるので，28か国の比較となるが，高齢者の貧困率のほうが人口全体の貧困率よりも低い国が17か国と多い。それらを例示すると，ギリシャ，スペイン，オランダ，フランス，スロバキア，ノルウェーなどである。逆に，高齢者の貧困率が人口全体の貧困率よりも高い場合，その差が著しく大きいのが特徴であり，韓国，エストニア，ラトビア，オーストラリアでは差が10ポイントを上回っている。

上記をまとめると，①OECD諸国の多くでは，子どもよりも高齢者の貧困率が低いが，②貧困率が16％を超える国では，逆

に，子どもの貧困率が低く高齢者の貧困率が著しく高く，それが当該国全体の貧困率を押し上げている。また，③アメリカ合衆国では，子どもの貧困率（20.9%）も高齢者の貧困率（22.9%）も20%以上と高く，子どもと高齢者世代の無視しえない割合の者が困難な状況におかれている。

3 福祉レジーム

相対的貧困率の
関連要因

　これまでみたように，先進国の相対的貧困率は5～6%台の国がある一方で，17%を超える国もあるというように，国別の違いが大きい。子どもの貧困や高齢者の貧困では，より大きな違いがみられた。この状態を知れば，「なぜ？」という疑問を抱くのは当然だろう。そこで，次の2つの疑問について相関分析を行った。

　(1)　国の経済力が高ければ，相対的貧困率は低いのだろうか。
　(2)　社会福祉施策の水準が高ければ，相対的貧困率は低いのだろうか。

　国の経済力については各国の「1人当たりGDP（国内総生産）」，社会福祉施策の水準については各国の「公的社会支出の対GDP比」を用いて，3つの貧困率との相関係数を計算した。結果は，表14-2のとおりである。

　まず，「1人当たりGDP」と3つの貧困率との相関係数は，符号がマイナスの負の相関であることから，経済水準が高いと貧困率は低い関係があることはあるが，係数の絶対値が0.3台の低い数値であり，わずかにそうした傾向が認められる程度である。国

表14-2　OECD加盟国の1人当たりGDP, 社会支出対GDP比と相対的貧困率の相関係数

	人口全体の貧困率	子どもの貧困率	高齢者の貧困率
1人当たりGDP	−0.375*	−0.370*	−0.342
社会支出の対GDP比	−0.475**	−0.423**	−0.635**
人口全体の貧困率	1.000	0.838**	0.781**

（注）　＊：危険率5％水準で有意；　＊＊：危険率1％水準で有意
（出所）　表14-1のデータを用いて筆者計算（SPSS V25使用）。高齢者の
　　　　貧困率については28か国で計算，その他は36か国。

の経済力が強くても貧困率の低い国もあれば高い国もあり，両者
の関係はさまざまであった。

　次に，「社会支出の対GDP比」と3つの貧困率の相関係数は，
いずれも負の相関であるので，社会福祉施策の水準が高い国では
貧困率がおおむね低いことが示されている。係数の絶対値が0.4
〜0.6台であり，「1人当たりGDP」よりも強い相関関係がある
ことがわかる。特に，高齢者の貧困率との相関係数は−0.635と
絶対値が大きい値になっている。これは，社会支出に占める高齢
者向け支出が多いためであろう。

　上記から，貧困率の高低は，当該国の経済力水準との関係より
も社会福祉の水準との関係が強いことがわかる。貧困率が再分配
後の可処分所得を基に計算されているから，年金その他の社会保
障給付金による再分配を経て低所得者の所得が引き上げられて貧
困率が低下したものと推察できる。

さらなる疑問——福
祉国家の多様性

社会支出の対GDP比と相対的貧困率の
散布図（図14-2）に示されるように，社
会支出の対GDP比が10％程度の国（メ
キシコ，韓国，トルコ，チリなど）では貧困率が高く，逆に対GDP
比が30％程度の高水準の国（デンマーク，フィンランド，フランス

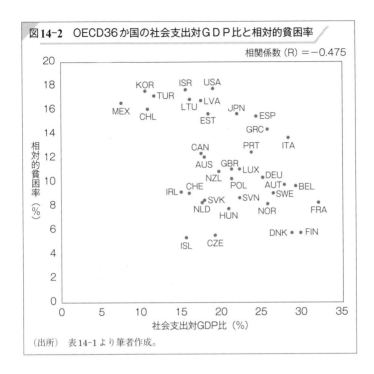

図14-2　OECD36か国の社会支出対GDP比と相対的貧困率

相関係数（R）＝−0.475

縦軸：相対的貧困率（％）
横軸：社会支出対GDP比（％）

（出所）　表14-1より筆者作成。

など）では貧困率が低い。これに対して，対GDP比が15～25％の中程度の多数の国では，貧困率が高い国と低い国がバラバラに入り混じっている。相関係数の値が中程度になっているのはこのためであるが，同程度の規模の社会支出をしていても，貧困率がさまざまであるのはなぜなのか，さらなる疑問が起こる。

　そうした疑問については，各国の福祉に対する政治的指向性の違いとして理解することが行われてきた。ティトマスが提唱した**社会政策の3つのモデル**，すなわち**残余的福祉モデル，産業的業績達成モデル，制度的再分配モデル**（コラム⑬参照）もそうした論議の1つであるが，エスピン－アンデルセンの福祉レジーム論はより

有力な理論として広く受け入れられている。彼は自分の理論を当初，福祉国家レジーム論と呼んでいたが，後に，ジェンダー研究者からなされた批判，すなわち，ケア労働など女性の家族内役割に関する視点が欠落しているなどの批判を受け入れ，社会変化，とりわけ家族と労働の変化に関する考察を織り込んで，福祉レジーム論として再提起した。その理論のキーワードを順番に説明することにしたい。

| 福祉国家レジーム |

エスピン‐アンデルセンは，福祉国家の3つの類型について当初，福祉国家レジームと名づけていた（Esping-Andersen〔1990〕）。レジームとは政治体制を意味するフランス語に源があることから連想されるように，福祉国家を政治の傾向と関連づけてとらえたものである。各国の社会保障制度等の特徴を**脱商品化**と**階層化**の2つの側面から分類し，その両者を組み合わせて，①自由主義的（脱商品化＝低，階層化＝高），②保守主義的（脱商品化＝中，階層化＝高），③社会民主主義的（脱商品化＝高，階層化＝低）の3つの類型があると提案した。そして，各類型に属する国として，①自由主義レジームはアメリカ，カナダ，オーストラリア，②保守主義レジームはオーストリア，フランス，ドイツ，イタリア，そして③社会民主主義レジームはスカンジナビア諸国（ノルウェー，スウェーデン，フィンランド，デンマーク等）を挙げている。

この分類の軸となっている脱商品化と階層化は，言葉だけでは意味がわかりにくいので，少し解説しておきたい。

| 脱商品化とは何か |

資本主義社会においては，労働者階級は労働市場において，自己の労働力を労働力商品として販売し，賃金を得て生活に充てている。やむをえない理由であっても，仕事を休めば賃金を得られず，生活に困難を

きたす。社会福祉制度は，疾病手当，求職者手当，公的年金など
によって，そうした境遇から人間を幾分かの程度，解放してくれ
るものである。エスピン‐アンデルセンは，福祉国家のもつそう
した効果を，脱商品化と名付けた。彼は，社会権の保障と脱商品
化の関連性を次のように述べていた。

> 「もし社会権が法的あるいは実践的な所有権のあり方にか
> かわり，不可侵のもので，業績に応じて与えられるのでなく
> 市民の権利として保障されているのであれば，社会権は個人
> の地位を市場原理に対して脱商品化するものであると言うこ
> とができる。……脱商品化効果をもつ福祉国家は，……少な
> くとも，市民が仕事，収入，あるいは一般的な福祉の受給権
> を失う可能性なしに，必要と考えた時に自由に労働から離れ
> ることができる，という条件を備えていなければならない。」
> （Esping-Andersen〔1990〕=〔2001〕）

階層化とは何か　これは，ティトマスが社会政策の3つモ
デルの一つとして指摘していた「産業的
業績達成モデル」（コラム⑬参照）にも通ずるものである。彼は，
社会政策の中には，人間の能力や就労の成果や生産性を基礎とし
て福祉的給付が分配されるタイプのものがあると指摘していた。
退職前の収入に比例して給付がなされる老齢年金などはその代表
例である。

エスピン‐アンデルセンは，それを国家の政治体制にかかわら
せて，たとえばビスマルクの社会保険のように，福祉給付によっ
て個人の忠誠心を国家に向けさせてきたコーポラティズムを挙げ
つつ，次のように述べている。

> 「強度に『コーポラティズム的』な福祉国家の顕著な特徴
> は，……職業的な地位の格差が維持されている，という点に

ある。諸権利は，したがって階級や職業的地位に付随するものであった。このコーポラティズムは，市場に依存した福祉を国家の責任へと置き換えていこうとする過程のなかで生み出された。……国家は地位上の格差を維持することに重点を置いているために，再分配的な効果はあまり認められない。」（Esping-Andersen〔1990〕=〔2001〕）

　これらの諸国においては社会支出の水準が高くても再分配効果は小さく，相対的貧困が低下する度合いは小さくなる。

　なお，この論議は，1990年以前のデータ分析に基づくものであり，フランスはその後，社会支出がOECDトップの地位まで伸び，貧困率も低い国へと変化した。

福祉レジーム論への転換

　エスピン－アンデルセンは，その後の著作において（Esping-Andersen〔1999〕），新しい考察を発表し，「国家，家族，市場のあいだの相互関係を理解するには『福祉レジーム』という言葉を使って分析を行うことが有益」だと指摘し，福祉国家レジームから「国家」を取り外している。

　この背景には，北欧福祉国家が年金等の現金給付による所得移転から「家族へのサービス給付へと力点を移動させ，雇用の活性化，そして，なによりも労働市場への女性の統合を政策の重点とする」脱家族主義化の傾向を見せたことがある。その一方で，ヨーロッパ大陸の国々，特に地中海沿岸諸国では，「強固な家族主義」があるため社会サービスが立ち遅れていることを考えあわせ，福祉レジーム論では階層化に代えて**脱家族化**が新たな軸とされた。

4 社会福祉政策の変化への視座

変化への視座　福祉国家レジーム論ないし福祉レジーム論を紹介したが，このような類型化によって福祉国家の多様性の理解が進む一方，そうしたものを固定化することへの警告もなされている。北欧諸国の多様性を述べた論文の中で斉藤〔2019〕は，「福祉国家のモデル化は，社会福祉研究者にとって便利さ（細かい説明が不要）とわかりやすさを提供したが，あまりにもそのインパクトが強かったために，人びとの暮らしにみる日々の営みや地域ごとで生じる社会的課題など社会福祉学が掘り起こすべき課題を見えにくくしてしまった部分もある」と指摘している。確かに，形だけをみて中身をみないのは本末転倒であり，多様性と変化への視座をもつことは重要である。

アメリカのオバマケア　変化の一例として，アメリカ合衆国についてみると，形としては自由主義レジームに分類され，自立自助の国是のもと，先進国の中でも社会福祉が劣位にある国だと思われがちである。事実，公的医療保険が高齢者向けのメディケアのみであったため，GDP に占める社会支出の割合は日本よりも低い状態が長年続いていた。しかし，「オバマケア」（第3章参照）が成立し，2014年から個人への医療保険加入の義務付けと公費補助の制度がスタートしたことで，その分を加えた2015年の社会支出の対 GDP 比は24.5％となり，日本の22.7％，イギリスの22.5％を上回る実績が示された（国立社会保障・人口問題研究所「平成29年社会保障費用統計」）。

スウェーデンの貧困率の高まり

社会民主主義レジームに位置づけられるスウェーデンについても変化がみられている。斉藤〔2019〕によれば，福祉国家の代表とされる国として，それまで租税負担率や社会支出はトップであり続けたスウェーデンは，1990年代から，次第に順位が下がり，相対的貧困率も「1990年代中盤」には3.7％と低い値であったものが「2000年代中盤」は5.3％へ，そして2012年には9.0％へと高まったことが指摘されている。そして，表14-1にあるように，16年は9.1％と高止まり状態である。このことについて斉藤〔2019〕は，在住外国人の増加が関係している可能性を示唆し，その背景として，「スウェーデンでは高齢者介護では，介護職員に占める在住外国人の比率が25％と，北欧諸国のなかでは突出して高い数字になっている」ことを指摘している。

アメリカの例も，スウェーデンの例も，どちらもレジームの枠を超えるほどの変化ではないにしても，そうした変化や多様性に目を向けることが大切になる。

社会的ケアへの視点

さて，福祉レジーム論に戻ってみよう。家族と市場と国家の関係を軸に社会福祉を類型化する観点は，かつて，ウィレンスキーとルボー（Wilensky and Lebeaux〔1958〕）が提案した，社会福祉のレジデュアルな概念とインスティテューショナルな概念の中でも展開されたものである。すなわち，人は通常，生活上の必要を家族と市場を通じて満たしており，離婚や大不況等でそれらが機能しない場合に求められる社会福祉はレジデュアル（残余的）な概念であり，家族や市場が危機的状況になくとも，通常的に必要とされる段階の社会福祉をインスティテューショナル（制度的）な概念であるとした。このように家族，市場，国家のかかわりの中で社会福祉

を考える枠組みそれ自体は，古くからあるものであるが，福祉レジーム論が提起しているのは社会的ケアあるいは福祉サービスへの視点である。

エスピン‐アンデルセンのもともとの福祉国家レジーム論は，1980年代のデータに基づいて，年金等現金給付による所得保障制度に関して諸国の多様性を分類するものであった。これに対して，福祉レジーム論で取り上げられたのは，1990年代以降に重要になってきた，子どもの保育や高齢者の介護のような，現金給付では解決できない，それまで家族内でなされてきたケアの社会化の問題である。彼は次のように述べている。

　　「若年世帯と高齢者世帯にとって主な福祉ニーズの問題は，所得移転の改善よりも，サービスの利用機会の改善である。とくに高齢の人々にとって，緊急の必要性はホームヘルプ・サービスとケア・センターに向けられている。子どものいる家庭での貧困は，両親の労働市場への参加見通しと稼得能力とを向上させることで最大限に食い止めることができる。」

（Espin-Andersen〔1990〕）

それにもかかわらず，と彼はいう。「ヨーロッパの福祉国家のほとんどは，若者よりも高齢者に，そしてサービス提供よりも所得維持に偏りを見せたままである」と。

日本と世界　この章は，貧困の問題から始めて，最後に社会的ケア・サービスの問題にたどり着いた。その分野は日本では主に福祉サービスとして，保健医療サービスと重なり合いながら実施されている。世界に目を向けると，この分野は，年金のような現金給付制度とは違って，供給体制の在り方が国ごとに多様であり，その特徴を短く要約することは難しい。その中での方向性としては，現在日本で行われている，

地域包括ケアシステムと地域における包括的支援体制への取り組みは世界に対して先行事例を提供しているといえるだろう。

　というのは，たとえば，イギリスでは，国営医療NHSの2018年2月に出された計画において，地域でのケアの重要性が論じられ，今後はIntegrated Care Systemを導入することが示されている。今まで以上に，地域内の医療サービスと社会的ケア，自治体の連携・調整を進めることが盛り込まれ，家庭や地域でのケアを重視していくことが目指されている。一次医療，病院，社会的ケアだけでなく，ボランティアや地域社会とも提携を深め，再計画を行うよう促している。これにより異なるサービス間での壁をなくし，サービス提供の連携を図り，かつ，各地域でのニードの優先順位について議論し計画を立案することが示されている（https://www.england.nhs.uk/）。これは，日本が先行して行っている地域包括ケアシステムと類似のプランであり，そうした潮流の中を進んでいるといえる。

　最後に，もう一度，貧困の問題に戻ると，日本の相対的貧困率が先進国の中でも高いほうであることは改善を要する問題である。統計が発表されていないので明確にはいえないが，老齢基礎年金の給付額が貧困線以下であることは大きな要因であろう。同時に，非正規雇用者の増加も関係しているであろう。北欧等で行われている**最低保障年金**の提案は日本でもたびたび，国会への請願がなされているが実現していない。なお，消費税率の10％への引き上げを背景に，**年金生活者支援給付金制度**が2019年10月から実施され，基礎年金受給者のうち世帯全員が市町村民税非課税であること等を条件に，月額5000円を基準として加入期間に応じた支援金が給付されることになった。一歩前進ではあるが，相対的貧困線との開きを解消するほどの金額ではない。そうした中では，

それらの人びとの安定した雇用が確保される方策が引き続き求められる。

Think Yourself

1. MDGsとSDGsの違いについて、それらが設定された経緯、内容および実現のためにとられている方策を説明しなさい。

2. 先進国における貧困の特徴について、本章の該当部分を要約するとともに、自分でデータを調べ、過去10年間の動向を明らかにしなさい。

3. 福祉国家レジームと福祉レジームの違いを説明し、福祉レジームの主な課題について各自、参考文献を探し、結果をまとめなさい。

WELFARE AND WELLBEING

Richard Titmuss's contribution to social policy

Edited by Pete Alcock, Howard Glennerster, Ann Oakley and Adrian Sinfield

　ティトマスが死んだ1973年の秋には石油危機が起こり，先進諸国はその後の国民経済の停滞と国家財政の赤字に見舞われ，ケインズ主義が否定されて新自由主義へと方向転換した。その結果もたらされたものは，福祉の市場化，国民の経済格差や社会的排除である。これらはすべて，ティトマスが闘った敵たちであり，今この時こそ，解決策を求めて彼の著作を紐解くべき時代が来たといわねばならない。

　彼の死から年月を経る間に，かつてテキストとされていた著作も再版されることがなくなり，学びが不便になっていた。幸い，最も初期から晩年までの膨大な著作の中から選ばれた18編の文章のアンソロジー，*Welfare and Wellbeing: Richard Titmuss's Contribution to Social Policy*が2001年にPolicy Press社から刊行された（写真）。ティトマスの学説の全貌を解説付きで学ぶことができる素晴らしい本である。

　ティトマス研究は引き続き行われている。「知られざるティトマス」（Welshman〔2004〕）は，ロンドン大学LSE校の大英政治経済学図書館に収蔵された彼の未公刊原稿や書簡類等の資料を用いた研究である。「福祉の社会的分業」論文発表から50年後の現代の視点から，その意義と限界を評価した論文（Mann〔2009〕）も発表されている。2013年にはイギリス社会政策学会年次大会で「没後40周年記念シンポジウム」がもたれ，シンポジストとして福祉の社会的分業論を発展させたA.シンフィールド（エジンバラ大学教授）も登壇した。単なるノスタルジーからではなく，現代の視点からティトマスを再評価する動きが出ていることは見逃せない。

引用・参照文献 （著者名アルファベット順）

Baldock, J., L. Mitton, N. Manning and S. Vickerstaff〔2012〕*Social Policy*, 4th ed., Oxford University Press.

Bentham, J.〔1789〕*An Introduction to the Principles of Morals and Legislation.*（山下重一訳〔1967〕「道徳および立法の諸原理序説」『世界の名著(38) ベンサム・J.S.ミル』中央公論社）

Beveridge, W.〔1942〕*Social Insurance and Allied Services: Report by Sir William Beveridge.* Presented to Parliament by Command of His Majesty, Cmd. 6404.（山田雄三監訳〔1969〕『社会保険および関連サービス──ベヴァリジ報告』至誠堂）

Booth, C.〔1902-03〕*Life and Labour of the People in London*, Macmillan.

Bradshaw, J.〔1972〕"Concepts of Social Need," *New Society*, 30.

Caputo, R. K〔2011〕*U.S. Social Welfare Reform: Policy Transitions from 1981 to the Present*, Springer.

Commission of the European Community〔1992〕*Towards a Europe of Solidarity: Intensifying the Fight against Social Exclusion.*（http://aei. pitt.edu/4819/1/4819.pdf）

Dahrendorf, R.〔1995〕*LSE: A History of the London School of Economics and Political Science 1895-1995*, Oxford University Press.

Davis, B.〔1968〕*Social Need and Resources in Local Services*, Michael Joseph.

Dean, H.〔2010〕*Understanding Human Need*, Policy Press.（福士正博訳〔2012〕『ニーズとは何か』日本経済評論社）

Esping-Andersen, G.〔1990〕*The Three Worlds of Welfare Capitalism*, Polity Press.（岡沢憲芙・宮本太郎監訳〔2001〕『福祉資本主義の三つの世界──比較福祉国家の理論と動態』ミネルヴァ書房）

Esping-Andersen, G.〔1999〕*Social Foundations of Postindustrial Economics*, Oxford University Press.（渡辺雅男・渡辺景子訳〔2000〕『ポスト工業経済の社会的基礎──市場・福祉国家・家族の政治経済学』桜井書店）

Etzioni, A.〔1996〕*The New Golden Rule: Community and Morality in a Democratic Society,* Basic Books.（永安幸正監訳〔2001〕『新しい黄金律──「善き社会」を実現するためのコミュニタリアン宣言』麗澤大学出版会）

Fevlie, E. and K. Judge〔1979〕"Retrenchment and Rationality in the Personal Social Services," *Policy and Practice*, 14(4).

福田慎一・照山博司〔2011〕『マクロ経済学・入門〔第4版〕』有斐閣。

福間聡〔2014〕「社会正義とコミュニティ政策」坂田周一監修『コミュニティ政策入門』誠信書房。

古川孝順〔2019〕『古川孝順社会福祉学著作選集　第1巻　社会福祉の基本問題』中央法規出版。

Glennerster, H.〔1981〕"From Containment to Conflict?: Social Planning in the Seventies," *Journal of Social Policy*, 10(1).（坂田周一訳〔1985〕「70年代イギリスにおける社会計画の明暗」『月刊福祉』68〔7〕）

Glennerster, H.〔1992〕*Paying for Welfare: The 1990s*, Harvester Wheatsheaf.

Harington, M.〔1962〕*The Other America: Poverty in the United States*, Macmillan.（内田満・青山保訳〔1965〕『もう一つのアメリカ──合衆国の貧困』日本評論社）

林健久〔1992〕『福祉国家の財政学』有斐閣。

平岡公一〔2011〕「社会福祉制度改革の展開」平岡公一ほか『社会福祉学』有斐閣。

星野信也〔1999〕「福祉国家の中の中流階層化再論」『社会福祉』40。

李蓮花〔2019〕「社会保障の国際比較と日本」埋橋孝文・居神浩編『社会保障の国際動向と日本の課題』放送大学教育振興会。

一番ケ瀬康子〔1964〕『社会福祉事業概論』誠信書房。

Ignatieff, M.〔1990〕*The Needs of Strangers*, Hogarth Press.

今村晴彦・園田紫乃・金子郁容〔2010〕『コミュニティのちから──"遠慮がちな"ソーシャル・キャピタルの発見』慶應義塾大学出版会。

IMF〔2012〕*World Economic Outlook Databases.*

岩間伸之〔2012〕「社会福祉が捉える『利用者像』──社会福祉方法論の立場から」『第12回（平成22年度）損保ジャパン記念財団賞受賞者記念講演録』公益財団法人損保ジャパン記念財団。

Johnson, L. C. and C. L. Schwartz〔1991〕*Social Welfare: A Response to Human Need*, 2nd ed., Allyn and Bacon.

Judge, K.〔1978〕*Rationing Social Services: A Study of Resource Allocation and the Personal Social Services*, Heinemann.（高澤武司ほか訳〔1984〕『福祉サービスと財政──政策決定過程と費用徴収』川島書店）

河東田博〔2013〕「ノーマライゼーションとコミュニティ」坂田周一監修『新・コミュニティ福祉学入門』有斐閣。

川本隆史〔1997〕『ロールズ──正義の原理』講談社

Kelly, A.〔1989〕"An End to Incrementalism？：The Impact of Expenditure Restraint on Social Services Budgets, 1979-1986," *Journal of Social*

Policy, 18(2).

木原活信〔2014〕『社会福祉と人権』ミネルヴァ書房。

木村忠二郎〔1951〕『社会福祉事業法の解説』時事通信社。

孝橋正一〔1962〕『全訂 社会事業の基本問題』ミネルヴァ書房（2009年復刊）。

国立国会図書館〔2013〕『諸外国の公的扶助制度』ISSUE BRIEF No.789。

厚生労働統計協会〔2013〕『国民衛生の動向2013／2014』。

厚生労働統計協会〔2019〕『国民衛生の動向2019／2020』。

厚生統計協会〔1953〕『国民の福祉の動向』。

Le Grand, J.〔1997〕"Knights, Knaves or Pawns？：Human Behavior and Social Policy," *Journal of Social Policy*, 26(2).

Lindblom, C.〔1959〕"The Science of Muddling Through," *Public Administration Review*, 19.

Lister, R.〔2004〕*Poverty*, Polity Press.（松本伊智朗監訳〔2011〕『貧困とはなにか——概念・言説・ポリティクス』明石書店）

Lister, R.〔2010〕*Understanding Theories and Concepts in Social Policy*, Policy Press.

Lynch, K. E〔2016〕*Social Services Block Grant: Background and Funding*, Congressional Research Service.

Mann, K.〔2009〕"Remembering and Rethinking the Social Divisions of Welfare: 50 Years On," *Journal of Social Policy,* 38(1).

Marshall, T. H.〔1967〕*Social Policy*, Hutchinson University Library.

Marshall, T. H. and T. Bottomore〔1992〕*Citizenship and Social Class*, Pluto Press.（岩崎信彦・中村健吾訳〔1993〕『シティズンシップと社会的階級——近現代を総括するマニフェスト』法律文化社）

マズロー，A.H.著・小口忠彦監訳〔1970〕『人間性の心理学——モチベーションとパーソナリティ』産業能率大学出版部。

三浦文夫〔1978〕「対人福祉サービスの今後の方向（その1）——第XIX回国際社会福祉会議に寄せて」社会保障研究所編『季刊社会保障研究』13(4)。

三浦文夫〔1983〕「社会福祉改革の戦略的課題——複合的福祉供給システムについて」社会保障研究所編『社会保障の基本問題』東京大学出版会。

三浦文夫〔1985〕『社会福祉政策研究——社会福祉経営論ノート』全国社会福祉協議会。

三浦文夫〔1987〕「社会福祉制度『改革』の意義と課題」『季刊社会保障研究』23(1)。

椋野美智子・田中耕太郎〔2019〕『はじめての社会保障——福祉を学ぶ人へ〔第16版〕』有斐閣。

Musgrave, R. A.〔1959〕*The Theory of Public Finance: A Study in Public Economy*, McGraw-Hill.（大阪大学財政研究会訳〔1961-1962〕『財政理論——公共経済の研究』1-3，有斐閣）

仲村優一〔1991〕『社会福祉概論〔改訂版〕』誠信書房。

仲村優一・阿部志郎・三浦文夫編〔1977〕『社会福祉教室——健康で文化的な生活の原点を探る』有斐閣。

岡村重夫〔1956〕『社会福祉学総論』柴田書店。

岡村重夫〔1983〕『社会福祉原論』全国社会福祉協議会。

大本圭野〔1985〕「住宅と社会保障」社会保障研究所編『福祉政策の基本問題』東京大学出版会。

大塚路子〔2005〕「最近の住宅政策改革」国立国会図書館『調査と情報』ISSUE BRIEF No.464。

Pigou, A. C.〔1920〕*The Economics of Welfare*, Macmillan.

Rawls, J.〔1999〕*A Theory of Justice,* Revised, Harvard University Press.（川本隆史・福間聡・神島裕子訳〔2010〕『正義論〔改訂版〕』紀伊国屋書店）

Rowntree, B. S.〔1901〕*Poverty: A Study of Town Life*, L&Co.（長沼弘毅訳〔1975〕『貧乏研究』千城）

定藤丈弘・岡本栄一・北野誠一〔1993〕『自立生活の思想と展望——福祉のまちづくりと新しい地域福祉の創造をめざして』ミネルヴァ書房。

斉藤弥生〔2019〕「北欧諸国の多様性」斉藤弥生・石黒暢編『新世界の社会福祉3 北欧』旬報社。

坂田周一〔2003〕『社会福祉における資源配分の研究』立教大学出版会。

坂田周一〔2015〕「社会政策と租税支出——ティトマス『福祉の社会的分業』60周年に寄せて」『立教大学コミュニティ福祉学部紀要』17。

Samuelson, P. A.〔1980〕*Economics*, 11th ed., McGraw-Hill.（都留重人訳〔1981〕『経済学（上・下）』岩波書店）

Sandel, M.〔2005〕*Public Philosophy: Essays on Morality in Publics*, Harverd University Press.（鬼澤忍訳〔2011〕『公共哲学——政治における道徳を考える』筑摩書房）

社会福祉法令研究会編〔2001〕『社会福祉法の解説』中央法規出版。

嶋田啓一郎〔1981〕「財政再建と福祉財政のあり方」『月刊福祉』1981年11月号。

篠原拓也〔2017〕「社会福祉学における人権の特質と位置」『社会福祉学』57（4）。

塩田晃司〔2011〕「求職者支援制度の創設に向けて——職業訓練の実施等による特定求職者の就職の支援に関する法律案」『立法と調査』315。

白川静〔2004〕『新訂 字統』平凡社。

Smith, A.〔1776〕*An Inquiry into the Nature and Causes of the Wealth of Nations*.

総理府社会保障制度審議会事務局〔1950〕「社会保障制度に関する勧告」社会保障研究所編『戦後の社会保障 資料』至誠堂。

総理府社会保障制度審議会事務局〔1995〕『安心して暮らせる21世紀の社会を目指して――社会保障体制の再構築に関する勧告』法研。

杉野昭博〔2011〕「ソーシャルワークとは何か」平岡公一ほか『社会福祉学』有斐閣。

高橋保〔2008〕『雇用の政策と法〔改訂版〕』ミネルヴァ書房。

竹中勝男〔1950〕『社会福祉研究』関書店。

竹内愛二〔1949〕『ケース・ウォークの理論と実際』巌松堂書店。

Thayer, R.〔1973〕"Measuring Needs in the Social Services," *Social and Economic Administration*, 7.

Titmuss, R. M.〔1958〕*Essays on the 'Welfare State'*, Unwin University Books.（谷昌恒訳〔1967〕『福祉国家の理想と現実』東京大学出版会）

Titmuss, R. M.〔1968〕*Commitment to Welfare*, George Allen & Unwin.（三浦文夫監訳〔1971〕『社会福祉と社会保障――新しい福祉をめざして』東京大学出版会）

Titmuss, R. M.〔1974〕*Social Policy: An Introduction*, George Allen & Unwin.（三友雅夫監訳〔1981〕『社会福祉政策』恒星社厚生閣）

徳永保〔2012〕「我が国の学校教育制度の歴史について」国立教育政策研究所。

冨江直子〔2009〕「福祉制度の発達過程」圷洋一・岩崎晋也編『社会福祉原論――現代社会と福祉』へるす出版。

Townsend, P.〔1979〕*Poverty in the United Kingdom: A Survey of Household Resources and Standards of Living*, Peregrine Books.

右田紀久恵・高澤武司・古川孝順編〔2001〕『社会福祉の歴史――政策と運動の展開〔新版〕』有斐閣。

Webb, A. and G. Wistow〔1983〕"The Personal Social Services: Incrementalism, Expediency, or Systematic Social Planning," in Loney, M. et al. eds., *Social Policy and Social Welfare*, Open University Press.

Welshman, J.〔2004〕"The Unknown Titmuss," *Journal of Social Policy*, 33(2).

Wildavsky, A.〔1964〕*The Politics of the Budgetary Process*, Little Brown and Company.（小島昭訳〔1972〕『予算編成の政治学』勁草書房）

Wilensky, H. L.〔1975〕*The Welfare State and Equality: Structural and Ideological Root of Public Expenditures*, University of California Press.

（下平好博訳〔1984〕『福祉国家と平等——公共支出の構造的・イデオロギー的起源』木鐸社）

Wilensky, H. L. and C. N. Lebeaux〔1958〕*Industrial Society and Social Welfare*, Russell Sage Foundation.（四方寿雄ほか監訳〔1971〕『産業社会と社会福祉（上）』岩崎学術出版社）

Wolfenden, J.〔1978〕*The Future of Voluntary Organization*, Croom Helm.

横山源之助〔1899〕『日本之下層社会』教文館。

全国社会福祉協議会編〔1979〕『在宅福祉サービスの戦略』全国社会福祉協議会。

全国社会福祉協議会編〔1984〕『地域福祉計画——理論と方法』全国社会福祉協議会。

索　引

―――――― 事 項 索 引 ――――――

313

316

──────　人 名 索 引　──────